'노(No!)'라고 말할 줄 아는 데이트

Making Dating Work
BOUNDARIES IN DATING

Originally published in the U. S. A. under the title
BOUNDARIES IN DATING
Copyright © 2000 by Henry Cloud and John Townsend
Grand Rapids, Michigan
All rights reserved

Translated and used by permission of The Zondervan Corporation through the arrangement of K.C.B.S., Inc.

Korean Copyright © 2000 by Good Seed Publishing Company
Seoul, Korea

'노(No!)'라고 말할 줄 아는 데이트

— 상처 주지 않고 서로를 세워주는 성숙한 데이트를 위하여 —

헨리 클라우드 · 존 타운센드 지음 / 김진웅 옮김

좋은씨앗

No라고 말할 줄 아는 데이트

초판 1쇄 발행 | 2001년 6월 15일
초판 9쇄 발행 | 2022년 4월 17일

지은이 | 헨리 클라우드·존 타운센드
옮긴이 | 김진웅
펴낸이 | 신은철
펴낸곳 | 좋은씨앗
출판등록 제4-385호.(1999. 12. 21)
주소 | (06753) 서울시 서초구 바우뫼로 156(양재동, MJ빌딩) 402호
주문전화 | (02) 2057-3041 주문팩스 | (02) 2057-3042
이메일 | good-seed21@hanmail.net
페이스북 | www.facebook/goodseedbook

ISBN 89-89085-12-8 02230

이 한국어판의 저작권은 알맹2 에이전시를 통해 Zondervan과 독점 계약한 도서출판 〈좋은씨앗〉에 있습니다.
신저작권법에 의하여 한국 내에서 보호받는 저작물이므로 무단전재와 무단복제를 금합니다.

헌사

이 책을
내 인생에 지대한 영향을 끼친
어머니 마틸다 타운센드(1902-1983)에게 바칩니다.
— 존 타운센드

마음속에 원하는 바를 현실로 이루어내며
하나님이 기뻐하시는 데이트를 해가고 싶은
이땅의 모든 미혼 남녀들에게 바칩니다.
— 헨리 클라우드

감사의 글

이 책의 출판을 알선한 실리 예이츠(Sealy Yates)와 발행인 스코트 볼린더(Scott Bolinder), 편집인 샌드라 밴더 지히트(Sandra Vander Zicht)에게 감사드린다. 아울러 독자의 욕구를 잘 이해해서 책이 더욱 만족스럽게 나올 수 있도록 도운 마케팅 담당자 존 토플리프(John Topliff)에게도 감사드린다. 이 책을 저술하는 수년 간 나를 위해 애써준 가이와 크리스티 오웬(Guy and Christi Owen)에게도 감사를 전한다.

이 책을 미혼 남녀에게 전하기 위해 애쓴 릴리 나이(Lillie Nye)에게 고마움을 느낀다. 자신들의 이야기와 용기를 우리에게 알려줘서 이책에 인용할 수 있게 해준 데이토나 그룹(Daytona group)에 감사드린다.

데이트와 관련해 미혼 남녀들이 마주치는 요즈음 경향들을 이해하고 그들을 도울 수 있게 많은 자료를 제공해준 〈크리스천 싱글(Christian Single)〉지의 편집진에게도 감사드린다.

우리를 초대해서 수년 간의 경험을 나눈 '미혼자를 위한 목사회(Single Adult Ministries)'에도 감사드린다.

미국 청년 목회(National Institute of Youth Ministry) 회장 짐 번즈(Jim Burns)에게도 감사드린다. 그는 오늘날 연인들이 데이트를 하며 겪는 곤경에 많은 관심을 기울였고 여기에 대한 교회의 생각을 바꿔놓았다. 그의 목회는 데이트에 대한 전세계 수백만 명의 인식을 바꿔놓았다.

짐 번즈 덕분에 오늘날의 연인들은 보다 안전해졌다.

— 헨리 클라우드

노스캐롤라이나 네비게이토 목회에서 미혼자들을 대상으로 사역한 로이와 수잔 진(Roy and Susan Zinn)에게 감사드린다. 그들의 따뜻한 마음씨와 목회는 나를 포함한 많은 사람들에게 감명을 주었다.

캘리포니아 풀러턴(Fullerton)에 있는 퍼스트 에반젤리컬 프리 교회(First Evangelical Free Church)의 미혼자 모임에서 함께 사역한 마이크 호이징턴(Mike Hoisington)과 캐리 타무라(Cary Tamura)에게 감사드린다. 미혼자들을 이끌고 주도해가는 그들의 능력으로 수년 동안 좋은 열매를 맺었다.

동시에 수석 목사인 척 스윈돌(Chuck Swindoll)에게도 감사를 드린다. 그의 도움으로 미혼 남녀가 겪는 갈등에 관하여 독창적인 생각을 할 수 있었다.

캘리포니아 어빈(Irvine)에 있는 매리너스 교회(Mariners Church)의 스코트 레이(Scott Rae) 전임 목사에게도 감사드린다.

그는 미혼자들을 영적으로 성장시키기 위해 크게 수고했으며 그 교회의 여러 모임에서 설교할 기회를 마련해주기도 했다.

— 존 타운센드

목 차

헌사

감사의 글

들어가는 말: 왜 데이트인가?

1부 당신과 바운더리

제1장 왜 데이트에 바운더리가 있어야 하는가? 27
제2장 진실을 요구하고 구체화하라 39
제3장 그(녀)와의 데이트에 하나님을 모시라 55
제4장 데이트는 외로움을 치료할 수 없다 81
제5장 과거의 잘못을 되풀이하지 말라 87

2부 누구와 데이트해야 하는가?

제6장 더불어 살 수 있는 것과 살 수 없는 것 103
제7장 친구하고 싶지 않은 사람과 사랑에 빠지지 말라 123
제8장 외로움 때문에 우정을 망치지 말라 139
제9장 정반대의 것에 끌릴 때 조심하라 153

 8 '노(No!)'라고 말할 줄 아는 데이트

3부 데이트의 문제 해결 : 자신이 문제일 때

제10장 지금 순응하면 나중에 대가를 치른다 173
제11장 너무 깊이, 너무 빨리 181
제12장 나쁜 사람에게 자신을 내어주지 말라 197
제13장 헛된 소망과 작별하라 213
제14장 비난에 대한 바운더리 231

4부 데이트의 문제 해결 : 상대방이 문제일 때

제15장 존중하지 않는 태도에 "아니요"라고 말하라 249
제16장 미연에 방지하라 267
제17장 육체 관계에 적절한 바운더리를 정하라 275
제18장 저지선을 두라 297

맺는말

들어가는 말 : 왜 데이트인가?

몇 년 전 미혼자를 위한 세미나를 인도하고 있을 때, 청중 가운데 한 여자가 질문을 던졌다.

"클라우드 박사님, 성경은 데이트에 관해 어떤 입장을 취하고 있나요?"

나는 질문을 잘못 들은 줄로 생각하고 그 여자에게 다시 물었다. 그러자 처음과 똑같은 질문을 했다.

"'성경의 입장'이란 게 무슨 뜻입니까?"

"박사님은 데이트를 하는 게 성경적으로 합당하다고 생각하시나요?" 그녀가 덧붙였다.

처음엔 그녀가 농담을 하는 줄 알았다. 그러나 그렇지 않다는 것을 곧 깨달았다. 사형이나 안락사에 관해 성경이 어떤 입장을 취하는지 묻는 사람은 많아도, 데이트에 관해 성경이 어떤 입장을 취하는지 묻는 사람은 거의 없었기 때문이다.

나는 이렇게 대답했다. "성경에는 데이트에 관한 언급이 없는 것으로 알고 있습니다. 성경에서 언급하지 않은 것이 여럿 있는데 데이트도 거기에 속합니다. 성경은 다만 무슨 일에서나 사랑하고 정직하며 성숙한 사람이 되라고 말하고 있습니다. 따라서 데이트를 해야 하는지 말아야 하는지의 문제보다 우리가 누구며 어떤 사람이 될 것이냐에 훨씬 깊게 관련되어 있다고 말씀드리고 싶군요. 굳이 데이트에 대한 성경의 입장을 말하지면 거룩한 방식으로 하라는 것일 테죠.

실제로 하나님께서는 삶의 여러 가지 활동 속에서 사람을 자라게 하시는 것과 마찬가지로, 데이트를 통해서도 사람들을 성장시키십니다. 그러므로 중요한 것은 데이트를 할 것이냐 말 것이냐가 아닙니다. 오히려 '데이트하는 자신의 현재 모습은 어떠하며 어떤 사람으로 변해가는가? 데이트를 통해 자신과 상대방이 어떤 열매를 맺는가? 데이트하는 상대를 어떻게 대하는가? 무엇을 배우는가?' 등 성경이 매우 분명하게 밝히는 문제들과 관련이 있습니다. 성경은 주로 우리의 인격 성장과 사람을 대하는 법에 초점을 둡니다."

"그러면, 박사님은 데이트를 해도 괜찮다고 생각하시는 겁니까?" 그녀가 재차 물었다.

"물론입니다. 성경이 제시하는 행동 방식을 따르기만 한다면 데이트는 문제가 안 된다고 생각합니다. 성경이 제시하는 행동 방식은 결코 성가신 부담거리가 아닙니다. 오히려 생명을 구하고 결국에는 좋은 사람과 결혼할 수 있게 해줍니다." 이렇게 말하면서 나는 크리스천들이 자주 규범을 찾고자 하는 데 대해 속으로 흡족해했다.

이것으로 끝인 줄 알았다. 하지만 온 나라를 돌아다니며 미혼자들을 대상으로 강의할 때마다 데이트를 해도 괜찮냐는 질문이 이어졌다. 나는 사람들이 왜 똑같은 질문을 계속하는지 궁금했다.

그래서 어느날 이 질문이 어디에서 비롯됐는지 사람들에게 물었다. 조슈아 해리스(Joshua Harris)가 쓴 「NO 데이팅(I Kissed Dating Goodbye)」이라는 책 때문에 어떤 운동이 일고 있다는 대답을 들었다. 그 책은 데이트가 유익하지 않으며, 그래서 많은 사람들이 데이트를 포기하고 있다는 전제를 깔고 있었다. 계속 조사해보니 그 운동에 동참한 어떤 모임들은 책보다 훨씬 강경한 자세를 취하고 있었다. 적지 않은 크리스천들이 데이트는 본질적으로 죄악으로 가득하다고 말했다. 그 밖의 사람들도 데이트하는 사람이 데이트를 하지 않는 사람보다 영적이지 못하다는 생각을 가지고 있었다. 데이트를 삼가는 것이 '기독교적'이라는 인식이 퍼지고 있었다. 처음에는 그저 몇몇 모임에서만 이러리라고 생각했지만 온 나라 이곳저곳을 다닐수록 이런 의견을 더욱 자주 접하게 되었다.

그래서 「NO 데이팅」을 읽었고, 이 장에서 그 책에 대한 의견을 적고자 한다. 몇 가지 이유에서 모든 사람이 데이트를 포기해야 한다는 그 책의 생각을 나는 강하게 부정한다. 하지만 자세히 다루기 전에, 이 운동이 일어난 이유들을 확인해보고자 한다.

아무도 합당한 이유 없이 데이트를 거부하지 않는다. 사람들이 데이트를 포기하는 이유는 고통과 환멸감 그리고 자신의 영적인 삶에 끼치는 해로운 결과들 때문인 듯하다. 다시 말해서 데이트하는 당사자가 성장하고 제 짝을 찾으며 좀더 영적인 사람이 되는 데 데이트가 도움이 되지 못한 것이다. 그래서 사람들은 데이트에 이별을 고하는 게 합당하다고 생각한다.

우리도 이 고통에 공감한다. 많은 미혼자들과 상담했던 수년 간, 그리고 독신으로 지내던 오랜 기간(우리는 둘 다 서른 살이 훨씬 넘어서야 결혼했다)을 돌이켜볼 때, 데이트는 많은 상처와 고통을 줄 수 있다. 많은 사람들은 그 과정에서 환상이 깨지며, 어떻게 데이트를 해야 할지 몰라 혼란스러워한다. 반복해서 '나쁜 유형'의 사람을 만나 쓰라림을 경험하고 그러면서도 '바른 유형'의 사람을 찾지 못한다. '바른 유형'을 만나더라도 '나쁜 유형'의 사람을 더 선호한다. 자신들의 영적인 삶을 데이트로 연결시키지 못한다. 가벼운 데이트에서 좀더 진지한 관계로 언제 옮겨가야 할지 알고 싶어하며, 육체적 욕망과 도덕의 한계 사이에서 어찌해야 할지 모른다.

데이트의 고통과 괴로움이 너무 크다보니 사람들은 대안을 찾으려 한다. 이런 동기에서 데이트를 하지 말자는 운동이 시작된 것이다. 그리고 많은 사람들이 그 운동을 지지하고 있다. 데이트의 고통을 통해 선한 결과를 얻지 못한다면 그것은 아무 가치가 없다. 그런 점에서 해리스가 그 책을 쓰게 된 동기를 우리는 이해한다.

그러나 그의 결론엔 동의하지 않는다. 아픔이 멈춰야 한다는 데엔 동의하지만 데이트가 문제라고는 생각하지 않는다. 사람이 문제다. 자동차가 사람을 죽이는 것이 아니라 음주 운전자가 사람을 죽이는 것과 마찬가지로, 사람에게 아픔을 주는 것은 데이트가 아니라 데이트에서 자제하지 못하는 태도다. 골로새인들에게 준 바울의 충고는 데이트를 포기하는 것과 관련해서 우리에게 시사하는 바가 크다. "너희가 세상의 초등 학문에서 그리스도와 함께 죽었거든 어찌하여 세상에 사는 것과 같이 의문에 순종하느냐 곧 붙잡지도 말고 맛보지도 말고 만지지도 말라 하는 것이니 이 모든 것은 쓰는 대로 부패에 돌아가리라 사람의 명과 가르침을 좇느냐 이런 것들은 자의적 숭배와 겸손과 몸을 괴롭게 하는 데 지혜 있는 모양이나 오직 육체 좇는 것을 금하는 데는 유익이 조금도 없느니라"(골 2:20-23). 바울은 규범을 만들고 어떤 행실을 금한다고 해서 삶이 성숙해지는 것은 아니라고 가르친다.

　인간이 겪는 고통은 영혼, 하나님을 향하는 마음, 기타 성숙과 관련된 문제들 때문에 일어난다. 바울의 말처럼, 파괴적일 수 있다는 이유로 어떤 일을 피한다고 해서 내적이든 외적이든 성숙이라는 기본 문제를 해결할 수 있는 건 아니다. 미숙하고 데이트를 조절할 능력이 없어서 데이트를 안 하는 경우도 있다. 그러나 성숙하기 위해 무언가를 시도하지 않으면 여전히 미숙한 상태로 남을 것이며, 결혼 이후에도 그 상태가 지속될 것이다.

　데이트를 피하는 것은 데이트에서 일어나는 문제를 치료하는 방법이 아니다. 그 치료법은 성경이 삶의 다른 문제들을 치료하는 방법과 같다. 바로 '영적 성장을 통한 성숙'이다. 사랑할 줄 알고 하나님을 따르며 정직하고 책임을 지며 대접을 받고자 하는 대로 대접하고 자제력을 개발하며 온전한 삶을 세워가는 법을 배우면 더 나은 데이트가 가능해진다.

　데이트 잘하는 법을 말하기 전에 데이트를 포기하지 말아야 하는 이유와 더 좋은 데이트가 가능한 이유들을 지적하고자 한다.

　해리스는 '몹시 해로운 데이트의 일곱 가지 습관'이라는 장에서 다음과 같은 '부정적인 경향들'을 지적했다.

1. 데이트는 친밀감을 느끼게 해주지만 반드시 헌신하게 만들어주지는 않는다.
2. 데이트는 관계를 성숙케 하는 '우정'이라는 단계를 뛰어넘는 경향이 있다.
3. 데이트는 종종 육체 관계를 사랑으로 착각하게 한다.
4. 데이트는 종종 꼭 필요한 다른 사람들과의 관계를 소홀히 하게 만든다.

5. 데이트는 젊은이들이 자신의 장래를 준비하는 일을 소홀히 하게 만드는 경우가 많다.
6. 데이트는 하나님의 은사인 독신으로 사는 것에 불만을 느끼게 할 수 있다.
7. 데이트는 다른 사람의 인격을 잘못 판단하기 쉬운 환경을 만들어 낸다.

이런 문제들은 모두 사람들 때문에, 그리고 그 사람들이 데이트하는 방법 때문에 일어난다. 우리는 앞으로 이 문제들 속에서 적절한 틀, 인격, 지원 시스템, 가치, 하나님과의 관계 등이 결핍된 현상들을 살펴볼 것이다. 달리 표현하자면 바운더리가 결핍됐다는 말이다.

앞에 제시한 문제점들은 개별성 상실, 의존성, 자기 중심성 같이 성숙하지 못한 인격과 관련이 있다. 바운더리의 상실은 성숙하지 못한 사람이 자신의 내적 외적 틀을 모두 포기할 때와, 성숙을 가로막는 것 즉, 어떤 환상이나 사람에게 휩쓸려 본래의 자기를 잃어버릴 때 일어난다. 성숙하지 못한 데다가 환상에 빠진 '연애' 감정을 가진 사람은 무엇보다 먼저 현실로 돌아와야 한다. 누군가 이런 성향을 가지고 있다면, 좀더 균형잡힌 방법으로 삶과 관계를 대할 수 있기 위해 인격 성장과 영적 성숙이 필요하다. 그리고 그러한 성장에 필요한 요소들을 하나님께서 제공하실 수 있다.

우리는 이런 문제들과 그것들을 치료할 바운더리에 관해 이 책에서 말하고자 한다. 하나님께서는 우리를 이끌어줄 삶의 원칙들을 제공하신다. 그분의 방법들은 믿을 만하기 때문에 우리는 자유로이 성장하고 삶을 발전시켜 성숙해갈 수 있다. 그러므로 굳이 성숙이란 문제를 외면한 이유가 없다.

해리스는 상대방의 희생 위에 이기적으로 만족을 구하는 경우를 예로 들거나 마음에 상처가 있는 경우 또는 미숙하고 의존적이며 중독된 로맨스를 예로 든다. 이러한 경우들은 데이트 때문에 일어나는 것이 아니라 데이트하는 사람들의 미숙함 때문에 일어난다. 우리는 더 성숙하고 경건한 십대, 청년, 그보다 나이 많은 성인들이 성숙한 방식으로 데이트하는 경우를 많이 알고 있다. 해리스의 논리는 다음과 같이 들린다.

A는 B와 데이트했다.
A 또는 B, 아니면 A와 B 둘다 상처를 입었다.
그러므로 데이트는 나쁘다.

이것은 이혼이 있기 때문에 결혼을 해서는 안 된다고 말하는 것과 같다. 또는 자동차 사고가 있기 때문에 운전해서는 안 된다고 말하는 것과 같다. 많은 사람들이 책임 있게 데이트하며 그 경험으로부터 배우고 성장한다. 두 사람은 그 경험 때문에 더 성장한다. 그리고 장래를 준비한다.

해리스가 어떤 사람들은 데이트해선 안 되며 적어도 일정 기간은 그렇다고 주장한 내용은 일부분 옳다. 운전을 하거나 결코 술을 마시면 안 되는 사람이 있듯이 어떤 사람은 데이트해선 안 된다. 성경의 지침에 따르면, 아직 성숙하지 않았거나 인격에 결점이 있는 사람은 도덕적으로 잘못을 범할 수 있기 때문에 어떤 활동을 삼가는 것이 최선이다.

유명한 청소년 사역자와 얘기를 나눈 적이 있는데, 그는 다음과 같은 말로 이 사실을 확인해주었다. "우리가 사역하는 십대들 가운데 일부는 데이트를 삼갈 필요가 있다고 봅니다. 그 나머지 십대들은 데이트가 필요합니다. 그리고 데이트 때문에 일어나는 모든 문제들을 성숙이라는 측면에서 다루는 법을 배워야겠죠." 우리 역시 같은 생각이다. 어떤 사람들은 데이트하지 않는 것이 최선이다. 예를 들어, 낭만적인 분위기에 휩쓸려 본래의 자기를 잃어버리고 그것 때문에 쉽게 상처받는 사람, 다른 사람들에게 쉽게 이용당하는 사람, 성숙이라는 문제를 가볍게 여기는 사람이 그렇다. 이런 사람들이 성장하는 데는 데이트가 별 도움이 안 된다.

이런 경우를 제외하면 데이트는 사람들에게 매우 좋은 경험이 될 수 있다. 해리스도 그렇게 생각한다. 그는 그것을 단지 '데이트'라고 부르지 않을 뿐이다. 그는 두 사람이 결혼에 이르기 전 서로에게 맞는 사람인지 알아보기 위해 함께 시간을 보내야 한다고 말한다. 그러나 그것은 두 사람이 처음부터 결혼을 모색하기 때문에 데이트와 다르다고 구분짓는다. 그리고 이 단계 이전에는 단지 우정이 있을 뿐이라고 말한다. 그리 틀린 말은 아니다. 우리도 결혼하기 전에 사람을 잘 알아봐야 한다고 믿는다. 하지만 우리는 데이트가 이런 기회뿐만 아니라 그 이상의 기회도 준다고 믿는다.

데이트의 장점을 몇 가지 제시한다.

안전한 상황에서의 데이트는 자신과 상대 그리고 관계에 대해 배울 기회가 된다

데이트는 적절하게 하면 이성(異性), 자신의 성적인 느낌, 도덕적 한계, 자신에게 부족한 관계 형성 기술, 사람들에 대한 자신의 기호를 발견하는 시간이 될 수 있다. 그러나 적절한 지원이 있어야 한다. 싱글들은 자신에게 관심을 기울이는 사람들의 도움을 받으며 데이트를 해야 한다. 십대들에게 이런 지원을 해줄 수 있는 사람은 부모, 친구, 청소년 단체, 목사, 코치 등이다.

데이트는 발전을 돕는 사람의 지원을 업고 안전하게 이루어질 때 성장과 배움의 모판이 된다. 나는 데이트 안 하기 운동을 신봉하는 청소년 사역자에게 "청소년들에게 데이트를 하지 말라고 지도한다면 필요한 자극과 가르침을 그들에게서 빼앗는 셈"이라고 말했다. 결혼을 한 후에 문제의 현실을 깨닫는 것보다, 결혼 약속을 하기 전에 주변의 지원을 받으며 성숙할 기회가 있는 상황에서 배우는 쪽이 훨씬 낫다.

좀더 나이가 든 싱글들도 마찬가지다. 친구, 목사, 지역 사회가 그들의 데이트를 지원해야 한다. 이 지원 시스템은 결혼할 준비가 될 때까지 그들이 성장할 기회를 제공한다.

데이트는 문제 해결의 장이 된다

행복한 결혼 생활을 하는 사람들에게 첫번째 남자 친구나 여자 친구와 결혼했다면 어떤 대가를 치러야 했을지 물어보라. 우리는 그런 일을 천 번도 더 보았다. 처음부터 끌린다고 해서 '그 사람'이라고 단정하는 것은 그리 좋은 태도가 아닐 수 있다. 데이트를 해보면 처음에 가치를 두었던 상대의 장점이 결국엔 가치 없는 것임을 깨달을 수 있다. 어쩌면 상대에게 끌렸던 것이 찰나적이고 파괴적일 수 있음을 깨닫기도 한다. 이런 끌림 가운데 어떤 것은 영적인 성격을 띠기도 한다. 나는 여러 번 어떤 사람이 상대의 영적인 '성숙'과 인격에 매혹되었다는 말을 들었다. 그 사람은 상대가 훌륭하다고 생각했다. 그러나 데이트를 시작한 후, 그 사람은 상대를 더 잘 그리고 더 자세히 알게 되었다. 그리고 데이트하기 전에는 아주 좋게 보이던 부분들이 시간이 지나 친밀한 관계가 되어서는 그렇지 않음을 알았다.

지배적인 아버지 밑에서 자란 여자와 얘기할 기회가 있었는데, 그녀는 아버지 같은 지배적인 사람을 몹시 싫어했다. 그런 이유로 아버지와 다른 특징을 지닌 친절하고 부드러운 남자들에게 끌렸다. 그녀는 첫번째 남자 친구와 아주 짧게 데이트를 한 후에 결혼했다. 그 친구는 꽤 괜찮고 친절한 남자였으나, 그녀가 어린 시절의 영향으로 지배적인 남자의 힘을 두려워했기 때문인지, 다소 소극적이었다. 그녀는 그런 소극성을 좋게만 보려는 자신의 취향을 좀더 일찍 깨닫지 못한 것을 아쉬워했다. 남편과 좀더 오래 데이트 했더라면 자신이 어떤 점에서 끌리고 있는지 그리고 남편이 실제로는 어떤 사람인지를 알았을 것이다. 대부분의 사람들은 일상의 관계 속에서 날마다 부딪혀보기 전까지는 꽤 괜찮아 보인다.

데이트를 통해 관계 맺는 기술이 형성된다

관계가 친밀해지려면 많은 노력과 기술이 필요하다. 사람은 가정이나 기타 장소에서 이러한 관계 맺는 기술을 배워 성인이 돼야 하는데, 많은 사람들이 이 부분에서 실패한다. 그러나 데이트를 시작하면 자신이 가지고 있는 매우 불안정한 요소들을 발견하고, 의사 소통, 민감함, 신뢰, 자신감, 정직, 자기 희생, 상대방 경청하기 등 관계 성숙에 필요한 기술들이 없음을 깨닫는다. 데이트를 하면서 자신의 미숙한 부분들을 발견하며, 진지한 관계로 나아가기 전에 해야 할 일이 무엇인지도 알 수 있다. 아울러 데이트는 관계 그 자체뿐만 아니라 관계 속에서 어떻게 처신해야 하는지 배울 수 있는 기회가 된다.

데이트를 통해 치료받고 회복될 수 있다

오랫동안 만날 기회가 없었던 한 남자와 우연히 마주쳤다. 그는 한창 신혼의 단꿈에 빠져 있었는데, 상대는 내가 지난 번 그를 만날 때 곁에 있던 여자가 아니었다. 놀라서 이전의 여자 친구는 어떻게 됐느냐고 물으니 그는 이렇게 대답했다. "우리는 계속 좋은 친구가 되기로 했습니다. 그녀

 20 '노(No!)'라고 말할 줄 아는 데이트

가 제 인생에서 맡은 역할 때문에 하나님께 매우 감사하고 있습니다."

"무슨 말입니까?" 내가 물었다.

"저는 한동안 그녀가 '그 사람'이라고 생각했습니다. 그러나 하나님께서는 우리 둘을 위해 제 생각과는 다른 장기 계획을 가지고 계셨습니다. 우리 스스로에 관해 많은 것을 깨닫고, 몇 가지 영역에서 치료받을 수 있도록 하나님께서 우리 두 사람을 일정 기간 만나게 하셨다고 믿습니다. 저는 과거에 너무 많은 상처를 받았습니다. 그리고 그녀는 이해심이 많아 잘 받아주고 따뜻하게 대해주었습니다. 그녀의 사랑은 제가 다시 사랑할 수 있는 사람이 되는 데 아주 중요했습니다. 제가 결혼할 사람이 그녀가 아님을 알게 되었지만, 우리의 관계는 진실로 좋았을 뿐만 아니라 장래에 맺게 될 관계들을 위해 우리를 준비시켜주었습니다."

하나님께서는 우리를 치료하고 변화시키기 위해 관계를 이용하신다. 자신을 치료할 목적으로 데이트해도 좋다는 말은 아니지만(이것은 끔찍한 생각이다), 데이트는 사람의 영혼에 좋은 작용을 한다. 사람들은 건강한 관계에서 유익을 얻는다. 사람들은 건강한 데이트를 시작할 수 있다. 그 관계가 결혼으로 이어지지 않더라도 거기에서 배우고 치료받으며 성장하고 능력을 키운다. 데이트는 한 사람의 인생에서 소중한 가치를 지닌다.

데이트는 상호 관계적이며 그 자체로도 가치가 있다

조슈아 해리스는 사람들이 데이트에서 자신만의 만족을 구한다고 말한다. 어떤 사람은 데이트를 하면서 다른 사람을 이기적으로 이용하는 반면, 어떤 사람은 다른 사람을 알아간다는 데 즐거움을 느끼고 굳이 결혼으로 이어지지는 않더라도 건전한 방식으로 서로의 것을 나눈다.

누군가를 알고 그와 시간을 보내며 일과 소유를 나눌 때 그것을 '친밀함'이라고 한다. 사랑은 이렇게 다른 사람을 깊이 알아가는 것이다. 그것은 관계며 거룩하고 유익하다. 그러나 데이트를 통해 상대를 완전히 알기란 불가능하다. 결혼하지 않은 사람들은 일정 부분을, 예를 들어, 성 관계 등을 상대에게 허락하지 않는다. 그렇다 하더라도 사랑과 관계가 존재하기 때문에 그 밖의 부분들을 공유하는 일은 참된 가치를 지니며 유익하다. 이것이 데이트의 목적이다. 하나님께서는 결혼한 사람들의 사랑이 아니더라도 사랑은 율법의 완전한 이행이라고 말씀하셨다. 결혼하지 않은 두 사람이 서로 사랑할 때, 인생의 어떤 부분을 함께 나눌 때, 그 관계가 육체나 마음에서 한계가 있을지라도 그 사랑은 가치가 있다.

데이트를 통해 자신이 이성의 어떤 점을 좋아하는지 알 수 있다

데이트 기간이 길었다면, 상대에게서 '괜찮다'고 생각했던 부분이 사실은 전혀 그렇지 않은 것임을 깨달았을 한 여자에 대해서 앞에서 말했다. 이런 끌림은 상처에서 비롯된 것이지만 그렇지 않은 다른 경우들에 대해서도 알아야 할 내용들이 많다. 그녀의 경우에는 아버지가 안고 있던 문제를 데이트 상대에게서 보상받으려 했다. 어떤 사람은 자신이 누구를 좋아하고 함께 있으면 유익할 사람이 누군지를 모르는 경우가 있다. 사람은 저마다 어느 정도의 이상과 매력이 있다. 그중 어떤 것은 진짜 좋은 것이고 어떤 것은 약점에 근거한 것일 수 있다.

자신이 어떤 사람을 좋아하고 또 어떤 사람이 자신에게 적합할지를 누구나 다 알지는 못한다. 주도적인 성격을 가진 사람과 많은 시간을 보내면 어떤 기분일까? 어떤 사람은 천국에 있는 기분이고, 다른 사람은 그야말로 지옥에 있는 기분일 것이다. 지적인 사람과 날마다 함께 지내는 것은 어떨까? 어떤 사람에게는 매우 자극이 되겠지만 다른 사람에게는 재미없고 지루할 뿐이다. 이런 예는 무척 많다. 처음엔 좋다고 생각했지만 장기적으로 보면 좋지 않은 경우가 종종 있다. 이것을 발견해야 한다. 데이트는 다양한 사람을 만나고 함께 시간을 보낼 수 있는 환경을 제공한다. 데이트를 통해 우리는 단지 좋아하는 것과 실제로 필요한 것을 구분할 수 있으며, 무엇이 정말 유익한지를 발견할 수 있다.

데이트를 통해 성적인 욕구를 통제하는 법과 만족을 미루는 법을 배울 수 있다

좋은 데이트는 섹스를 삼가면서도 친밀한 관계를 맺을 수 있는 기회다. 이렇게 만족을 미룸으로써 나중에 결혼 생활을 유지하는 데 꼭 필요한 깨달음, 즉 관계 및 상대방에게 최선을 다하는 태도가 자기 만족이나 성적 표현보다 더 중요하다는 사실을 배울 수 있다. 어떤 부부들은 관계 맺는 법을 몰라서 관계를 섹스로 대신한다. 하나님의 바운더리 안에서 하는 데이트는 성적인 욕구를 드러내지 않으면서도 진지하게 관계 맺는 법을 가르쳐준다. 올바르게 데이트를 함으로써 자기를 통제하는 법과 만족을 미루는 법을 배운다. 이 두 가지, 즉 자기 통제와 만족을 미루는 것은 결혼 생활을 잘 굴러가게 하는 데 꼭 필요한 조건이다.

데이트는 자칫 심각한 상처와 고통을 불러올 수도 있고, 잘 진행되어 연인들의 삶에 행복한 결과를 가져올 수도 있다. 「'노(No!)'라고 말할 줄 아는 데이트(Boundaries in Dating)」는 성공적인 데이트의 비밀을 찾고 실패로 가는 데이트의 함정을 피할 수 있도록 돕고자 한다.

이 책을 진지하게 읽는다면, 하나님을 절실히 찾는다면, 데이트 기간 중 도움을 줄 만한 건전한 친구들을 만난다면, 실로 놀라운 데이트가 펼쳐질 것이다. 재미있고 영적으로 충만하며 성장을 가능케 하는 데이트다. 바운더리를 지키고 그 과정을 즐기라. 삶에 뛰어들되 하나님의 바운더리와 하나님께서 기대하시는 거룩한 삶의 방식을 기억하라. 이런 삶은 솔로몬이 젊은이들에게 전한 충고에 잘 나타나 있다. "청년이여 네 어린 때를 즐거워하며 네 청년의 날을 마음에 기뻐하여 마음에 원하는 길과 네 눈이 보는 대로 좇아 행하라 그러나 하나님이 이 모든 일로 인하여 너를 심판하실 줄 알라"(전 11:9).

데이트는 인생에서 아름다운 시간이지만 하나님의 선하신 바운더리로 균형을 이뤄야 한다. 당신이 안전, 성취, 성장, 자유를 찾는 일에 이 책이 도움이 되기를 바란다.

1

당신과 바운더리

왜 데이트에 바운더리가 있어야 하는가?

"그래서 어떻게 하면 좋겠니? 그 사람 의자 밑에 폭탄이라도 설치할까?" 반쯤은 농담이었지만 헤더는 감정이 폭발했다. 그녀는 단짝 줄리와 점심을 먹는중이었다. 대화는 헤더가 자신의 남자 친구 토드에게 계속해서 실망한 사실에 집중됐다. 헤더는 그를 무척 좋아했고 결혼할 생각이었다. 토드는 정답고 책임감 있고 재미있었지만, 실상 관계에 진지한 태도를 전혀 보이지 않았다. 두 사람은 함께 있는 것을 좋아했으나 헤더가 진지한 관계가 되자고 말하려 하면 토드는 농담을 하거나 화제를 돌렸다. 서른세 살인 토드는 자신의 자유를 귀중하게 여기는 사람이라 자기 삶을 바꿔야 한다고 생각하지 않았다.

헤더의 감정이 폭발한 이유는 줄리가 "토드의 생각이 바뀔 수 있도록 네가 도와야 해"라고 말했기 때문이다. 헤더는 이제껏 자신이 받아온 좌절감, 상처, 큰 낙심 때문에 말끝을 흐렸다. 헤더는 자신과 토드가 다른 길을 가는 것 같았기 때문에 좌절했고, 자신의 사랑에 토드가 반응하지 않는 것처럼 느껴졌기 때문에 상처 입었고, 그리고 그녀가 여지껏 관계에 마음과 힘을 몹시 많이 기울였기 때문에 낙심했다. 지난 한 해, 헤더가 삶 속에서 가장 마음을 쏟았던 사람은 토드였다. 그녀는 자신이 좋아하던 활동들을 그만두고 소중하게 여겼던 관계마저 끊었다. 그녀는 토드의 마음을 끌 수 있는 사람이 되려고 애썼다. 그러나 지금 그런 투자는 아무 효력이 없는 것처럼 보였다.

어린 사람들은 데이트하면 안 되는 이유

데이트에 참여하게 된 당신을 환영한다. 이 독특한 관계에 빠진 적이 있다면 헤더와 토드의 이야기가 익숙할 것이다. 둘은 한때 서로 강하게 끌렸지만 열정이 식기 시작한다. 결혼해서 평생 반려자로 지내는 특별한 관계가 되기를 희망했고 상황도 한동안 좋게 보였지만, 어쩐 일인지 둘 사이가 소원해져서 마음이 상하고 좌절감이 들며 외로움마저 느끼곤 한다. 게다가 이런 상황이 다른 관계에서도 거듭 나타난다.

어떤 사람들은 모든 것의 원인이 데이트라고 생각해 데이트는 건전한 활동이 아니라고 단정짓는다. 이 사람들은 단체로 만나 상대를 선택하고 결혼을 전제로 사귀는 것 같은 대안을 찾는다. 데이트에 문제가 있다고 할지라도 우리는 데이트가 가치 있는 것이라고 믿는다. 저자인 우리(클라우드, 타운센드) 둘은 합해서 75년 간을 독신으로 지내며 각자 데이트를 했다. 데이트는 개인적으로 성장할 기회와 관계 맺는 법을 배울 기회 등 많은 유익을 준다.

그러나 데이트에는 나름의 위험이 있다. 어린 사람들은 데이트하면 안

 28 '노(No!)'라고 말할 줄 아는 데이트

된다고 말하는 것도 바로 이런 이유에서다. 이 말은 십대는 데이트하면 안 된다는 게 아니라 사람의 성숙이 매우 중요하다는 얘기다. 본질적으로 데이트는 실험적인 성향이 강해서 처음엔 거의 약속된 결과가 없다. 그래서 어떤 사람은 관계를 쉽사리 끝내기도 한다. 이런 이유에서 관계에 많은 감정을 투자하는 것은 위험할 수도 있다. 따라서 데이트는 책임감 있는 두 사람 사이에서 가장 순조롭게 이루어진다.

자유와 책임의 영역에서 발생하는 문제들

이 책은 데이트의 본성에 대해서는 그리 많이 다루지 않는다. 오히려 데이트를 하면서 겪는 문제들을 주로 썼다.

데이트하는 사람들은 자유와 책임의 문제들 때문에 갈등을 겪는 경우가 많다. 자유라는 말은 두려움이나 죄의식이 아니라 가치관에 기초를 두고서 선택할 수 있는 능력을 의미한다. 자유로운 사람은 그 일을 하는 것이 옳다고 느끼므로 그것에 전적으로 마음을 쏟는다. 책임이라는 말은 자신이 책임져서는 안 되는 것에 "아니요"라고 말할 수 있을 뿐만 아니라, 관계를 건전하고 정답게 유지하기 위해 자기 임무를 감당하는 능력을 의미한다. 책임 있는 사람은 데이트를 하면서 자신의 역할을 감당하지만 해롭고 적절하지 못한 행동은 용납하지 않는다.

데이트는 궁극적으로 사랑과 관련돼 있다. 사람들은 데이트를 통해 사랑을 구한다. 사랑을 찾고 사랑이 성숙하면 대개는 서로 진실한 약속을 한다. 데이트 관계 속에서 사랑이 자라려면 자유와 책임이 필요하다. 두 사람이 서로에게 자유를 허락하고 관계에 있어서도 자신의 책임을 인정하면, 그들은 사랑이 성장하고 성숙할 수 있는 환경을 만드는 셈이다. 자유와 책임은 남녀가 사랑하고 신뢰하며 탐구하고 또한 서로간의 경험을 깊게 해주는 안전하고 보장된 환경을 만들어낸다.

사실 이 두 요소는 데이트뿐만 아니라 모든 성공적인 관계에 필요하다. 결혼, 우정, 자녀 양육, 사업 등에서 애정의 번창은 자유와 책임에 달려 있다. 온전한 사랑은 두려움을 내어쫓기 때문에 사랑 안에 두려움이 없도록 하나님께서는 사랑을 고안하셨다(요일 4:18). 우리는 사랑 안에서 서로 진리를 말하고(엡 4:15) 사랑을 보호하는 책임을 떠맡아 문제에 맞서야 한다.

데이트에서 건전한 바운더리는 자유, 책임, 궁극적으로는 사랑을 보호하는 열쇠임을 우리는 믿는다. 좋은 바운더리를 설정하고 유지하면 나쁜 관계를 치료할 수 있을 뿐만 아니라 좋은 관계를 더 좋게 만들 수 있다. 그러므로 자유와 책임에 관한 갈등으로 데이트에 문제가 일어나는 방식들을 살펴보기 전에, 바운더리가 무엇이며 데이트에서 어떤 기능을 하는지 간략히 살펴보자.

바운더리란 무엇인가?

바운더리라는 말이 익숙하지는 않을 것이다. 어떤 사람들은 친밀함을 막는 벽이나 장벽을 떠올리거나 심지어 이기심을 떠올린다. 그러나 여기서 말하는 바운더리는 그런 경우에 해당하지 않으며, 특히 데이트의 바운더리는 더욱 그렇다. 바운더리가 무엇이며 무슨 일을 하는지 이해한다면, 우리는 그것을 삶에서 사랑, 책임, 자유를 발전시키는 데 가장 도움이 되는 도구로 삼을 수 있다. 다음에서 바운더리가 무엇인지, 그 기능과 목적은 무엇인지, 그리고 몇 가지 바운더리의 예를 살펴보자.

소유 경계선

간단히 말해서 바운더리는 소유 경계선이다. 울타리가 당신 땅과 이웃 땅의 경계를 표시하듯이, 사람의 바운더리는 자기 감정과 인격에 속한 부분과 다른 사람에게 속한 부분을 구별짓는다. 우리는 자신의 바운더리를 볼 수 없다. 그러나 다른 사람이 침범할 땐 거기에 자신의 바운더리가 있다고 말할 수 있다. 누군가가 우리를 통제하려 하고 너무 접근하려 하거나 우리가 생각하기에 옳지 않은 일을 부탁하면, 우리는 거부하고 싶은 느낌이 들어야 한다. 바운더리가 침해당했기 때문이다.

바운더리의 기능

바운더리에는 두 가지 중요한 기능이 있다. 첫째, 우리 자신을 규정한다. 바운더리는 우리가 어떤 존재인지 또는 어떤 존재가 아닌지 보여준다. 그리고 우리가 동의하는 것과 동의하지 않는 것, 좋아하는 것과 싫어하는 것 등을 보여준다. 하나님께서는 명확한 바운더리를 많이 가지고 계신다. 하나님께서는 세상을 사랑하신다(요 3:16). 하나님께서는 기쁘게 주는 자를 사랑하신다(고후 9:7). 하나님께서는 교만한 눈과 거짓된 혀를 미워하신다(잠 6:16-17). 하나님의 형상을 따라 지어진 우리도 우리의 모습에 솔직하고 진실해야 한다. 자신의 모습을 뚜렷이 드러낼 때 데이트를 훨씬 더 잘 할 수 있다. 자신의 가치관, 기호, 도덕 등을 명확히 나타내면 문제가 발생하기 전에 문제를 해결할 수 있다. 한 예로 교제하려는 남자에게 자신은 영적 삶을 중요하게 여기며 자기와 친한 사람도 그러기를 바란다고 말하는 여자를 들 수 있다. 그녀는 자신이 누구인지 알 수 있도록 자신의 특징을 그에게 내보이려고 할 것이다.

두번째로 바운더리는 우리를 보호한다. 바운더리는 좋은 것은 안에, 나쁜 것은 밖에 둔다. 바운더리가 명확치 않으면 건전하지도 않고 파괴적인 영향이나 사람들에게 노출된다. 슬기로운 사람은 위험한 일을 보면 숨어 피한다(잠 27:12). 예를 들어, 관계가 좀더 친밀해지려는 남자와 여자는 서로 상대의 마음이 불필요한 상처를 입지 않도록 다른 사람과 데이트하는 일을 금한다. 바운더리는 한 사람이 너그럽게 넘길 것과 용납하지 않을 것을 다른 사람에게 알려줌으로써 모두를 보호한다.

바운더리의 예

데이트하는 도중 상황에 따라 둘 수 있고 사용할 수 있는 바운더리가 있다. 다음은 그 몇 가지 예다.

- 말 : 상대에게 "아니요"라고 말하기 또는 동의하지 않는다고 솔직하게 말하기
- 진실 : 문제에 진실하기
- 거리 : 자신을 보호하기 위해서나 무책임한 행위에 대한 대가로 두 사람 사이에 시간과 공간의 거리를 두기
- 주위 사람 : 바운더리를 지킬 수 있도록 친구의 지원을 받기

때때로 자기 마음을 알리기 위해 다음과 같은 바운더리를 이용해야 한다. "나는 무척 민감해서 쉽게 상처 받을 수 있어요. 당신이 그것을 알아주었으면 좋겠어요." 또 어느 때는 문제에 직면하고 자신이나 관계를 보호

하기 위해 다음과 같은 바운더리를 사용해야 한다. "성 관계를 계속 강요하면 다시는 만나지 않겠어요." 어느 쪽이든 바운더리는 자유와 선택을 준다.

바운더리 안에 있는 것

바운더리는 재산을 보호하는 울타리임을 명심하라. 데이트에서의 재산은 마음이다. 바운더리는 하나님께서 주신 삶을 지속하고 성숙시키기 위해 그 삶을 둘러막아 지킨다. 그리하여 우리는 하나님께서 창조하신 모습의 사람이 될 수 있다. 바운더리가 뚜렷이 밝혀주고 보호하는 내용을 몇 가지 열거하면 다음과 같다.

- 사랑 : 관계를 형성하고 신뢰를 주는 가장 큰 능력
- 감정 : 자신의 기분을 고백하고 싶은 욕구와 다른 사람의 기분에 좌우되지 않으려는 욕구
- 가치관 : 자신이 가장 염두에 둔 것을 삶에서 나타내려는 욕구
- 습성 : 데이트에서 자신이 행동하는 방식에 대한 통제
- 태도 : 자신과 자신의 데이트에 대한 자세와 견해

자기 바운더리 안에 있는 것은 오직 자신이 책임져야 한다. 자신의 사랑, 감정, 가치관을 다른 사람이 통제한다면, 그들이 문제가 아니라 그들의 통제에 제한을 가하지 못하는 자신의 무능력함이 문제다. 바운더리는 자신의 영혼을 보호하고 성장하게 하는 열쇠다.

이 책에서는 바운더리의 원칙을 데이트에 적용하는 법에 대한 많은 실례와 상황을 다룰 예정이다. 설령 "아니요"라고 말한다고 해서 우리가 나쁜 사람이 되는 것은 아니다. 오히려 그것 때문에 위기를 벗어날 수 있고 두 사람의 관계를 살릴 수 있다.

여러 방식으로 나타나는 바운더리 문제들

자유와 책임이 적절하게 있지 않을 때 데이트에서 괴로움을 겪는 경우들이 많다. 그 예들을 살펴보자.

자신답게 행동할 수 있는 자유를 상실한다

때때로 어떤 사람은 관계를 유지하기 위해 자신의 정체성과 기존에 지켜오던 삶의 방식을 포기한다. 그리하여 나중에 그 사람이 그동안 감춰왔던 감정을 드러냈을 때, 상대방은 전에는 몰랐던 그 사람의 실제 모습을 보고 실망하고 만다. 앞에서 예로 들었던 헤더는 이런 식으로 자신의 자유를 일부 상실했다.

나쁜 사람을 만나게 된다

바운더리를 잘 개발하면 건전하고 성장하는 사람들에게 더 많이 끌린다. 그리고 그냥 넘어갈 것과 좋아하는 것의 경계가 분명해진다. 좋은 바운더리를 가진 사람은 별난 사람을 피하고, 책임과 관계에 충실한 사람의 주의를 끈다. 그러나 바운더리가 명확하지 않고 발달하지 않은 사람은 내면에 들이지 말아야 할 사람을 들여놓는 위험을 자초하게 된다.

내면의 상처로 데이트를 시작한다

바운더리는 우리가 믿고 기준으로 삼는 가치관과 관련이 깊다. 바운더리가 명확하면 가치관을 기준으로 자신에게 어떤 부류의 사람이 가장 적합한지 알 수 있다. 그러나 바운더리가 빈약한 사람은 정신적인 갈등을 맞는 경우가 흔하다. 그들은 자신도 모르는 사이에 데이트에서 그 갈등을 해소하려고 한다. 그들은 가치관으로 사람을 택하지 않고 내적 갈등에 반응하여 파괴적인 방향으로 사람을 선택한다. 예를 들어 부모가 통제적일 때, 통제적인 남자들에게 끌리는 여자가 있는가 하면, 절대로 통제받지 않기 위해 수동적이고 유순한 남자를 고르는 여자가 있다. 어느 쪽이든 가치관에 따라 상대를 고르는 것이 아니라 내면의 상처로 상대를 고른 것이다.

아예 데이트를 피한다

슬프게도 어떤 사람들은 데이트를 정말로 원하면서도 과연 그 누군가를 찾을 수 있을 것인가, 또는 누군가가 자신을 찾을 것인가 의심스러워하며 머뭇거린다. 이같은 일은 흔히 바운더리를 잘 유지하지 못하기 때문에 일어나는데 이런 경우 사람들은 상처와 모험을 피하고 허탕치지 않으려고 데이트에서 물러선다.

관계에 지나치게 몰두한다

바운더리 문제가 있는 사람들 중에 자신의 삶을 상대에게 주다가 언제 그만둬야 할지 몰라 한도를 넘는 이들이 많다. 이런 사람들은 상대를 사로잡기 위해 자신의 삶과 마음을 쏟아 붓지만, 상대가 그것을 모두 받으면서도 결코 진심으로 관계에 전념하고 싶어하지 않음을 발견할 뿐이다. 좋은 바운더리는 얼마나 주어야 할지, 또 주는 것을 언제 멈춰야 할지 알려준다.

책임이 없는 자유를 추구한다

자유는 항상 책임을 동반해야 한다. 데이트의 자유를 즐기면서도 아무런 책임도 지지 않으면 문제가 생긴다. 데이트를 하면서 '자기 이득만 챙기려는' 사람이 이 범주에 속한다. 토드의 경우도 여기에 속한다. 그는 헤더와 지내는 것을 즐기면서도 관계를 발전시킬 책임은 전혀 지고 싶어하지 않았다. 시간이 많이 흐른 뒤에도 그랬다.

상대방을 통제하려 든다

한 사람이 다른 사람보다 관계가 빨리 깊어지기를 원하는 경우가 종종 있다. 이런 상황에서는 때때로 관계에 더 진지한 사람이 조작, 죄의식, 지배, 협박 등으로 상대방에게 고삐를 매려고 한다. 이때 사랑은 뒤로 밀려나고 통제가 앞서게 된다.

"아니요"라고 말할 책임을 지지 않는다

데이트를 하면서 멸시받고 홀대받는 것을 받아들이는 '착한 남자'가 여기에 해당한다. 이런 사람은 자신이 홀대받는 사실을 대수롭지 않게 여기거나 언젠가 그녀가 자신을 홀대하는 것을 멈추리라는 희망을 막연히 품고 있다. 이 사람은 자기에게 일어나는 나쁜 일에 제한을 가할 책임을 지지 않는다.

육체 관계에 부적절한 태도를 보인다

교제중인 남녀는 육체 관계에 적절한 경계선을 유지하기가 어렵다. 그들은 이 문제에 책임감을 갖지 않으려 하거나, 어느 한쪽만이 '브레이크'를 가지고 있거나, 그 행위에 대해 깊이 있게 논의하려 들지 않는다.

자유와 책임이 뒷받침되지 않는 여러 경우에 데이트는 비참한 관계가 되고 만다. 이 책에서 그런 경우들을 많이 살펴볼 예정이다. 그리고 바운더리에 대한 이해와 올바른 적용을 살펴볼 텐데, 이렇게 바운더리를 이해하고 적절하게 적용하면 데이트에 접근하는 방법이 크게 달라질 것이다.

다음 장에서는 모든 관계에서 가장 중요하고 우선되는 바운더리인 진실에 대하여 살펴보겠다.

요약

- 데이트에는 위험이 따르며 바운더리는 그 위험을 조종하는 데 도움이 된다.
- 바운더리는 당신을 규정하고 보호하는 '경계선'이다.
- 감정, 가치관, 행동, 태도 등 바운더리가 보호하는 것을 귀중하게 여기는 법을 배우라.
- 바운더리는 상대방 앞에서 자기다움을 상실하지 않고 의연함을 잃지 않게 해준다.
- 당신은 데이트 상대가 자신처럼 자기 삶에 책임을 지기 원한다.
- 좋은 바운더리는 당신이 더 좋은 사람이 되도록 돕기 때문에 더 좋은 사람을 선택할 수 있도록 돕는다.

진실을 요구하고 구체화하라

수년 전 인격 장애를 다루는 집회에 참석한 적이 있다. 정신과 전문의인 강사는 심리학자들이 인격 장애를 다룰 때 중요시하는 항목이 적힌 목록을 나눠주었다. 인격 장애는 포괄적인 용어지만, 일면 자신의 삶을 받아들여 책임을 지지 않는 사람들이라고 규정할 수 있다. 그 강사의 말을 결코 잊을 수가 없다. 강사는 인격 장애를 다룰 때 가장 중요한 내용, 즉 자신의 안전을 확보하는 것보다 우선시 해야 할 것에 대해 말했다.

어떤 종류의 기만이든 발견하는 즉시 모든 것을 그만두라. 당신이 어떤 사람을 도우려 하는데 어떤 면에서든 그 사람이 거짓을 말한다면, 거기엔 관계가 존재하지 않는다. 모든 것이 연극에 지나지 않으며 그 거짓을 해결하기 전에는 더이상 그 사람을 도우려고 해선 안 된다. 이것보다 중요한 문제는 없다. 신뢰는 유익한 관계에 있어서 가장 중요한 핵심이며 그것이 깨지면 만사를 제쳐두고 고쳐야 한다. 그것을 고치든가 관계를 끝내라. 기만이 있는 곳엔 관계가 존재하지 않는다.

이 말은 이 분야에서 매우 경험 많은 지도자로부터 얻은 현명한 조언이다. 그는 35년 간의 경험을 통해 "기만이 있는 곳엔 관계가 존재하지 않는다"는 사실을 배웠다. 신뢰는 대단히 중요하다. 정직은 치료 관계에서도 필수적이지만 데이트와 결혼에서도 근본이 된다.

수렁에 빠지다

얼마 전 의뢰인을 만나 그의 얘기를 듣고 있었다. 그녀의 결혼 생활은 남편의 외도로 산산조각이 났다. 관심을 끄는 대목은 그녀의 결혼이 외도 때문이 아니라 거짓말 때문에 산산조각 났다는 사실이다. 남편은 그녀에게 몇 가지 사실을 고백했고 그녀는 마음에 큰 상처를 입었다. 그래서 둘은 몇 달 간 떨어져 지냈다. 그녀는 남편의 배신에서 비롯된 고통을 모두 겪고 나서 마침내 남편을 용서하기로 마음먹었다. 그녀는 마음이 누그러지고 열렸으며 남편도 후회하는 빛이 뚜렷했다. 바로 그 무렵, 그녀는 남편이 처음 자신에게 한 얘기가 전부가 아니며 실제로는 더 심각한 상황임을 알게 되었다.

두번째 기만은 첫번째보다 더 나빴다. 남편의 외도는 계속되었던 것 같았고 거짓말까지 붙어 온통 기만으로 가득 차 있었다. 그녀는 상황을 수습할 수 없었다. 수렁에 빠진 느낌이었다. 관계를 끝내기 위해 다시 별거에 들어갔다. 그녀가 처한 상황을 들으면서 나는 그 현명한 정신과 전문의의 말이 떠올랐다. "기만이 있는 곳엔 관계가 존재하지 않는다."

나는 기만이 금전, 업무 수행, 재산 이용, 기타 많은 면에서 관계를 손상시키는 것을 보았다. 상황은 관계마다 다르지만 거짓말과 기만은 그 사람이 거짓말하는 내용이 무엇이든지 상관없이 똑같이 파괴적이다. 기만하는 사람과 함께 있을 때 진짜 문제는 무엇이 사실인지 알 수 없다는 점이다. 견고한 터 위에 있지 못하며 그 터도 한순간에 사라질 수 있다. "기만은 모든 것을 의심하게 만든다"고 한 여자의 고백처럼 말이다.

데이트에 존재하는 기만

데이트에서 상대를 속이는 방법은 다양하다. 다른 방법들에 비해 좀더 일반적인 예들을 살펴보자.

관계에 대한 진짜 감정을 속임

캐런은 매트를 몹시 좋아했다. 그러나 몇 달 간 데이트를 해본 후, 관계를 오래 끌고 싶지 않다는 생각을 했다. '매트가 곁에 있는 것'이 좋았으나 자신을 향한 그의 마음만큼 진지해지지 않았다. 매트는 다른 여자들과 관계를 정리하고 자신을 진짜 여자 친구처럼 대하기 시작했다.

처음에 그녀는 매트의 진지함이 부담스러웠지만 그런 느낌을 무시하려 애썼다. 결국 그녀는 그와의 관계를 즐겼고 관계를 지속하는 데에서 아무런 해로움도 발견하지 못했다. 그러나 매트는 점점 더 애정이 깊어졌다. 게다가 그가 깊이 '빠져들고 있다'는 다른 증거들도 있었다. 매트가 이럴수록 캐런은 자신이 솔직하지 않다는 생각을 계속 지워냈다. "뭐 해롭겠어?" 그녀는 스스로를 안심시켰다.

그러던 어느날, 늦은 시간에 둘은 TV를 보고 있었다. 매트는 캐런에게 몸을 기울여 키스했다. 그리고 "사랑해"라고 부드럽게 말했다.

캐런은 온몸이 굳는 느낌이었다. 그러나 매트에게 다시 키스하며 하나도 잘못된 것이 없는 듯 행동했다. 잠시 후 그녀는 피곤해서 자러 가고 싶다고 말했다. 캐런은 매트에게 작별 인사를 했고 그는 떠났다.

매트는 들떠 있었다. 그는 자신들의 관계가 새로운 단계에 돌입했다고 확신했다. 장래 계획도 세웠고 기분이 최고조에 달했다. 그날밤, 그는 캐런과 함께 지내는 꿈을 꾸면서 잠들었다.

그들의 관계는 어떻게 진행되었겠는가? 두 가지 선택이 있었다. 하나는 다음날 캐런이 매트를 불러 이렇게 말하는 것이다. "말할 게 있어. 지난밤 네가 사랑한다고 말했을 때 내 마음은 편치 않았어. 나는 우리가 서로 똑같은 감정을 갖고 있다고 생각하지 않아. 우리가 같은 방향을 향하고 있는 것 같지 않아. 우리는 그냥 좋은 친구로 지내는 게 좋겠어."

불행히도 그런 일은 일어나지 않았다. 그녀는 편치 않았던 마음을 무시하고 아무 일도 없었던 것처럼 관계를 지속했다. 매트는 계속 캐런에게 빠져들었고 캐런은 그것을 내버려두었다. 매트는 그녀를 멋진 장소와 행사에 데려갔고, 많은 시간과 정성을 그녀에게 쏟았으며, 애인처럼 대하며 내내 그녀를 따라다녔다. 그리고 캐런도 매트의 이런 태도를 받아들였다. 그녀는 매트와 함께 있는 것을 좋아했지만 자기 내부에서 천천히 진행되는 괴리감, 즉 자신의 태도와 감정의 차이를 모른 체해야만 했다. "매트가 곁에 있으면 정말로 즐거워. 계속 데이트한다고 해서 해로울 게 뭐야?" 그녀의 속생각은 이런 것이었다. 그녀는 한동안 이 상태로 지냈다. 그러다가 마침내 이대로 놔두면 안 되겠다는 생각에 관계를 정리하기로 결심했다. 하지만 매트라는 존재가 가로막고 있었다. 고심 끝에 캐런은 매트를 만나 이렇게 말했다. "관계가 더이상 깊어지면 안 될 것 같아. 우리 여기서 그만 관계를 정리했으면 해."

매트는 망연 자실했다. 믿을 수가 없었다. 하루는 한몸이었다가 다음날 끝장난 격이었다. 어떻게 이런 일이 일어날 수 있는가? 그는 환멸을 느끼고 오랫동안 데이트를 전혀 하지 않았다.

많은 싱글들이 자신들도 매트나 캐런의 어느 한 상황에 놓여 있는 것을 발견한다. 어느 쪽이든 괴롭겠지만 분명 매트 쪽이 훨씬 괴로운 결말이다. 그는 실제 상황과 다르게 생각하도록 기만당했다. 그리고 그의 마음은 자신이 진실이라고 여긴 것에 따라 반응했다. 결국 그는 크게 상처를 입었다.

상처, 또는 때때로 상실이 데이트에는 따른다. 사랑의 상실이나 사랑의 희망을 상실하는 것은 데이트에서 파생하는 한 상황이다. 그러나 데이트를 하다가 어느 순간 사랑을 상실하는 것은 피할 수 없을지라도, 서로 정직하다면 상대에 대한 신뢰의 상실만은 막을 수 있다. 바울의 권면을 기억하라. "그런즉 거짓을 버리고 각각 그 이웃으로 더불어 참된 것을 말하라 이는 우리가 서로 지체가 됨이니라"(엡 4:25). 사랑하다가 사랑을 잃는 것과 사랑하다가 속는 것은 별개의 문제다.

어느 사람과 데이트하고, 그와 함께 있는 것을 즐거워하며, 그 관계가 나아갈 방향을 찾는 것은 잘못이 아니다. 이것은 거의 데이트에 대한 정의와 같다. 그러나 상대가 생각하고 희망하는 방향으로 데이트를 진행하고 싶어하지 않는 사람은 즉시 상대에게 분명하고 솔직하게 털어놓을 책임이 있다. 그렇지 않다면 그것은 기만이며 해악이다. 당신의 행동 때문에 상대가 스스로 속고, 속은 채로 계속 행동하게 하지 말라. 캐런이 사실을 깨달았을 때 즉시 말해서 매트가 좀더 일찍 상처를 받고 말았더라면 훨씬 좋았을 것이다. 이 일로 그는 여자를 더욱 신뢰했을지도 모른다. 그러나 상황은 정반대였다.

친구처럼 행동하며 감정을 속임

똑같은 일이 반대 방향에서도 일어날 수 있다. 캐런이 단지 친구면서도 연인처럼 행동한 것과는 달리, 친구처럼 행동하면서 자신의 진정한 의도를 숨기는 사람들이 있다. 이런 사람들은 사랑하는 마음을 숨겨두고서 그 사람을 위해 무슨 일이든 한다. 종종 이들은 그 사람을 돕고 보살피기 위해 온갖 노력을 기울이지만 내내 그 동기를 숨긴다. 그러다가 끝내 '상대방'이 애정으로 자신을 대하지 않으면, 마치 끔찍한 일이라도 당한 것처럼 상처를 받고는 자신이 희생자라는 생각으로 반응한다. 하지만 상대방은 줄곧 자기들이 그저 '단순한 친구'일 뿐이라고 생각했다.

친구로 지내면서 상대를 알고 어떤 관계를 가질지 모색하는 것은 잘못이 아니다. 때때로 친구로 시작한 관계가 그 이상으로 발전해 지속적이고 친밀한 관계가 되기도 한다. 그러나 그것은 상대에게 뚜렷한 의도를 가지고 있으면서도 의도를 숨긴 채 오랫동안 상대를 기만하는 것과는 다르다.

물론 어떤 사람에게 사랑하는 느낌을 가졌다고 처음부터 속마음을 다 털어놓을 필요는 없다. 그러나 처음부터 끝까지 속이는 것은 적당한 때를 기다리며 마음을 감추는 것과는 완전히 다르다. 친구가 아니면서도 친구처럼 행동하지 말라. 이 둘을 구별하는 가장 좋은 방법은 자신에게 "내가 원하는 대로 결말이 나지 않으면 어떻게 될까?"라고 물어보는 것이다. 계속 친구로 지내도 행복할 수 있으며 그 사람을 친구로 사랑할 거라고 자신에게 솔직히 대답할 수 있으면 정직하다. 그러나 "내가 원하는 것처럼 상대가 나를 원하지 않으면, 친구로 지낼 이유도 없다"고 대답하면 그 우정은 거짓이다. 이렇게 하면 확실히 알 수 있다.

다른 사람과의 관계를 속임

때때로 사람들은 다른 사람들과 맺은 관계를 속인다. 그들은 과거 또는 현재 그들이 말한 것 이상의 관계이면서도 '단순한 친구'인 것처럼 행동한다.

고민에 빠진 남자를 상담한 일이 있다. 그는 데이트하는 여자와의 관계가 어딘지 잘못됐다는 엉뚱한 느낌이 계속 들었다. 그녀는 야근을 자주했다. 그녀가 일을 좋아하는 것은 문제가 되지 않았다. 하지만 그녀와 사장의 관계가 이상했다. 그녀가 사장과 데이트하거나 부적절한 관계를 맺고 있다고는 생각하지 않았지만 아무튼 좀 이상하다는 느낌을 지울 수가 없었다.

결국 그의 여자 친구가 한때 사장과 결혼을 약속한 사이였음을 알았다. 그리고 두 사람 사이엔 여전히 어떤 유대가 남아 있었다. 그런데도 그는 두 사람 사이가 분명 업무상 관계에 국한된 줄로만 알았다. 그녀가 그를 속였던 것이다.

완전히 당한 느낌이었다. 그때부터 그와 여자 친구의 관계는 내리막길을 달렸다. 관계가 비틀거린 이유는 그녀가 이전의 애인과 일했기 때문이 아니라, 이전의 관계를 정확히 말하지 않았기 때문이다. 그는 그녀가 사장과의 유대감에 대해 전부 고백하지 않은 것을 눈치챌 수 있었다. 처음부터 이전 애인과의 관계를 속이지 않았으면 나중에 드러난 일들은 큰 문제가 아닐 수도 있다. 그러나 일단 속이기 시작하면 신뢰를 다시 회복하기란 어렵다. 그녀는 이전 애인에게로 곧 돌아갔다. 나는 내담자에게 그 여자에게 벗어나서 다행이라고 말했다.

자신의 본모습을 드러내지 않음

모든 것에 분명하고 솔직할 수 있을 정도의 좋은 관계를 가지는 것은 정말로 중요하다.

어떤 음악, 교회, 영화, 활동 등을 좋아하면 그 사실을 말하라. 어떤 행사에 가거나 외출하는 것이 싫으면 그렇다고 솔직히 말하라. 이렇게 말한다고 해서 당신이 상대를 기쁘게 하려는 마음을 저버린 것은 아니다. 오히려 당신은 자신의 본모습을 드러내는 것을 두려워하지 않을 뿐이다. 처음부터 자신의 모습을 솔직히 드러내지 않으면 상대는 당신이 원래 모습과 다르다고 생각하게 되고 나중에 문제가 생긴다. 덧붙여 말하면 고분고분한 사람은 자기가 원하지 않더라도 통제적이고 자기 중심적인 사람을 끌어당기는 경향이 있다. 솔직하라. 과거와 다르게 행동하라. 그리고 이전과 다른 길로 펼쳐지는 여행을 즐기라.

사실에 대한 거짓말

감정, 관계, 취향이 아니라 사실 자체에 대해 거짓을 말하는 사람들이 있다. 다음과 같은 사실과 관련한 거짓을 주의하라.

- 행방에 대한 거짓말
- 재정 상태에 대한 거짓말
- 재산 남용에 대한 거짓말
- 다른 사람을 만나거나 함께 있는 것에 대한 거짓말
- 과거에 대한 거짓말
- 업적에 대한 거짓말
- 기타 사실들에 대한 거짓말

46 '노(No!)'라고 말할 줄 아는 데이트

데이트 상대가 어떤 종류의 거짓말을 하거든 그것을 인격의 문제로 간주하라. 그것을 매우 심각한 경고로 받아들여야 한다. 사실에 대한 거짓말은 관계의 토대를 매우 불안정하게 만든다.

상처와 갈등을 터놓고 말하지 않음

앞에서 말한 항목들에 당신은 사실만을 이야기하는 사람이고, 그 문제는 다른 사람에게 해당되는 내용일지도 모른다. 그러나 이 단락만큼은 특별히 주목할 필요가 있다. 이 부분에서 거짓을 말한다면 상대는 당신이 실제로 어떤 사람인지 알아낼 가망이 없기 때문이다.

진지한 데이트 관계로 발전해가는 데 있어서 가장 중요한 것은 상처와 갈등에 대해 솔직한 자세다. 누군가와 데이트하고 있다면, 그리고 상대가 당신을 대하는 방식에 문제가 있다면 또는 당신이 어떤 상처를 받았다면 솔직히 밝혀야 한다. 다음 중요한 두 가지 이유에서 갈등에 대해 솔직해야 한다.

1. 솔직하면 상처나 갈등이 해결된다.
2. 당신이 솔직할 때 상대가 반응하는 방식을 보면 진정하고 장기적이며 만족스런 관계가 될 수 있는지 판단할 수 있다.

어떤 식으로든 상처를 받으면 그것을 말하라. 아픈 감정을 숨겨두지 말라. 당신이 싫어하는 것을 상대가 했거나 가치관을 거슬렀거나 잘못된 것이 있으면 함께 얘기해야 한다. 그렇게 하지 않으면 거짓된 안정감과 친밀감 위에 관계를 쌓고 있는 것밖에 안 된다. 그리고 상처와 두려움이 당신의 감정을 혼란에 빠뜨릴 수 있다. 한쪽 또는 양쪽 모두가 상처와 갈등을 정면으로 다루지 않으면 상대가 누구인지 그리고 관계가 어디로 가는지 알지 못한 채 많은 것을 잃을 수 있다. 실제로 갈등이 없는 관계는 깊이가 없는 관계일 수 있다.

둘째, 데이트 상대가 갈등과 상처를 직접적으로 다룰 수 있는 사람인지 알아야 한다. 성경이나 모든 관계에 관한 연구를 보면 대립과 반응을 다룰 수 있는 사람은 관계를 잘 운영해가는 사람이라는 점이 명확히 나타나 있다. 더 늦기 전에 당장 상대가 대화할 수 있는 사람인지 알아봐야 한다. 두 사람 사이의 상처나 갈등을 다룰 수 없는 사람과 진지한 관계가 되면, 결국 삶은 고독과 분개, 심지어 학대로 뒤범벅이 될 것이다.

잠언은 대립을 받아들이지 못하는 사람을 잘 묘사했다. "거만한 자를 책망하지 말라 그가 너를 미워할까 두려우니라 지혜 있는 자를 책망하라 그가 너를 사랑하리라"(잠 9:8). "거만한 자는 견책 받기를 좋아하지 아니하며 지혜 있는 자에게로 가지도 아니하느니라"(잠 15:12).

상처나 갈등을 제기할 때 상대방이 방어하려 하는지, 경청하며 반응하는지 알아야 한다. 당장 갈등을 다루지 않은 채로 관계가 깊어지면 자신에게 문제만 가득한 세계를 사준 셈이 된다.

상처와 갈등을 솔직히 말하면 친밀감이 생기고 지혜 있는 사람과 어리석은 사람이 구별된다. 그러나 솔직함은 완전히 당신에게 달렸다. 당신은 데이트 상대를 통제할 수 없다. 다만 자신이 어떤 사람이 될지를 결정할 수 있으며 그 결과 어떤 사람과 함께 있을지도 결정할 수 있을 뿐이다.

거짓말쟁이의 두 유형

사람들은 왜 거짓말을 하는가? 그리고 그것을 어떻게 다룰 수 있는가? 거짓말쟁이에는 두 범주가 있다. 첫째, 수치, 죄의식, 갈등이나 사랑의 상실에 대한 두려움 그리고 기타 두려움 때문에 거짓말하는 사람들이다. 이들은 사실을 말하는 것보다 거짓말하는 것이 훨씬 쉬울 때 거짓말한다. 이들은 솔직하고 싶지만 한두 가지 이유로 완전하게 솔직해지지 못한다. 이들은 상대가 화내거나 사랑을 잃을까봐 두려워한다.

둘째, 상대를 조종하는 수단으로 거짓말하거나 자신의 이기적인 목적을 위해 상대를 속이는 거짓말쟁이다. 이들에겐 두려움이나 방어적인 태도가 없으며 오직 이기심에서 비롯된 아주 교활한 거짓말이 있을 뿐이다.

상대가 첫번째 유형의 사람이라면, 위험을 무릅쓰고 그 문제를 해결하고 싶은지 스스로에게 물어야 한다. 첫번째 유형의 사람들은 솔직할 수 있을 만큼 안전한 관계를 한번도 가져본 적이 없어서 늘상 숨으려는 경향이 있다. 그래서 그들은 사랑이나 관계를 유지하기 위해 또는 죄의식이나 수치심에 사로잡히지 않기 위해 거짓말한다. 이들은 실제로 위험하거나 악한 인격의 소유자가 아니다. 상대와의 관계가 안전하다는 것을 알면 때로는 진실을 말하는 법을 익힌다. 이러한 이유에서 어떤 사람들은 속은 것을 안 후에도 위험을 무릅쓰려고 한다. 이런 사람들은 자신들이 베푸는 은혜와 사랑으로 상대가 변할 것이며, 이후로 건전한 관계가 유지되리라는 희망을 품고 있다.

첫번째 유형의 상대와 데이트 관계를 유지하라고 무조건 권하지는 않겠다. 가끔은 좋은 결과가 있기도 한다. 그래서 굳이 이래라 저래라 강요하고 싶지는 않다. 다만 데이트는 사람을 개조하는 장치가 아님을 강조한다. 개조는 상담, 회복, 수련 기간, 기타 다른 환경에서 이루어져야 한다. 무엇보다 데이트는 마음이 깊이 끌려야 진지해질 수 있으며 결혼까지 이를 수 있다. 상대가 단지 두려움 때문에 거짓말한다고 해서 너그럽게 넘어갈 필요는 없으며, 이런 거짓말 때문이라도 심각한 피해가 일어날 수 있다. 이유가 무엇이든 거짓말은 파괴를 낳는다. 전반적으로 볼 때, 어떤 이유에서든 거짓말하는 사람하고는 거리를 두는 것이 최선의 방책이다.

소중한 시간과 마음은 정직한 사람들에게 써야 한다. 두려워서 거짓말하는 사람과 관계를 맺는 것은 너무 위험하다. 거짓말한 것을 후회하고 변한다 해도 그것은 별개의 문제다. 방어적인 거짓말을 습관처럼 반복하는 사람이라면 그를 변화시키는 존재가 되려 해서는 안 된다. 수시로 거짓을 말하고는 고백하고 또 아마도 꽤 오랜 시간 믿게 할 수도 있는 사람들이 있다. 그러나 이런 유형은 문제다. 전에 무슨 결심을 했든, 상대에게 빠졌든 그렇지 않든, 거짓말이라는 문제가 지속되는 한 더이상 관계를 진행시키지 말라. 거짓이 해결될 때까지는 다른 문제로 나아가지 말라.

두번째 종류의 거짓말쟁이는 무조건 접근해서는 안 되는 사람이다. 그 사람에게 작별을 고하고 자신을 고통에서 구하라. 끊임없이 거짓말하는 사람은 관계를 맺을 준비가 안 되어 있다. 아무리 마음이 끌려도 도망치라. 도망치라!

필수적인 바운더리인 진실

진실은 거의 모든 것의 기초다. 일단 거짓이 탄로났을 때는 절대로 용납하지 말라. 거짓말이 삶 속에 자리잡지 못하게 해야 한다. 거짓말에 대

 50 '노(No!)'라고 말할 줄 아는 데이트

한 다윗의 단호한 태도를 보라. "거짓 행하는 자가 내 집안에 거하지 못하며 거짓말하는 자가 내 목전에 서지 못하리로다"(시 101:7).

분명하고 단호하라. 거짓말에 아량을 베풀지 말고 종지부를 찍으라. 그렇다고 한번 거짓말을 듣거나 속으면 관계를 끝내라는 말은 아니다. 특히 자기가 무엇을 좋아하고 무엇을 바라는지 처음부터 분명하고 솔직하게 밝히기는 어렵다. 어쩌면 우리 모두는 마음 깊은 곳 가장 민감한 영역을 솔직하게 드러내는 능력 면에서 날마다 성장하는 존재다. 데이트 관계도 그런 성장이 일어나는 한 장(場)이다. 우리 중 어느 누구도 무화과 잎을 사용하지 않을 만큼 완벽한 사람은 없다.

그러나 기만하거나 거짓말을 하면 용납하지 말라. 데이트 상대가 감정, 생각, 기타의 것들을 분명히 밝히지 않으면 명확하게 요구하라. 그대로 내버려두지 말라. 원칙을 세우라. "자신의 생각과 느낌을 솔직히 말하는 사람과 있어야 한다." 생각이나 느낌을 거짓으로 말한다고 해서 관계가 직접적으로 파괴되지는 않겠지만, 해결해야 할 중요한 문제임은 분명하다. 이런 거짓말이 일상화되면 '관계는 결국 파괴' 되고 만다.

다른 영역에서는 더욱 위험하다. 상대방이 배신 행위를 했거나 여타의 사실들을 속였을 경우 관계를 지속하지 말라. 매우 주의해야 하며 관계를 지속하려면 아주 합당한 이유가 있어야 한다. 습관적인 거짓말은 심각한 인격 장애며 변화가 있기 전에는 끊임없이 사람들에게 상처를 입힌다. 당신이 그 희생자가 되지 않기를 바란다.

영적인 변화와 회개를 경험하고 그 상태를 오래 유지한 사람이라면 다시 믿어도 좋다. 그러나 거짓말은 가장 위험한 인격 장애의 하나임을 명심하라. 변했다고 믿을 만한 결정적인 이유가 없으면 불행을 자초하고 만다. 거짓말을 관대하게 다루지 말라. 속는 만큼 관계도 없다는 말을 기억하라.

거짓말을 들으면 이렇게 행동하라.

1. 지적하라.
2. 반응을 살피고, 거짓말하는 사람이 얼마나 인정하고 슬퍼하는지 주목하라.
3. 거짓말하는 사람이 관계에서 무엇을 얻으려 했는지 알아보라. 두려움과 죄의식 때문에 또는 사랑을 잃을까봐 거짓말했다면 그 구조를 해결하라. 더 안전한 상황이라면 문제가 사라질 수 있는지 판단해보라. 그러나 주의하라.
4. 참회와 변화의 정도를 점검하라. 그 사람이 거룩함과 정결함을 얼마나 진지하게 추구하는지 보라. 내면으로부터 얼마나 개선되기를 바라는지 보라.
5. 변화가 지속되는가? 충분한 시간을 두고 확인하라. 단지 "미안합니다"라는 말로는 충분치 않다.
6. 거짓말이 어떤 종류인지 보라. 자신을 방어하기 위한 수단인지 아니면 이기적인 목적에서 비롯되었는지 보라. 뒤의 경우라면 그 사람은 진실보다 자기를 더 아끼는 사람이며 그 사실이 무엇을 의미하는지 직시하라. 앞의 경우라면 오랫동안 진지하게 숙고하고 합당한 이유가 있을 때만 관계를 지속하라.

자신의 값어치만큼 얻는다

거짓말쟁이와 관계를 맺고 싶지 않으면 스스로 정직한 사람이 돼라. 첫째, 자신에게 솔직하라. 장기간 거짓말쟁이와 함께 있으면 어느 정도 자신을 속이게 된다. 거짓말쟁이와 함께 있다면 이미 자신에게 솔직하지 않을지도 모른다. 그 사람이 안고 있는 인격의 문제를 정면으로 맞서지 않는다는 것을 스스로도 알고 있다. 자신에게 거짓말하지 말라.

그러나 예수님의 말씀처럼 다른 사람을 명확하게 보려면 먼저 자기 눈의 들보를 빼야 한다(마 7:3-5). 이제 거짓말하지 말라. 모든 것에 정직하고 분명히 하라. 이 말은 자신의 모든 생각을 즉시 밝혀야 한다는 의미가 아니다. 첫번째 데이트에서 자신의 감정이나 의도를 다 말할 필요는 없다. 기분을 상하게 할 만한 것까지 몽땅 드러낼 필요가 없다. 그런 사람들은 그리 매력적이지 못하다.

이 말은 중요한 부분에서, 특히 관계가 깊어지려 하는 경우엔 거짓말해서는 안 된다는 의미다. 기만해서도 안 된다. 솔직하고 분명해야 한다. 그렇지 않으면 결국 솔직하지 않은 사람과 사귀는 신세가 된다. 이 말은 거짓말로 진실을 멀리하는 사람을 당신이 끌어당긴다는 의미며, 그렇다면 참으로 끔찍한 일이다.

빛의 사람이 되라. 빛의 사람이 당신에게 다가올 것이다. 어둠의 사람은 당신이 밝히는 진실을 견디지 못한다. 이것이 모든 것을 보호하는 최선의 방책이다. 예수님께서 이렇게 말씀하셨다. "그 정죄는 이것이니 곧 빛이 세상에 왔으되 사람들이 자기 행위가 악하므로 빛보다 어두움을 더 사랑한 것이니라 악을 행하는 자마다 빛을 미워하여 빛으로 오지 아니하나니 이는 그 행위가 드러날까 함이요 진리를 좇는 자는 빛으로 오나니 이는 그 행위가 하나님 안에서 행한 것임을 나타내려 함이라 하시니라"(요 3:19-21).

정직한 사람은 정직한 사람과 함께 지내기 쉽다. 자신이나 다른 사람을 속이면 정직하지 못한 사람이 당신에게 끌릴 것이다. 빛이 되어 빛의 눈에 띄어라. 그것이 가장 좋은 바운더리다.

요약

- 정직은 모든 관계의 기반이며 데이트도 예외가 아니다. 상대가 기만하면 그것을 큰 경고로 여기라. 브레이크를 밟으라.
- 사실이 아닌 것을 상대방에게 믿게 만들지 말라. 사랑하지 않으면서 사랑한다고 믿게 만들지 말라. 그것이 기만이다.
- 적절한 시간에 자신의 의도를 솔직히 밝히라. 다른 의도를 가지고 있으면서 친구처럼 행동하면 우정을 해칠 수 있다.
- 중요한 관계라고 생각한다면 속이지 말라. 신뢰가 깨진다.
- 본 모습대로 처신하는 것이 가장 기본이 되는 정직이다. 자신을 괴롭히거나 상처를 주는 것뿐만 아니라 좋아하거나 싫어하는 것도 표현해야 한다.
- 기만을 당하면 그것을 정면으로 다루라. 그때로부터 상대가 사실을 말하는지, 성장이 일어나는지, 당신의 상처가 회복되는지 확인하라.
- 정직한 사람이 정직한 사람을 알아본다. 정직할수록 다른 사람에게서 진실함을 발견할 기회가 더 많아진다.

3
그(녀)와의 데이트에 하나님을 모시라

몇 년 전에 크리스천 TV 쇼에서 세계적으로 유명한 연주자의 인터뷰 장면을 본 적이 있다. 그에 대해서는 훌륭한 재능 말고 별로 알려진 게 없었다. 진행자는 그가 크리스천이라 몹시 기쁘다고 말하면서 어떻게 신앙을 갖게 되었는지 시청자들에게 말해달라고 했다. 연주자는 "글쎄요, 항상 저는 위에 누군가가 있다고 믿었습니다"라고 말했다. 진행자는 박수를 치며 호들갑을 떨었다. "훌륭합니다! 예수님의 구원의 능력을 너무나 잘 나타내는 고백이군요."

정말이지 아전인수식의 해석이었다. 지금 그 연주자의 믿음을 문제삼자는 게 아니다. 그것은 하나님과 그 사람 사이의 문제다. 내가 문제삼는 것은 진행자가 그의 말을 해석하는 방식이다. 진행자는 연주자가 크리스천이기를 너무도 원한 나머지 무슨 말을 하든 아전인수식으로 해석해 극찬했을 게 뻔하다.

이런 식의 사고 방식은 데이트에서도 똑같이 나타난다. 사람들은 상대한테 반한 나머지 그의 삶과 여러 관계들이 하나님하고 연결되어 있으리라는 요행을 바란다. 그리고는 때때로 실제 상황을 왜곡한다.

그런 식의 태도엔 나름대로 문제가 있지만 좋은 점도 있다. 친밀한 상대방이 하나님께 가까워지기를 바라는 것은 매우 좋은 태도다. 관계의 기초가 영적이기를 바라는 것도 바람직하다. 하나님과 당신의 관계는 당신 영혼에서 가장 깊고 심오하며 중요한 부분이다. 우리 온 존재가 마주하는 관계라면, 영적인 면은 말할 수 없이 중요하다. 따라서 우리 모두는 하나님에서 거하시는 영혼 깊은 곳까지 함께 내려갈 사람을 갈망한다. 사실 하나가 되려는 우리의 욕구는 하나님께서 만드셨다. 예수님께서는 자신과 하나님이 하나인 것같이 우리도 하나이기를 기도하셨다(요 17:11). 결국 이것이 데이트가 추구하는 최종 목표다. 많은 경험, 대화, 질문을 통해 우리가 하나님을 사랑하는 것같이 하나님을 사랑하는 사람, 그리고 우리가 하나님께 더욱 가까이 나아가도록 도울 수 있는 사람을 우리는 선택한다. 영적 태도가 다른데도 갈등이나 상실감을 느끼지 못한다면 우리의 종교생활에 문제가 있다. 뭔가가 고장났다고 봐야 한다.

또한 우리 중 많은 사람에게 TV 쇼 진행자와 똑같은 문제가 있다. 우리는 하나님을 갈망하고 사람을 갈망한다. 하지만 그 두 가지 갈망이 조화를 이루지 못할 때가 있다. 그래서 데이트가 영적인 차원으로 나아가는 방법을 알기가 어렵다. 이때 다음과 같은 의문들이 찾아든다.

- 이 사람이 하나님께서 작정하신 사람인가?
- 우리는 영적으로 서로 적합한가?
- 어떻게 하면 '바른' 방법으로 그(녀)와의 데이트에 하나님을 모실 수 있는가?

- 영적인 면에서 어떻게 일치할 수 있는가?
- 영적으로 일치하지 않으면 어떻게 해야 하는가?
- 영적인 갈등을 모른 체하지 않는가?

전반적으로 이 책은 성경이 가지고 있는 데이트의 바운더리에 관한 내용이지만, 특히 이 장에서는 명백하게 영적인 문제들을 다룬다. 이 문제들을 다루고 나면 바운더리를 설정하여 데이트의 영적인 면을 심화시킬 수 있다.

올바른 데이트

우선 데이트와 영적인 삶에 임하는 올바른 태도를 다루겠다. 이런 태도는 관계를 처음 시작할 때 생기는 많은 의문들에 해답을 준다. 이 태도는 영적인 삶과 데이트를 보는 방식과도 관계가 깊다. 핵심은 영적인 삶을 데이트에 맞추는 것이 아니라 데이트를 영적인 삶에 맞추는 것이다. 하나님을 데이트라는 맥락에서 해석하려는 것은 실제를 거꾸로 보는 방식이다. 삶과 사랑은 하나님의 선물이며 그분의 다스림 아래 있다. 데이트를 포함해서 모든 선한 것을 지으신 이는 하나님이시다. 데이트에 올바르게 접근하는 방식은 데이트를 하나님 앞으로 가져와서 그분의 지도를 요청하는 것이다. 하나님은 감정의 결합을 고안하신 분으로 그 결합의 방법을 가장 잘 아신다. 그리고 그 방법은 우리를 만족시키고 하나님을 영화롭게 한다.

이런 접근 방식을 취한 일부 크리스천은 데이트가 크리스천에게 합당한 활동이 아니라고 결론내린다. 우리는 그런 결론에 반대하지만 일면 동의하는 부분도 있다. 우리의 데이트 생활을 산제물로 드리는 것은 좋은 일이며 그것을 통해 삶의 모든 영역에서 하나님의 명령에 복종할 수 있다. 우리 삶을 하나님께 바치면 바칠수록, 하나님께서 우리 삶을 그분의 의도대로 만드실 수 있다. "우리가 그를 힘입어 살며 기동하며 있느니라"(행 17:28).

우상 숭배

데이트를 하나님께 내어놓지 않는 태도는 우상 숭배다. 데이트가 아무리 좋다고 할지라도 데이트에서 하나님의 안내를 도외시한 채 자기가 원하는 사랑, 성취, 욕망을 얻으려 한다면 우상 숭배에 빠진다. 데이트는 강한 감정과 욕구를 일으킨다. 그래서 우상 숭배가 실제로 일어날 수 있다. 자신의 데이트 세계가 더 깊어지면서 자신과 하나님의 관계에 우회로가 만들어지는 경우를 자주 본다. 그러므로 삶을 하나님의 길로 되돌리기 위해서는 우상이 돼버린 데이트에 제한을 가해야 한다.

예를 들어, 어떤 사람은 자신과 하나님의 관계가 데이트 상대와의 관계에 따라 커지거나 작아지는 경험을 종종 한다. 데이트가 뜨거워지면 하나님께도 뜨거워지지만, 같은 방식에서 하나님과의 관계가 미지근해지기도 한다. 이런 경우 그 사람은 하나님과 자신의 관계를 스스로 지켜나가는 게 아니라 하나님과의 관계를 데이트에 의존한다.

결혼은 삶에 대한 엄청난 투자라고 성경은 가르친다. 데이트도 마찬가지다. 따라서 자신의 삶에서 결혼과 데이트가 어떤 자리를 차지해야 할지 하나님께 물어야 현명하다. "너희가 염려 없기를 원하노라 장가 가지 않은 자는 주의 일을 염려하여 어찌하여야 주를 기쁘시게 할꼬 하되 장가 간 자는 세상 일을 염려하여 어찌하여야 아내를 기쁘게 할꼬 하여 마음이 나누이며"(고전 7:32-34).

하나님께 모든 것을 내어놓는 태도는 데이트를 하나님께 맞추는 데 제일 필요한 요소다. 그러나 전부가 아니다. 하나님께 모든 것을 내어놓음으로써 하나님과 올바른 관계를 맺을 수 있으며 그 결과 우리를 성장시키는 여러 일들이 일어날 수 있다.

데이트의 열매

데이트가 영적인 삶에 어떤 영향을 주는지 자신에게 물어 보라. 하나님께 더욱 다가가게 하는가 아니면 멀어지게 하는가? 중요한 관계들은 당신을 영적으로 중립 상태로 두지 않는다. 이런 관계들은 이것이냐 저것이냐 양자 택일의 경향이 있다. 이 문제를 밝혀줄 방법으로 몇 가지를 제시한다.

- 상대를 통해 초월적인 하나님에게 이끌리는가?
- 데이트 상대와 영적인 활동을 함께 하는가?
- 상대와 교제하면서 영적인 성장을 경험하는가?
- 상대가 영적인 도전을 주는가 아니면 당신이 자극제가 되어야 하는가?
- 영적인 결합이 현실에 뿌리내리고 있는가? 상대는 영적일 뿐 아니라 신뢰할 만한가?

● 관계를 통해 약점과 죄악들에 더 민감해지는가?

당신이 자신을 그리스도의 주권 아래 두었다고 가정하고 데이트와 영성의 몇몇 부분을 보려고 한다. 이것은 데이트의 바운더리가 어떤 것이어야 하는지 규정하는 데 도움을 줄 것이다.

성장하려면 무엇이 필요한가?

데이트 상대에게 자신의 영적인 면을 드러내는 것은 큰 경험이다. 더 안전해질수록 더 깊은 면들을 공유할 수 있고 그렇게 함으로써 서로 그리고 하나님께 더 가까워질 수 있다.

여기 데이트 상대와의 관계에 들여놓을 수 있는 영적 삶의 몇 가지 요소들이 있다. 그것은 신앙 이야기, 가치관, 갈등, 영적 자율성, 친구 관계 등이다. 이 요소들을 하나씩 살펴보자.

신앙 이야기

모든 신앙인에겐 하나님과의 관계가 시작되고 발전한 역사가 있다. 영적인 역사가 없는 사람은 아마도 영적인 은사도 많지 않을 것이다. 반면에 자신의 영적인 행로를 도표처럼 보여주는 사람은 자기가 누구인지를 보여주는 창을 당신에게 열고 있는 것이다. 어떤 사람은 아주 극적이고 기적 같은 경험을 한다. 어떤 사람은 고통스런 상실과 비극을 경험하는데 하나님의 도움으로 이것들을 견뎌낸다. 또 어떤 사람은 하나님에게서 몸과 마음을 치료받는 경험을 한다. 어떤 이는 어려운 신학적 문제와 씨름한다.

또 어떤 이는 그리스도의 이름이 필요한 사람들에게 목사로서 봉사하는 길을 발견한다. 서로의 영적인 내력을 알아보라.

가치관

가치관은 우리가 누군지를 보여주는 구조물이다. 인생에서 가장 중요하다고 믿는 것으로 이루어졌으며 우리는 이 믿음에 일치하는 방식으로 살아간다. 때때로 가치관은 그것을 위해 살 수도, 죽을 수도 있으며 데이트하거나 이별을 결심하는 근거가 된다. 가치관을 보여주는 것은 그만큼 중대하다. 가치관은 다음과 같은 항목을 비롯해 인생의 많은 면을 포괄한다.

- 신학
- 소명
- 관계들
- 직업과 경력
- 재정
- 가족
- 섹스
- 사회 문제들

가치관은 삶의 일부다. 그것을 성경의 가르침에서 끌어내라. 그것을 데이트에 반영하라. 질문을 하고 자신의 입장을 밝히라. 어느 가치관이 관계를 깨는 것이고 어느 것이 그렇지 않은지 밝혀내라. 중요한 문제에서 용납할 수 없는 사람이라면 그가 빛을 보고 변하리라는 믿음으로 무작정 헌신해선 안 된다.

전임 목회의 소명을 가진 한 남자가 있다. 그는 사랑에 빠져 한 여자와 결혼했는데 그 여자는 그런 방향으로는 아무런 소명 의식이 없었다. 그들은 교회에서 활동을 많이 하지만 전임 목회는 시작하지 못했다. 그들은 엄청나게 갈등을 겪었다. 남자는 아내가 자신의 목회를 가로막았다고 분개한다. 그 아내는 전임 목회를 하자는 남편의 주장 때문에 늘상 통제받는다고 느낀다.

가치관은 데이트의 중요한 부분임을 기억하라.

갈등

실패, 상실, 배움이라는 경험은 신앙 생활의 일부다. 신앙인이라면 누구나 영적 생활엔 많은 상처와 혼란과 실수가 있다는 것을 안다. 그래서 한 사람의 영적인 삶의 과정을 아는 것은 그가 어둠 속에서 비틀거리던 시간들을 아는 것이기도 하다.

내 친구 하나는 데이트할 때마다 완벽한 크리스천 행세를 하려고 했다. 그의 데이트는 원만하지 못했다. 여자가 자기를 믿는다고 말하면 그녀가 자기를 알지 못한다는 느낌이 들었고, 여자가 자기의 문제들을 꿰뚫어보면 웬지 비난받는다는 느낌이 들었다. 그러다가 정말로 좋아하는 여자를 만났다. 일정 기간 그녀를 만난 후 모험을 하기로 결심했다.

그녀에게 이렇게 말했다. "내게는 성적인 부분에서 다소 상대를 속이려는 문제가 있습니다. 과거에도 몇 번 내 자신이 안전하고 조심스러운 사람인 척하면서 상대방이 성적으로 친밀한 행위를 좀더 잘 받아들이게끔 했던 적이 있어요. 말하자면 그런 관계를 이용한 셈이죠. 하지만 이제는 하나님과의 지속적인 관계를 통해 성장하고 변화하면서 그런 문제를 해결해 가고 있습니다. 아직도 조금은 이런 면이 남아 있긴 합니다. 당신을 정말 좋아합니다. 그리고 당신을 잘 알고 싶습니다. 그래서 당신이 나의 이런 약점을 알 필요가 있다고 생각했습니다. 그래야 나중에라도 그런 모습이 나타났을 때 이 문제를 털어놓고 얘기할 수 있을 테니까요."

나중에 그는 여자가 자신의 고백에 아주 충격을 받았다고 전했다. 그러나 그녀는 그가 자신의 갈등을 솔직히 밝혔고 또 그것이 그녀를 아낀다는 분명한 증거라는 생각에 그를 존중했다. 그들의 관계는 결혼까지 이르진 않았다. 하지만 그 이유는 그 갈등 때문이 아니라 다른 이유 때문이었다. 그 친구는 자신의 갈등을 그녀에게 밝힌 것을 결코 후회하지 않았다. 실제로는 현재의 데이트 관계가 그때의 경험 때문에 훨씬 더 좋다고 내게 말했다. 그는 자신이 얼마나 성장했으며 하나님과 어떤 관계인지에 대해 더욱 솔직하다. 그는 더 훌륭한 여자를 만나 데이트한다. 그가 맺는 관계들도 이전보다 훨씬 성숙해졌다.

처음 관계가 시작될 때 자신의 좋은 점을 먼저 드러내고 싶은 것은 잘못이 아니다. 상대의 좋은 점들을 알면 나중에 나쁜 점들을 알게 되더라도 아량을 베풀기 쉽다. 상대가 얼마나 안전한 사람인지 잘 모르면서도 때 이르게 자신의 갈등을 공개한다면 문제가 될 수 있다. 그러나 궁극적으로 볼 때 상대방의 영적 갈등을 모른다면 솔직히 데이트 상대를 안다고 말할 수 없다.

데이트할 때 서로 상대에게 고백할 수 있는 갈등을 몇 가지 제시한다.

- 하나님의 사랑이나 존재를 확신하지 못하는 시간들
- 하나님에게서 멀리 떨어진 삶
- 배운 모든 것에 이의를 제기하는 영적인 사춘기
- 자신의 영적 성장을 소홀히 한 자기 도취의 시간들

결코 비틀대거나 의심에 빠진 적이 없다고 말하는 사람과 데이트를 한다면 뭔가 잘못돼 있다. 그 사람이 심각한 거짓에 빠져 있는 것이 아니라면, 그 사람이 당신과 무엇을 하고 있는지 의심해야 한다. 아무도 상실과 실패의 경험 없이 성장할 수 없다. 성숙한 사람은 삶에서 선과 악을 다룬 경험이 많다고 성경은 가르친다. "단단한 식물은 장성한 자의 것이니 저희는 지각을 사용하므로 연단을 받아 선악을 분변하는 자들이니라"(히 5:14).

영적 자율성

이제는 현재 당신의 영적인 상태를 보자. 당신과 당신의 데이트 상대는 영적 삶을 어떻게 영위하는가? 그 삶은 살아 있고 활동적인가 아니면 부활이 필요한가? 성공적인 데이트를 위해 애쓰는 사람은 상대가 영적으로 자율적인지 알아야 한다. 즉, 주변 환경에도 불구하고 건강한 기초 위에서 자신이 추구하는 바 하나님과 동행하는 자신만의 삶을 소유하고 있는지 알아야 한다. 영적 자율성을 가진 사람은 상대에게 자신의 종교적 방향이나 동기를 제공해주기를 기대하지 않는다. 그 사람은 데이트를 하기 전에도 하나님과 동행하고 있었으며, 설령 데이트가 중간에 끝나더라도 계속 하나님과 동행할 것이다.

영적 자율성은 데이트에서 중요한 문제다. 슬프게도 많은 사람이 영적 자율성이 없는 사람과 데이트하고 결혼한다. 당시엔 괜찮아 보인다. 상대방은 당신이 성장에 관심을 기울이는 한 성장에 대한 관심을 유지한다. 또는 관계를 통해 영적 침체기나 죽은 상태에서 벗어날 수 있었으며 다시 신앙의 길로 돌아와서 무척 기쁘다고 말한다. 그럼에도 불구하고 데이트를 통해 영적으로 도약하는 것은 위험한 일이다. 그런 데이트에서는 예수님께서 말씀하셨듯이 돌밭에 뿌려진 열심처럼 무관심이나 냉담함을 숨길 수 있기 때문이다(마 13:20-21).

데이트는 그 본질상 이런 문제에 얽혀들기 쉽다. 데이트를 시작할 때, 당신은 상대와 새로운 경험을 하며 흥분과 희망에 젖는다. 그 경험은 인생의 상쾌한 출발이 된다. 영적인 뿌리가 없는 사람도 하나님께 마음을 빼앗긴 데이트 상대에게 자기가 마음을 쏟는다는 사실에 어리둥절해한다. 그러나 종종 관계가 불안정해지면 그와 하나님의 관계도 불안정해진다. 그의 마음에는 하나님께서 강하게 임재하시기를 바라는 희망이 없다. 이는 내 친구의 고백과도 같다. "때때로 그 사람은 예수를 메시아로 생각하는지 나를 메시아로 생각하는지 알 수가 없어."

여기엔 확실히 예외가 있다. 때때로 사람들은 데이트하는 동안에 뿌리를 갖게 되며 영적으로 성장한다. 또는 '영적인' 사람이 자신의 신앙에 점차 흥미를 잃는 경우도 있다. 우리는 하나님께서 어떤 사람의 마음에 어떤 일을 하실지 예측할 수 없다. 그러나 자신의 영적인 내력을 고백하지 않은 사람과 데이트하는 것은 매우 위험한 적신호라고 말할 수 있다.

실제로 '영적인' 사람이, 상대가 하나님을 품고 있기를 바라는 자신의 바람을 상대에게 투영하여 둘 사이의 관계를 조작하기도 한다. TV 쇼 진행자처럼 말이다. 영적인 방향을 전적으로 자기가 주도해야 하는 결혼 생활은 힘들다. 대신 함께 갈 수 있는 영적인 배우자를 만나라.

더욱 중요한 것은 침체에 빠질 때 영적 자율성을 가진 데이트 상대가 필요하다는 점이다. 약해지고 실패하며 의심에 빠질 때 하나님을 의지하고 하나님의 길을 따라 살아가는 사람이 우리에게 필요하다. 영적 어두움에 빠져 혼자 죽어가는 것만큼 나쁜 상황은 없다. "홀로 있어 넘어지고 붙들어 일으킬 자가 없는 자에게는 화가 있으리라"(전 4:10).

데이트 상대가 진실로 영적 자율성이 있는지 판단해줄 수 있는 것은 오직 시간뿐이다. 데이트 상대의 영적 자율성을 의심한다면, 시간이라는 요소를 제외하고는 아무리 많은 확언이나 영적 열정도 당신에게 필요한 확신을 주지 못한다. 이 문제에 확신이 서지 않으면 서두르지 말라.

영적 자율성은 전통적으로 영적 훈련으로 불리는 내용들과 관련이 있다. 규칙적으로 성경 읽기, 의미 있는 기도 생활, 교회 출석, 크리스천임을 드러냄, 버려진 자들과 고통받는 자들에 대한 관심 등이 그것이다. 종교적인 분위기와 선호하는 예배 형식은 다양하지만 이 내용들은 어떤 사람이 그리스도에 속했음을 증명하는 본질적인 요소다.

친구 관계

친구들을 통해서도 데이트 상대에 대해 많은 내용을 알 수 있다. 우리는 우리와 비슷한 필요와 가치관을 가진 사람들을 가까이 한다. 사람의 영적 생활은 그 사람이 맺는 관계들에 반영된다. 이 말은 데이트 상대가 크리스천만을 친구로 두어야 한다는 의미는 아니다. 그런 태도는 상대방이 현실 세계를 대하는 두려움을 가지고 있다는 반증일 수 있다. 사실 데이트 상대가 위선적이고 형식에 연연하는 크리스천들을 피한다면 그것은 영적으로 건강하다는 표시다.

한편 오랜 크리스천 친구들이 없다는 것도 문제일 수 있다. 그것은 영적으로 성장하는 일이 이제 겨우 시작됐다는 뜻일 수도 있다. 또는 메마르고 정체된 기간을 지내다가 이제서야 다시 하나님과 함께하는 삶을 살기 시작했다는 의미일 수도 있다. 영적으로 깊이 있는 삶을 산 적이 없다는 의미일 수도 있다. 또는 그리스도를 자기 구주로 맞이한 적이 없는 그저 종교적인 사람일 뿐 크리스천이 아니라는 의미일 수도 있다.

친구 관계와 영적 상태에 대한 이러한 의문들은 도덕적 판단을 내리기 위한 정밀 검사 도구가 아니라 오히려 두 사람이 자신들의 마음, 하나님과의 관계, 자신들의 관계를 점검하는 방법으로서 의미가 있다. 상대를 잘 알수록 자신들이 서로에게 좋은 배우자인지를 잘 판단할 수 있다.

차이는 성장을 촉진시킨다

데이트 상대에게 당신과 똑같은 영적 가치관을 요구하는 태도는 잘못이다. 앞에서 훑어본 크리스천 생활의 근본 원리들은 기본적으로 요구해야 할 사항이지만, 영적 문제들을 개인적으로 깊이 생각하고 스스로 결론에 도달한 사람과 데이트하는 것이 가장 좋다. 가치관이 신학이나 전통 등 모든 면에서 똑같기를 요구한다면 이는 당신의 신앙에 통제, 확신 없음, 완전주의가 있음을 나타낸다. 영적인 면에서 자신과 의견이 다른 사람을 사랑하라. 그러면 불꽃이 튈 것이다! 데이트에서 가장 의미 있는 성장의 시간은 서로 논쟁하고 성경을 읽으면서 영적인 문제에서 타협점에 이르는 때다.

신앙과 실제 생활의 통합

종교적인 사람도 있고 영적인 사람도 있다. 종교적인 사람은 진리를 알고 영적인 사람은 진리를 행한다. 당신은 데이트 상대와 함께 영적인 진리를 깨닫고 생활에서 실천하는 삶을 살고 싶어한다. 하나님의 진리를 일상생활에 적용하는 것, 그것은 인격과 관련된 문제다.

하나님께서는 당신의 영적 삶이 생활의 모든 면, 즉 관계, 재정, 섹스, 직업, 기타 등등의 생활을 이끌고 인도하기를 원하셨다. 독실한 사람들이 성경을 읽고 교회에 착실히 출석하지만 자신들의 영적 가치관을 생활에 적용하는 데 너무도 흔히 큰 갈등을 겪는다. 이 문제는 데이트 세계에서 두 가지 기본적인 형태로 일어난다. 하나는 신앙 문제를 제기하기 어렵다는 것이며 다른 하나는 실제 생활에 적용하기 어렵다는 것이다.

신앙 문제 제기의 어려움

데이트 상대를 교회에서만 찾을 수 있다고 생각하지 않는다. 삶의 다른 현장에서도 영성이 깊은 신자들을 많이 볼 수 있다. 회사, 문화센터, 스포츠, 불우 이웃을 위한 사회 활동 등 삶의 현장이 그런 사람들을 만날 수 있는 곳이다. 데이트 상대가 자신과 같은 삶을 살기 바란다면 삶의 현장으로 나가서 그런 사람을 찾으라!

하지만 데이트하고 싶은 사람인지 따져볼 시점에서는 그의 신앙을 잘 모를 수 있다. 어떤 사람이 사는 모습을 보면 그의 인격을 잘 판단할 수 있다. 그러나 인격이 성숙했다고 그가 크리스천이란 보장은 없다. 인격의 성숙은 기독교 신앙에 의해서만 이루어지지 않기 때문이다. 책임감도 있고 봉사의 삶을 사는 사람들 중엔 크리스천이 아닌 경우도 많다. 그러므로 신앙을 가능한 한 빨리 얘기해야 한다.

어떤 사람들은 영적 문제를 제기하기 어려워한다. 어디에서 시작해야 할지 모르며 그때문에 많은 갈등을 겪는다. 그 몇 가지 예는 다음과 같다.

- 신앙 얘기를 하기가 어색하고 자연스럽지 못함
- 데이트 상대가 하나님에 대해 싫은 감정을 갖게 될까봐 염려함

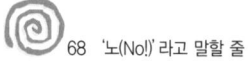

- 관계가 깨질까봐 걱정함
- 믿음이 깊은 척하는 것으로 보일까봐 염려함
- 영적 문제들은 매우 사적이기 때문에 어떻게 논의해야 할지 모름

이것들은 모두 심각하다. 그러나 데이트를 하는 본래의 목적을 마음에 새기면 도움이 된다. 데이트의 궁극적 목적은 좋은 결혼 상대자를 찾고 자신도 그런 사람이 되는 것이다. 하나님과의 관계는 당신 인격에서 가장 중요한 부분이고, 바라기는 데이트 상대의 인격에서도 가장 중요한 부분이기 때문에 상대가 당신과 하나님의 관계를 알고 그것을 공유하기를 원한다.

실제 생활에 적용하는 어려움

데이트하는 사람들 중엔 서로 자신의 신앙에 관해 말하고 영적으로 지원하는 사람들이 무척 많다. 그러나 또 다른 문제가 있다. 그들은 데이트 생활의 어떤 영역에서 '말한 바를 행하지' 않는다. 그러면서 시간이 지나도 해결될 것 같지 않은 만성적인 형태의 약점과 갈등이 나타난다. 그 약점이란 섹스, 거짓말, 갈등을 미숙하게 해결하는 방식, 통제하려는 경향 등이다. 약점이 무엇이든 영적 삶이 자신들의 인격을 변화시켜야 하는데 그러지 못했다. 그들이 믿는 것과 행하는 것 사이에 고통스런 괴리와 모순이 있다.

하나님께 드리는 헌신이 부족해서 이런 괴리가 생겼다고 판단하면 안 된다. 실로 그들은 매우 영적일 수 있다. 괴리가 존재하는 이유는 부족함이 없게 해주시는 하나님의 방식에 자신들의 필요와 생활을 적용하지 못했기 때문이다. 육체 관계를 다루는 장에서 보겠지만 성적인 행위는 친밀함이나 기타 욕구를 충족시키는 지름길일 수 있다. 미숙한 데이트 상대가

나쁜 기질로 말미암는 결과들을 겪지 않도록 애쓰는 사람은 어쩌면 상대방에게 정직하고 의로워지는 것을 두려워하는지도 모른다. 다툼과 화해가 반복되며 갈팡질팡하는 관계는 정서적으로 독립적인 성인이 되지 못한 징후일 수 있다.

언젠가 내 신앙을 알지 못하는 남자와 사업상 점심 식사를 했다. 우리는 서로를 알기 위해 자신의 일상 생활을 얘기했다. 그는 아내를 험담하느라, 또 관심을 둔 여자들에 대해 성적인 표현을 써가며 얘기하느라 많은 시간을 보냈다. 우리는 우연히 종교 얘기를 나누게 되었고 나는 내 신앙에 대해 말했다. 즉시 그는 자기도 크리스천이라고 말하고는 하나님의 은총과 그리스도에 대한 자신의 깊은 사랑 등 거룩한 얘기를 해댔다. 그의 변신이 하도 철저해서 내가 아까 그 남자와 함께 있는 것인지 의심이 갈 정도였다. 그럴싸한 이야기들은 마치 그가 여러 차례 떠벌려서 녹음된 것처럼 진부한 느낌이 들었다. 이 사람은 말과 행동이 분리되어 있는 불행한 삶을 살고 있었다. 많은 사람들이 이 괴리를 자기 안에서나 데이트 상대에게서 발견한다.

원인이 무엇이든 이런 부조화엔 영적인 해결책이 있으며 데이트하는 남녀는 이 문제를 다루어야 한다. 데이트 상대가 신앙인일 뿐 아니라 자신의 약점과 문제점을 인식하고 그것을 해결하기 위해 지원 단체나 상담 과정에 속해 있기를 바라는 것도 바로 이런 이유다. 인격의 문제가 있음에도 불구하고 조언을 받아본 적이 없는 사람과 결혼한다면 그 결혼 생활은 내내 고통스러울 것이다.

그러므로 자신이 이해할 수 없는 점들을 데이트 상대에게 털어놓고 얘기하는 자세는 매우 중요하다. 상대나 관계에서 잘못된 점을 발견하면 그것을 제기하라. 상대가 선한 마음을 지닌 사람이라면 당신이 위험을 감수하고 말해준 데 대해 고마워할 것이다. 그리고 당신 두 사람은 그것을 해결하기 위해 힘쓸 수 있다. 서로에게 완벽함을 요구하지 말고 의로움을 요구하라. 의로운 사람은 자신의 근원인 하나님과 계속 연합한다. 넘어지거나 쓰러져도 지적을 잘 받아들여서 다시 하나님께로 다가간다.

서로의 성장에 적극적으로 역할을 감당함

영적인 데이트의 또 다른 요소는 영적인 차원에서 서로를 더 중요하게 여기라는 것이다. 이것은 더 많은 시간을 투자해 관계가 깊어지고 더욱 헌신적이 되는 것뿐 아니라, 궁극적으로 서로가 상대의 성장과 행동의 일부가 되어야 한다는 말이다.

비록 데이트하던 관계가 결혼까지 이르지 않을지라도, 데이트하는 동안 두 사람 다 영적으로 성장하는 자세를 가져야 한다. 서로 상대방의 성장에 도움을 줄 수 있는 방법들을 아래에 열거한다.

의견 개진과 반응

관계가 깊어짐에 따라 상대가 어떤 갈등을 겪고 있으며 어떤 필요를 안고 있는지 깨달아야 한다. 데이트 상대는 당신과 특수한 위치에 있어서, 다른 사람들이 보지 못하는 당신의 어떤 면을 보거나 알 수 있다. 사이가 깊어지면 두 사람은 영적인 차원에서 서로 맞서고 의견을 말하며 격려하도록 허용해야 한다. 데이트 상대가 영적인 부분의 충고를 수용하지 않는다면 분명 잘못이다. 상대의 충고를 받아들이지 못하는 거만한 사람들을 성경은 이렇게 비난한다. "거만한 자를 징계하는 자는 도리어 능욕을 받고 악인을 책망하는 자는 도리어 흠을 잡히느니라"(잠 9:7).

여유를 두라

일반적으로 말해서 시간이 흐르고 많은 경험을 한 후에 상대와 맞서는 것이 좋다. "듣기는 속히 하고 말하기는 더디 하며"(약 1:19). 오해도 시간이 흐르면 풀릴 수 있다. 어떤 행동을 보고서 처음엔 습관적이라고 생각했지만 실제로는 일회적이어서 이후로는 그 행동이 반복되지 않는 경우도 있다. 서로 비난하는 사람으로 보이지 않고 자비를 충분히 베푸는 사이가 되고 싶으면, 시간이 지나기를 기다리라. 우리 모두는 진리를 듣기 앞서 먼저 자비가 필요한 사람들임을 명심하라.

부모 역할을 하지 말라

데이트 상대를 영적으로 책임지려고 하지 말라. 당신의 보호 아래 행하고 성장하는 관계를 형성하지 말라. 아이들에겐 한 가지 중요한 일이 있는데 그것은 부모를 떠나는 것이다. 아버지 역할을 하면 상대는 장성한 사람이 되라는 하나님의 목표를 이행하기 위해 성장하여 당신 곁을 떠난다.

내 친구는 바로 이런 실수를 저질렀다. 그는 한 여자와 사랑에 빠지자마자 그녀를 가르치기 시작했다. 그녀를 여러 성경 공부반에 데리고 갔으며 숙제를 내주고 책을 읽게 했다. 그는 이 일에 매우 열심을 냈다. 그러나 어느날 그녀는 너무 통제를 당하는 느낌이라고 말하면서 그를 떠나 다른 남자에게로 갔다. 끔찍한 경험이었다. 하지만 이 경험을 통해 그는 교훈을 얻었다. "다음엔 상대를 가르치려고 하지 않을 거야."

위로와 도전

좋은 관계는 서로 의견을 주고받을 뿐 아니라 상대의 상처를 위로하고 자신의 약점에 대한 도전을 기꺼이 받아들인다. 당신 두 사람은 이 두 가지를 다 하는지 확인하라. 어떤 관계는 위로는 잘하지만 자극이 없다. 또 어떤 관계는 도전이 너무 강해서 거칠고 비판적일 수 있다. 위로도 하고 도전도 하라.

영적 적합성

데이트에는 아주 중요한 한 가지 측면이 있다. 신앙 생활에서 두 사람이 잘 어울리는 정도를 일컫는 영적 적합성이다. 이것은 다루기 쉬운 영역이기도 하지만 매우 다루기 힘든 영역이기도 하다.

하나님의 설계

하나님께서는 우리가 하나님과 다른 사람들에게 친밀감을 갖도록 설계하셨다. 우리는 이것이 우리 기질의 한 부분을 이루고 있다고 믿는다. 이 말은 마음 속 깊은 부분이 다른 사람과 영적 친밀감을 갈망하도록 만들어졌다는 의미다. 마음 속 그 부분이 잘 활동하면, 다른 사람에게서 건강한 영성을 찾으려 할 것이다. 궁극적으로 자신의 영적 삶을 공유한 사람에게 흥미를 느끼고 마음이 끌릴 것이다. 내면의 어떤 부분이 잘못되었다면, 영성이 건강하지 못하고 결핍된 사람에게 마음이 끌리는 자신을 발견할 수도 있다. 그러므로 이점에서 영적 적합성은 우리 자신의 영적 건강을 진단하는 시약이다. 하지만 다른 고려 사항들도 있다.

영적인 성장의 과정

영적인 성장이란 당신이 과거의 사람이 아니며 또한 미래의 사람도 아님을 의미한다. 우리는 성장하려는 꾸준한 노력을 통해 결국 성숙하고 온전해진다(약 1:4). 성숙의 정도에 따라 태도, 가치관, 습관도 변한다. 때때로 사람들은 특별한 영적 성장의 기간에 데이트하고 사랑에 빠진다. 두 사람이 모두 같은 시기에 처해 있으면 상황은 잘 진행된다. 그러나 한 사람이 중대한 변화를 겪으면 많은 갈등과 조정이 생긴다.

영적 사춘기와 의심의 단계를 지나고 있는 어떤 커플이 있다. 하나님, 교회, 성경에 의문을 품었고 다른 신앙을 기웃거리기도 했다. 그들은 의심을 풀기 위해 서로 도와주다가 결혼했다. 그러다가 여자는 자신을 구속하는 몇 가지 전통을 벗어던지고 기독교 신앙으로 돌아갔다. 반면에 남편은 의심에서 벗어나지 못했다. 남편은 여러 면에서 좋은 사람이었지만 그녀는 영적인 면에서 매우 외로웠다.

모든 사람은 계속해서 변하기 때문에 당신과 데이트 상대가 완전히 성장해 있기를 바라는 것은 비현실적이다. 당신과 데이트 상대가 영적으로 의문을 품는 기간이 없었다면 그것이 문제다. 의문은 부모의 신앙에 그저 따라가지 않고 자기 신앙을 참으로 소유하는 방법이다. 동시에 교의에 대해 서로에게 있는 의문을 해결하는 것은 중요하다. 상대가 자신의 신앙의 내용과 의미에 대해 여전히 의문을 가진다면 너무 가까워지지 말라. 영적으로 의문을 품는 시기에 당신은 상대를 지원하거나 도움이 될 수 있으며 성장의 여지를 줄 수 있다. 그러나 중요한 약속은 하지 말라.

믿음과 행실의 영역

데이트 상대를 영적으로 알게 되면 믿음과 행실의 영역에서 상대와 일치하지 않아도 견딜 수 있는 것과 견딜 수 없는 것을 결정할 필요가 있다. 어떤 영역은 선호의 문제겠지만 어떤 영역은 매우 객관적인 내용일 수 있다. 기독교 교의는 명료하므로 자신을 위해서도 그것을 알아야 한다. 둘 사이가 친밀해지면 이런 점들에 대해 얘기하고 논의하라.

영적 수준에서의 차이

많은 사람들이 영적으로 다른 수준에 있는 사람과 데이트하는 문제 때문에 힘들어한다. 다음에 몇 가지 차이점과 그것을 다루는 방법을 제시하겠다.

크리스천과 불신자

크리스천은 하나님의 사랑의 대리인으로서 현실 세계에 깊이 참여해야 한다. 소금과 빛이 되어야 한다(마 5:13-16). 동시에 가장 깊은 삶의 안식처는 소중한 인간 관계여야 한다(고후 6:14). 따라서 크리스천은 불신자와 진지한 데이트 관계를 맺어서는 안 된다.

그렇다고 불신자인 이성 친구를 사귀지 말라는 건 아니다. 이런 친구 관계에서도 유익한 경험을 많이 할 수 있으며 불신자도 자신을 '형제—자매'로 존중하는 신자들이 있음을 알게 된다. 그러나 신앙이 같은 사람에게 로맨틱한 감정을 두는 것이 가장 좋다고 생각한다. 로맨틱한 감정은 멋진 선물이지만 최선의 판단을 가로막기도 하며 알게 모르게 우리 인격을 약하게 만들 수 있다. 그러므로 로맨틱한 감정을 마음씨가 좋고 신앙이 같은 사람에게 두라. 그러면 사랑에 빠져도 문제되는 일이 없을 것이다.

하나님께 매인 사람과 그렇지 않은 사람

자기 신앙에 진지한 사람들 가운데 많은 이가 영성이 부족한 크리스천과 데이트하는 것을 걱정스러워한다. 이 걱정은 앞의 문제보다 더 복잡하다. 이런 걱정을 다루는 방식엔 몇 가지가 있다.

데이트 상대가 하나님께 매이지 않았다는 것을 어떻게 아는가? 우선 그렇게 느끼는 것이 사실인지 확인하라. 때때로 자신의 도덕적 판단이나 완전주의는 '차이'를 '나쁜 것'으로 보게 만든다. 상대가 자신의 수준에 미치지 못한 것처럼 보이지만 자기 문제 때문에 볼 수 없을 뿐 그 사람은 훨씬 더 높은 수준에 있을 수 있다. 그 사람이 자신만큼 성경을 모른다고 해서 자신만큼 하나님을 사랑하지 않는다고 생각하지 말라.

상대가 하나님께 매인 사람으로 보이지 않는 이유는 무엇인가? 손해나 큰 스트레스 그리고 실패를 경험한 경우, 때때로 그 사람은 하나님께 매인 사람으로 보이지 않는다. 이런 시기에도 하나님께 더욱 가까이 다가가야 한다고 생각하지만 종종 우리는 하나님으로부터 멀어진다. 반면에 하나님과 친밀하게 동행하는 사람도 영적으로 매우 어려운 시기를 겪을 수 있다. 이러한 경우에 그의 싸움을 지원하고 문제 해결을 돕는 것은 가치 있는 일이다.

상대가 여전히 하나님께 매이지 않은 채로 있으면 어떻게 하는가? 낮은 수준으로만 하나님께 매인 사람들이 있다. 시간이 흐르면서 이 사실이 확실해지면 서로 다른 길을 가는 편이 더 낫다. 다시금 말하거니와 당신이 영적으로 건강하다면 이 문제를 잘 해결할 수 있다. 내면이 건강하면 결혼한 후에 중대한 문제가 될 수 있는 영적 공허감을 데이트하는 동안에 감지할 수 있다.

성숙한 신자와 초신자

이것은 더 복잡한 문제다. 데이트하는 두 사람 모두 신앙에 진지하며 한쪽이 다른 쪽보다 신앙 생활을 길게 했다고 가정하자. 이 상황에 접근하는 방법들이 있다.

당신이 믿음 생활을 한 지 1년도 안 된 초신자인 경우 먼저 하나님의 가족이 된 것을 축하하고 환영한다. 영적 성장의 과정에 뛰어들어 관계가 지속되는 동안 신앙이 견고해지기를 권한다. 이를 통해 당신의 신앙이 데이트 상대에게 의존하지 않게 될 것이다.

당신이 성숙한 신자라면 중대한 약속을 하기 전에 새 신자인 상대의 신앙이 견고해질 때까지 기다리는 것이 좋다. 이렇게 하면 당신은 부모 역할에서 벗어날 수 있고 상대는 자신의 성장에 더욱 책임을 지려고 한다.

자신의 영적인 단계를 살펴볼 때 단지 믿은 기간으로 판단하지 말라. 시간이 필수적이긴 하지만 어떤 사람은 다른 사람보다 더 빠른 속도로 성장한다. 일정 기간 믿음 생활을 했다고 해서 그를 성숙한 사람으로 간주하지 말라. 그러나 믿은 기간이 짧은 신자는 발전하고 성숙하는 데 여전히 시간이 필요하다.

결국 성숙한 정도가 비슷한 사람과 데이트하는 것이 최선이다. 이렇게 하면 의존, 통제, 성장의 문제들을 많이 해결할 수 있다. 그러나 상대를 세밀히 살피기보다는 자신을 더 엄격히 살피라. 그리고 두 사람이 같은 수준을 유지하려고 하기보다는 하나님을 추구하고 성장하는 데 더 관심을 쏟으라. 끊임없이 앞서려고 하는 것보다는 그 과정에 몰두하는 자세가 더 중요하다.

덧붙여 말하면 성숙도의 차이라고 판단한 요소가 단지 스타일의 차이가 아닌지 확인하라. 우리는 이것을 하나님께 매인 사람에 관해 말하면서 다루었다. 예를 들어 정규 신학 교육을 받은 사람보다 그렇지 않은 사람이 행실과 인격에서 훨씬 성숙할 수도 있다. 하나님께서는 관습적인 종교 행위보다 마음을 더 원하신다. "내가 긍휼을 원하고 제사를 원치 아니하노라"(마 9:13). 상대를 대할 때 항상 마음을 다하라. 상대가 사랑하며 진실하고 현실 속에서 사는지 또 장성한 모습으로 사는지 지켜보라. 종종 현실 세계에서 책임을 다하며 사는 사람이 머리로는 잘 알되 현실에서 그렇지 못한 사람보다 더 영적으로 조화된 삶을 사는 경우가 많다.

결론

결론적으로 말해서 영적인 데이트를 하려면 다음과 같은 모든 종류의 욕심과 충동에 제한을 가해야 한다.

- 상대가 영적인 면에서 화합할 수 없는 사람임에도 그렇게 되길 바람
- 상대를 영적으로 변화시키려고 함
- 관계 가운데 있는 영적 갈등을 부인함
- 영적인 면에서 자신의 약점을 못 보고 상대의 약점만 봄
- 영적 문제를 말하기 두려워함

그러나 그리스도 안에서 그리고 그를 따르는 길에서 계속 성장한다면 데이트를 하면서 지혜롭게 마음을 쓰고 상대를 사랑하기가 훨씬 쉬워질 것이다.

요약

- 신앙도 데이트에서 중요한 부분을 차지해야 한다. 그것은 직업이나 영화를 보는 취향 못지 않게 우리의 삶에 실제적인 부분이다.
- 데이트 상대가 같은 종교를 갖고 있거나 수동적인 자세를 취한다고 해서 영적으로 어울린다고 해석하지 말라. 오히려 신앙에 대해 사고하고 갈등하며 능동적인 자세를 가져야 한다. 당신이 항상 주도권을 쥔다고 느끼거든 문제로 여기라.
- 서로에게 있는 영적 차이점들을 즐거운 마음으로 바라보고 배울 것은 배우라. 억지로 어떤 견해를 받아들이게 해서 상대를 당혹스럽게 하지 말라.
- 말한 바들을 실천하도록 서로 격려하는 관계를 이루라.

4
데이트는 외로움을 치료할 수 없다

나는 마샤에게 분명하게 말했다. "당장 그에게 전화해서 이제 우리 관계는 끝났다고 말하세요." 몇 달 동안 나는 그녀와 스코트의 관계, 그리고 지속적으로 상처를 주는 스코트의 행위를 그녀가 견딜 수 없어 한다는 얘기를 들었다. 실제로는 그런 사람이 아니라고 부인하는 그녀의 말에 관심을 갖기도 했지만 점차 짜증이 나기 시작했다. 나는 마샤에게 스코트와의 관계를 끝내라고 재촉했다.

그래서 그녀는 그렇게 하기로 결심했다. 스코트에게 전화를 걸어서 관계를 끝냈다. 예상했던 대로 그는 흥분해서 그녀를 찾아왔다. 그리고는 그렇게 끝낼 수는 없다고 애원했다. 그 애원은 사랑을 거부당한 사람들이 일상적으로 하는 말과 변화를 약속하는 온갖 종류의 다짐으로 가득했다. 그러나 그녀는 꿈쩍도 안했다. 적어도 하루는 그랬다.

이틀 후 마샤는 내게 전화해서 다음 약속을 취소했다. 나는 그녀에게 다시 전화를 걸어 사실을 알았다. 그녀는 스코트에게 돌아갔고 그 사실을 말하기가 부끄러웠던 것이다. 나는 그녀에게 어찌됐든 와서 얘기를 나누자고 했다.

나와 마주 앉은 마샤가 측은해보였다. 그녀는 자신이 스코트와의 관계를 끝내고 태도를 굽히지 않았을 때 빠졌던 외로움과 우울함을 설명했다. 마치 밖을 내다볼 수 없는 블랙홀에 빠진 느낌이었으며 완전히 희망이 없다고 느꼈다. 그것은 참으로 위험한 상태다.

마샤를 아는 사람이라면 그녀에게 그런 내면의 고통이 있을 거라고 아무도 예상하지 못했을 것이다. 그녀는 사업 세계에서 유력한 인물이었으며 그리스도께 헌신한 사람이었고 교회에서 지도적인 위치에 있었다. 모두가 그녀를 사랑했고 아무도 그녀가 스코트 같은 사람과 지내리라고 생각하지 않았다. 나아가 갑작스럽게 헤어진다고 해서 그토록 어쩔 줄 몰라 하리라고는 아무도 예상하지 못했다. 그러나 이별을 겪은 후 그녀는 너무 슬퍼서 자기를 주체할 수 없었다.

마샤의 감정을 치료하면서 우리는 그녀의 마음 깊은 곳에 괴로움과 사랑받지 못한다는 갈증이 있음을 알았다. 그리고 스코트와 헤어졌을 때 보통 때는 느끼지 못하던 깊은 외로움이 솟구쳤음도 알았다. 그녀의 지난 삶을 살펴보니 그녀는 남자와 데이트함으로써 이 내면의 외로움과 마주치는 것을 피해왔던 것이다. 한 관계가 끝나면 오래 사귀고 싶은 남자가 아니더라도 곧 새로운 관계를 맺었다. 그녀는 단지 홀로 지낼 수 없었던 것이다. 홀로 있는 것이 두려웠기 때문에 나쁜 관계에도 바운더리를 설정하지 못했다. 관계를 갖지 않을 수 없었기 때문에 나쁜 관계에도 굴복했다.

이것이 데이트에서 바운더리를 쳐야 할 핵심적인 내용이다. 다음 중 하나라도 해당된다면, 당신은 홀로 있는 것이 두려워서 바운더리를 포기하고 있는 것이다.

- 무례한 행동을 참음
- 자신의 가치관과 일치하지 않는 것에 굴복함
- 자신에게 정말로 필요하고 자신이 원하는 것보다 못한 것에 안주함
- 정도에서 벗어난 관계를 그대로 유지함
- 끝내야 하는 관계로 다시 돌아감
- 목적지가 없는 관계를 시작함
- 지나친 요구나 통제로 데이트 상대를 숨막히게 함

이밖에 다른 증상도 있을 것이다. 그러나 요점은 데이트가 하나님, 목적, 가치관, 영적 헌신 등에 좌우되지 않고 내면의 외로움에 좌우된다는 것이다. 외로움 때문에 지속되지 않을 관계에 말려든다. 그 외로움 때문에 관계를 맺지 않아도 행복해질 수 있는 사람으로 성장하지 못한다. 데이트와 로맨스엔 매우 중요한 원칙이 있는데 그것은 관계 속에서 행복하고, 자신이 바라는 관계를 선택하기 위해서는 상대가 없이도 행복할 수 있어야 한다는 것이다.

행복하기 위해 데이트하고 결혼한다면 의존적인 사람이며 어떤 사람을 만나도 행복하지 못하다. 의존적이기 때문에 자신에게 어울리는 사람을 선택하는 안목이 없다. 또 건전한 사람과 완전한 관계를 실현할 능력도 없다. 버림 받는 것과 홀로 있는 것을 두려워하면 그 두려움에서 벗어나도록 사랑하는 마음으로 도와줄 사람들을 놓치게 된다.

그러므로 먼저 외로움을 치료해야 한다. 그러면 외로움을 치료하는 것 자체가 데이트에서 훌륭한 바운더리가 된다. 홀로 있는 두려움을 치료하기 위해서는 관계에 의존하려는 욕구에 바운더리를 쳐야 한다. 우선 그 두려움을 치료하고 난 뒤 관계를 추구하라.

데이트를 하지 않고 어떻게 외로움을 치료하는가?

첫째, 하나님과의 관계를 강화하라. 특별한 사람과의 관계가 하나님과의 관계를 대신할 수 없도록 하나님을 가장 우선시하라.

둘째, 안전하고 건전한 크리스천과의 관계를 강화하라. 사람들을 통해서만 얻을 수 있는 것을 데이트 관계나 하나님을 통해 얻으려고 애쓰지 말라. 물론 하나님이 필요하다. 그러나 사람들도 필요하다.

데이트는 성숙하고 온전한 성인들이 맺는 관계다. 그리고 성숙한 성인에겐 항상 이 관계를 지원하는 훌륭한 지원 시스템이 있어서 인간적인 만남들이 가능하다. 다시 말해서 성숙한 성인은, 치료를 위해, 다른 사람과의 관계를 통해 자신의 욕구를 충족시킬 수 있다. 로맨틱한 관계를 통해 외로움을 치료하려 해봐야 잘 되지 않는다. 견고해지려면 지원 시스템이 필요하다. 그 후엔 약함이나 의존에서가 아니라 견고함에서 비롯된 선택을 할 수 있다. 마샤는 약하기 때문에 남자들을 선택했다. 그래서 자신이 원하는 남자를 찾을 수 없었다. 데이트 밖에서 욕구를 충족시킬 수 있으면 견고함에서 비롯된 선택을 할 수 있다.

그러한 지원 환경에서는 약한 모습을 보여도 좋다. 어떤 경우엔 많은 친구들이 있어도 자신의 가장 깊은 욕구가 그 친구 관계에서 충족되지 못한다. 그래서 여전히 데이트에 의존한다. 그저 친구가 있다고 해서 치료가 되는 것은 아니다. 의지할 만하다고 생각한 관계들에서는 욕구와 고통과 상처 등을 반드시 말하라. 그 지원 시스템이라면 카운슬링이나 카운슬링 그룹이 포함될 수 있다. 그러나 지원 시스템은 자기를 드러내는 만큼만 도움을 줄 수 있다. 이런 지원 시스템 안에서 자신의 약한 모습을 드러내라. 그러면 외로움이 사라지고 성숙해질 수 있다.

영적 성장, 인격의 성장, 일에서의 성장, 타인을 위한 봉사, 취미, 지적 성장 등으로 가득한 충만한 삶을 살라. 활동적이고 성장하는 삶은 데이트 상대에게 의존할 시간이 없다. 하나님과 맺은 관계, 타인을 위한 봉사, 흥미로운 활동으로 가득한 삶을 살수록 특정한 관계에 덜 의존하게 된다.

온전함을 추구하라. 활동적인 삶에 더하여 당신 영혼에 있는 문제를 해결하려고 애쓰라. 문제가 무엇이든(과거 어린 시절의 상처, 직장 생활과 관계에서 지속적으로 제기되는 문제, 파산이나 고통 또는 기능 장애 등), 그것을 해결하려는 동안에 외로움도 치료될 것이다. 신기한 일이지만 영적 성장을 시도하는 과정은 외로움 치료에 도움이 된다. 영적으로 성장함에 따라 자연히 타인과 더 친근해지고 더 충만한 삶을 살게 될 것이다. 온전한 사람은 데이트에 중독된 사람이 아니라 행복하고 충만한 삶을 사는 사람이다. 시편 1편 3절에서는 하나님의 길과 율법대로 성장하는 사람을 이렇게 표현했다. "저는 시냇가에 심은 나무가 시절을 좇아 과실을 맺으며 그 잎사귀가 마르지 아니함 같으니 그 행사가 다 형통하리로다." 온전한 삶은 충만한 삶이다. 그리고 충만한 삶은 그 사람을 매우 매력적으로 만든다.

외로움을 두려워하는 데에 어떤 특정한 문제가 있는 건 아닌가 살펴보라. 예를 들어, 마샤는 어릴 때 버림받은 경험이 있다. 또 다른 사람들은 다른 종류의 상실감을 해결해야 한다. 외로워지는 것에 대한 두려움은 여러 가지 고통 때문에 생길 수 있다. 자신의 고통은 무엇인지 살펴보라. 즉, 삶에서 겪은 어떤 특정한 경험 때문에 당하는 고통은 아닌지 알아보라. 그리고 나서 그 문제를 해결하기 위해 애쓰라.

나쁜 관계나 만족스럽지 않은 관계, 또 좋은 관계지만 나쁜 구조에 굴복하지 않게 해주는 가장 좋은 바운더리는 그 관계를 필요로 하지 않는 것이다. 이것은 하나님과 지원 시스템 안에 견고히 서서 자신의 문제를 해결하고 충만한 삶을 살며 온전함을 추구할 때 가능하다. 이렇게 살면 "아니요"라고 말해야 할 때 "예"라고 말하는 성향이 사라진다.

요약

- 데이트는 외로움을 치료해주지 않는다. 다만 남녀가 결혼에 이르는 과정에서 로맨틱한 관계에 대한 욕구를 채워줄 뿐이다.
- 외로움은 하나님과의 관계와 다른 사람들과의 관계에서 치료받아야 한다.
- 하나님과 다른 사람들에게 약한 모습을 보이지 않으면 그 관계 속에서 도움을 받을 수 없다.
- 혼자서도 충만한 삶을 살면, 외롭거나 충만하지 못하기 때문에 관계를 선택하는 일을 피할 수 있다.
- 부족함을 채우기 위해 내린 선택은 만족스럽지 못하거나 자기를 파괴한다.
- 상대와 행복해지려면 데이트를 하지 않아도 행복할 수 있어야 한다.
- 데이트에 있어야 할 바운더리를 포기하는 증상은 홀로 있는 것을 두려워하는 잠재된 두려움에서 비롯될 수 있다.

과거의 잘못을 되풀이하지 말라

책을 준비하면서 데이트에 대해 나름의 시각을 가진 미혼 남녀들은 물론 기혼자들과도 인터뷰를 했다. 기혼자들에게는 이런 질문을 던져보았다. "연애를 하지 않는 지금, 만일 다시 그 시절로 돌아간다면 무엇을 다르게 하겠습니까?" 대부분의 사람은 "먼저 한 하나의 실수로부터 많은 교훈을 얻겠습니다"라고 대답했다. 사람들은 마음속 깊이 후회를 하며 자기 경험을 통해 더 많은 것을 배울 수 있었으면 좋았을 거라고 생각한다.

자기 과거에 바운더리를 설정하는 것은 중요하다. 즉 과거의 데이트 방식을 되풀이해서는 안 된다. 과거는 바른 데이트 관계를 발전시키도록 도움을 준다는 점에서 가장 좋은 친구도 될 수 있고 가장 나쁜 적이 될 수도 있다. 모든 준비를 제대로 갖추고 데이트를 시작하는 사람은 아무도 없다. 좋은 가정과 관계를 배경으로 둘 수도 있고, 좋은 교육을 받았을 수도 있다. 물론 이것들은 유리한 점들이다. 그렇다 하더라도 다른 모든 관계에서처럼 데이트라는 특수한 세계는 숱한 시행착오를 겪어야 한다.

과거는 그 모든 시행착오를 저장한 곳이기 때문에 중요하다. 데이트를 바르게 해서 만족스러워하든 아니면 그 반대이든, 데이트에서 해야 할 것과 피해야 할 것에 대한 많은 정보를 과거에서 얻을 수 있다. "다시 그것을 생각할 필요가 없어. 모두 지나간 일인데 뭐. 어차피 내일이면 새날이 와"라는 식으로 경솔하게 과거를 흘려보낸다면 중요한 진실들을 놓치고 만다. 반면, 이전에 한 일에 주의를 기울인다면 현재와 미래를 주도적으로 만들어나갈 수 있다.

이 장에서는 과거가 데이트에 미치는 영향과 나아가 그 과거가 자신에게 부정적으로 작용하지 않고 긍정적으로 작용하게 하기 위해 무엇을 해야 하는지를 다룰 예정이다. 과거 때문에 방해를 받거나 곤란에 빠지지 말라. "모든 무거운 것과 얽매이기 쉬운 죄를 벗어버리고 인내로써 우리 앞에 당한 경주를 경주하며"(히 12:1).

자신에 관한 한 훌륭한 역사가가 돼라.

데이트 방식

"도대체 내가 어떤 점에서 과거의 잘못을 되풀이하고 있다는 말이지?" 하고 의아해할 수 있다. 관계가 깊어지고, 약혼하고, 결혼하는 과정을 방해하는 문제의 데이트 방식을 찾아내고 싶을 것이다. 어느 정도 이 책 전체는 사람들이 과거에 경험한 데이트에서 일어났던 여러 문제들과 그 해결 방법을 다루고 있다. 어떤 사람들은 성급하게 앞서가는 경향이 있고, 어떤 사람들은 데이트 상대의 욕망에 순응하고, 어떤 이들은 관계가 자신을 지배하도록 내버려둔다. 이 책을 다 읽고 나면, 당신은 자신에게 무엇이 문제인지 깨닫고 주의하게 될 것이다. 그리고 그것을 되풀이하지 않기 위해 어떤 일을 할 수 있는지 찾게 될 것이다.

과거에서 무엇을 배울 수 있는가?

데이트할 때 가장 심각한 문제는 과거가 자기의 실체를 드러낸다는 사실을 부인하는 태도다. 오직 적절하지 못한 데이트 상대가 문제였을 뿐이라고 생각하면 과거로부터 배울 수 없다. 문제의 초점을 데이트 상대에게 맞추면 다룰 수 있는 것은 자신의 과거가 아니라 데이트 상대의 과거다. 그러므로 데이트 상대들을 비난하는 대신 과거 데이트에서 자신의 태도가 어떠했는지 알아내는 데 더욱 능동적인 태도를 취해야 한다.

남편감을 찾기 위해 수년 동안 열렬히 기도한 친구가 있다. 그녀는 자기 관계들이 실패한 데 몹시 좌절했다. 최근에 문제가 뭐라고 생각하는지 내가 묻자, "사내들이 변변하지 않아"라고 대답했다. 나는 사내들을 좋게 말하려는 것이 아니다. 다만 자신도 이 '변변치 못한' 사내들과 다를 바 없음을 깨닫기 전에는 상황이 달라지지 않을 거란 점이다.

그러므로 세상에 쓸 만한 데이트 상대가 없다고 불평하곤 한다면, 먼저 자신을 변화시키기 위해 건설적인 일을 하라. "과거의 데이트로부터 무엇을 배워 나쁜 일은 피하고 좋은 일은 다시 경험할 수 있는가?" 같은 질문을 그들에게, 하나님에게, 그리고 자신에게 하라. 이것은 고민 이상을 요구하고 즐거운 구석이라곤 없지만 좋은 결과를 낳는다. 더욱 핵심을 찌르는 질문은 이것이다. "현재 내 데이트의 문제들을 해결하기 위해 나는 무엇을 했는가?" 자기를 비하시키라는 말이 아니다. 오히려 과거의 실수를 되풀이하지 않기 위해 진리와 사실에 대해 물어보라는 말이다.

과거를 이해하는 것은 성장에 도움이 된다

짐은 이십대엔 태평스런 사람이었다. 데이트도 많이 했지만 그 관계에서 얻은 것은 거의 없었다. 짐은 그것을 운이 나빴던 탓으로 돌리고 또 상대를 찾을 시간은 많다고 생각하며 자신을 위로했다. 그는 잠시 멈춰 무엇이 잘못인지 따져본 적이 없었다. 시간은 눈 깜짝할 사이에 지났다. 삼십대 중반이 되었을 무렵 걱정이 되기 시작했다. 그는 그 나이쯤엔 결혼해 있기를 늘 원했다. 그런데 아예 결혼하지 못할 것 같은 생각이 들었다.

더 나이가 들고 현명해진 짐은 사는 속도를 조금 늦추고 자기의 데이트 방식을 진지하게 돌아보기 시작했다. 마침내 자기 방식의 문제점을 깨달았다. 그는 자기가 좋아하는 여자보다 자기를 좋아하는 여자를 따라다니는 경향이 있었다. 자기가 여자에게 끌리는 주된 이유는 그 여자가 자기를 참으로 좋아한다는 것이었다. 이런 방식 덕분에 그는 불안해할 필요가 없었다. 그러나 일단 관계가 깊어지면, 처음부터 원했던 것이 아니기 때문에, 순식간에 흥미를 잃었다. 과거의 거의 모든 관계가 이와 똑같은 과정을 거쳤다. 짐은 자기 방식을 깨닫고는 몹시 놀랐다. 나는 짐을 자랑스럽게 여겼다. 문제를 진단하는 일에 매우 열심이었기 때문이다.

이 무렵 짐은 두 명의 여자와 데이트를 했는데 로빈과 제니였다. 짐은 자기 문제점을 로빈과 제니에게 속이지 않고 말했다. 처음부터 짐에게 관심이 많았던 로빈은 전보다 더욱 관심을 보였다. 반면에 제니는 그를 좋아하긴 했지만 다른 남자들과 계속 데이트하고 싶어했다. 이것이 그에게는 갈등이었다. 예전의 짐 같았으면 여자에게 모험을 거는 것을 몹시 불안해했기 때문에 제니와 두 번쯤 데이트를 한 뒤엔 더이상 만나려 하지 않았을 것이다.

다행히 모험을 싫어하는 자신의 데이트 방식을 짐은 깊이 문제 삼고 있어서 과거로부터 깨달은 바를 적용하려고 했다. 짐이 한 일은 자신의 외로움과 불안함을 데이트 세계에서 우정의 세계로 끄집어낸 것이었다. 그는 믿음이 가는 친구들에게 자기 감정을 털어놓는 모험을 감행하며 자기가 친구들을 비롯해 타인에게 마음을 털어놓는 것을 얼마나 두려워하는지 이야기했다. 친구들은 지원 요청을 받고 기꺼이 그를 도왔다.

결국 짐은 사람들에게 더 솔직하고 정직해질 수 있었으며 하나님과의 관계와 일부 선한 사람들과의 관계가 견고해진 것을 알고서 안심할 수 있었다. 다시 말해서 짐은 성장하고 있었다. 그는 로빈에게 솔직해져서 데이트를 계속할 만큼 호감을 갖고 있지 않다고 말했다. 그리고는 제니에게 사랑을 구했다. 비록 불확실한 사랑을 구하는 것이 끔찍한 고통이었지만.

얼마 후 제니는 다른 사람에게 가버렸기 때문에 짐은 사랑을 얻지 못했다. 이 일도 역시 큰 고통이었다. 다만 사랑을 잃고서도 살아 있을 수 있다는 것은 좋은 깨달음이었다. 좋은 관계들에 의지하여 성장한 짐은 로빈에게 바른 일을 하고 제니와 관계를 형성할 수 있었다. 그러자 상황은 그의 불안정한 마음의 방해를 받지 않고 자연스러운 결말을 향해 나아갔다. 건전하지 못한 이유 때문에 관계가 끝나는 것보다는 건전한 차이 때문에 끝나는 편이 훨씬 낫다.

얼마 후 짐은 자기 마음을 송두리째 앗아간 사만타라는 여자에게 관심을 기울였다. 이번엔 자신을 향한 그녀의 호감 때문이 아니라 그녀의 인격과 가치관 때문에 마음이 끌렸다. 사만타의 사랑을 구하는 것은 그에겐 큰 모험이었다. 그러나 시간이 흐르면서 사만타는 그의 사랑에 반응했다. 그들은 지금 행복한 결혼 생활을 하고 있다. 짐이 자기의 데이트 동기들을 문제삼지 않았다면 그 결과가 어떠했겠는가? 과거로부터 얻은 교훈과 경고(고전 10:11)가 짐에게는 큰 도움을 주었다.

과거의 방식에서 벗어나려면 일반적으로 이해와 통찰력이 필요하지만 그것으로 충분하지 않다. 오직 진실함이 우리를 자유롭게 해주는 때가 있다. 그러나 대부분의 경우 우리는 과거 방식에서 우리 인격의 부족한 점과 해로운 점들을 발견한다. 이런 약점들은 인격적으로 성장하지 않으면 사라지지 않는다.

과거를 두려워하라

과거의 데이트 방식에 바운더리를 설정하려고 할 때 건전한 두려움은 또 하나 좋은 요소다. 즉 과거를 되풀이할 때 생기는 결과에 대한 두려움은 바운더리 설정에 도움이 된다는 것이다. 아무런 변화 없이 그대로 있을 때 맞게 될 앞날을 바라본다면, 우리는 변화의 고통을 견딜 수 있다. 앞에서 본 바와 같이 짐은 결혼을 못하거나 적어도 자기가 원한 나이에 결혼하지 못할까봐 두려워했다. 그 두려움 덕택에 그는 해야 할 일을 할 수 있었다.

어떤 사람들은 크리스천은 두려움을 품어선 안 된다고 생각한다. 사실이다. 신자라면 영원한 형벌이나 하나님에게서 버림받는 것을 두려워할 필요가 없다(요일 4:18). 그러나 우리는 하나님을 두려워하는 삶을 살아야 한다. 하나님께서 각 사람의 행위대로 판단하시기 때문이다(벧전

1:17). 이 두려움은 하나님께 대한 우리의 책임, 즉 어떤 삶을 살지에 대한 건전한 염려다. 그러므로 두려워하라. 옳은 것을 두려워하고 두려워하라. 여기에 두려워할 사항들이 있다.

현재 관계가 망가지는 것을 두려워하라

지금 현재의 관계는 매우 좋을지도 모른다. 그러나 자기 과거를 처리하지 않으면 현재 관계가 위험해질 수 있다. 현재 관계가 좋다 할지라도 자기 과거를 조사하고 하나님과 선한 친구들로부터 지원을 구하며 온전함을 추구할 필요가 있다. 지금 성장이라는 고된 과정에 힘을 기울이면 미래의 문제들을 막을 수 있다. 현재 관계가 좋다는 이유로 자신의 과거를 소홀히 하지 말라.

현재 관계에 연연하는 것을 두려워하라

반대로 현재의 관계가 그리 좋지 않을 수도 있다. 자기 과거를 주목하면 어떤 도움이 되는가? 자기의 데이트 방식을 알게 된다. 이 데이트 방식을 앎으로써 자신이 불가능한 관계에 너무 연연하는 경향이 있다는 것을 발견할지도 모른다. 그 방식이 나쁠수록 당신은 관계에 더 몰입한다. 또는 그저 누군가를 곁에 두고 싶어서 나쁜 관계에 연연하는 경향이 있다는 것을 아마도 깨닫게 될 것이다. 자기 과거를 주목하라. 그러면 나쁜 관계에서 더 빨리 벗어날 수 있으며 그렇게 함으로써 자신과 데이트 상대를 상처에서 구할 수 있다.

상처받는 것을 두려워하라

데이트 관계는 중요하다. 사람들은 우리 영혼 매우 깊은 곳에 들어와 자리잡을 수 있다. 이 말은 그리 신뢰할 만한 사람이 아님에도 불구하고 우리가 어떤 사람에게 투자하고 신뢰할 수 있다는 것을 의미한다. 과거의 문제를 해결하지 못한 많은 사람들이 자신을 보호할 능력도, 신뢰할 만한 사람인지 분별할 능력도 없이 다음 사람은 안전할 거라는 막연한 희망을 갖는다. 그 결과 마음에 상처를 입는 일이 흔하다. 자신의 과거를 돌이켜 보면 자신이 상처받는 이유를 더 잘 분별할 수 있으며 그 상처를 피할 수 있는 도구를 더 잘 개발할 수 있다.

시간 낭비를 두려워하라

짐의 경우처럼 대부분의 사람들은 몇 살까지는 결혼하겠다는 생각을 머리 속에 가지고 있다. 실제로도 우리는 영원히 살 수 없기 때문에 무한히 기다릴 수 없다. 하지만 '너무 늦어버린' 상황이 존재한다. 평생 결혼을 꿈꾸는 많은 사람들이 자신의 과거를 무시한 결과 미래의 결혼 생활을 놓치고 만다. 과거를 해결하라!

자기 미래가 위축되는 것을 두려워하라

과거로부터 교훈을 얻지 못한 사람들은 자유롭게 자신의 본모습을 찾거나 성장하거나 결심하지 못한다. 이 자유의 결핍은 선택의 폭을 제한한다. 예를 들어, 서로 조화되지 않고 상극인 사람에게 마음을 빼앗긴다. 인격에 문제가 있는 채 사랑에 빠지게 될 때는 착실하고 유익하며 가까이할 만한 사람에게 관심을 갖지 못한다. 해결하지 못한 과거는 그런 사람을 답답하고 재미 없는 사람으로 단정짓게 만들어 자기에게 정말 가치 있는 관계를 완전히 놓치게 한다. 과거 데이트의 문제를 인식할 수 있다면 미래의 건전한 데이트가 현실로 다가올 수 있다.

과거가 여전히 지배하는 이유

과거의 데이트 방식을 해결해야 할 이유가 그토록 많은데도 사람들은 왜 그렇게 하지 못하는가? 거기엔 몇 가지 원인이 있다.

성숙의 결핍

인격이 성숙했음을 알리는 한 가지는 자기의 과거 방식을 깨닫고 염려하는 능력이다. 우리는 대부분 현재의 일로 매우 바빠서 현재 일에 매여 있기 쉽다. 그러나 성숙도가 깊어질수록 장기간 지속되는 삶의 방식이나 문제를 반성하는 능력이 커진다. 짐을 떠올려보라. 그는 이십대에 데이트와 관련해서 문제를 안고 있었다. 그러나 성숙하지 못했기 때문에 바쁘게 살고 즐기는 데만 관심을 쏟았다. 영적으로나 정서적으로 성장의 과정에 들어서라. 데이트의 심각한 문제들을 파악하기에 앞서 먼저 삶의 깊이를 더하라. 사랑과 진리 안에서 성장하기 위해 하나님과 안전한 사람들에게 도움을 구하라.

모르는 것에 대한 두려움

당신에게 자신과 데이트 상대의 차이점들을 과소 평가하는 경향이 있고, 그래서 거의 갈등하지 않는다는 사실을 발견했다고 하자. 당신은 피상적으로 즐거운 관계를 유지하며 은연중에 상대방에게 솔직하지 않다. 그리고 다른 방식으로는 이성과 관계를 맺어본 적이 없다.

자기 방식을 알고 나면 솔직하지 못한 태도는 문제가 되며 이성에게 가까워질 수 있는 길을 제한한다는 사실도 이해할 수 있다. 변화를 꾀하고 싶을 수도 있다. 그러나 무슨 일이 일어날지 한번도 경험하지 못했기 때문에 시도하지 못한다. 데이트 상대가 비명을 지르거나 울부짖은 나쁜 기억도 없지만 좋은 기억도 없다. 솔직하게 행동할 경우엔 어떤 일이 일어날지 알 수 없다. 모르는 것에 대한 두려움, 즉 이전의 태도가 변할 때 무슨 일이 일어날지 걱정하는 것은 성장 과정을 멈추게 할 수 있다.

이미 아는 나쁜 것과 모르는 것 중에서 어느 것이 낫다고 생각하는가? 많은 사람들은 이미 아는 나쁜 것이 낫다고 생각한다. 그것에 적응했고 그 환경에서 사는 법을 익혔기 때문이다. 많은 사람들이 자기 문제를 어렵게 깨달았음에도 불구하고 모르는 것에 대한 두려움 때문에 변하지 못한다. 이런 상황에 처해 있다면, 친한 친구들에게 가서 솔직하고 정직한 사람이 될 필요가 있다. 데이트 상대에게는 문제를 솔직히 풀어놓지 못할지라도 친구들에게는 모두 털어놓아 도움을 구하고 확신을 가지라. 그들의 도움을 받아 두려움과 방어적인 태도를 없애라. 다시 말해서, 그들과의 좋은 경험을 통해 모르는 것을 이미 아는 좋은 것으로 만들 필요가 있다. 그 결과 데이트에서 솔직하게 행동하려 할 때 그 경험 덕분에 편안한 마음을 가질 수 있다. 건전한 방법으로 관계를 추구할 수 있게 된다.

이미 알고 있는 것에 대한 두려움

어떤 사람들은 자기 방식을 바꾸려고 시도했다가 몇 가지 좋지 않은 이유로 심한 고통을 겪고 나서 도로 과거의 방식을 고수한다. 그 고통이 변화하려는 시도를 막아버린다. 위의 예로, 데이트 상대에게 솔직하게 털어놓은 진실 때문에 상대가 상처를 받았고 그 결과 상대가 공격하거나 관계를 끝내려 한다고 하자. 어떤 사람들은 미래의 모든 데이트에 이 경험을 적용하여 "솔직하게 말하면 나쁜 일이 생긴다"는 생각을 한다.

실제로 이 문제는 모르는 것에 대한 두려움보다 이미 알고 있는 사실에 대한 두려움과 관련이 있다. 다시 말해서 더 솔직해지려는 시도는 건전한 사람들에게 해야 하며 좋은 결과를 낳아야 한다. 이 일로 사람들은 더 친밀해지고 신뢰하며 더 자유롭고 책임감을 가질 수 있어야 한다. 그러나 위의 예에서는 솔직한 행동이 문제였다고 혼동하기 쉽다. 실제 문제는 바르지 못한 사람에게 솔직하게 대한 것이었다. '빛보다 어둠'을 사랑하는 사람들이 있으므로(요 3:19) 빛의 사람들을 선택했는지 확인하라.

이미 알고 있는 것 때문에 두려움이 생기는 경우는 많다. 린다는 너무 빨리 관계로 돌진하는 경향이 있었다. '완벽한 남자'를 찾아내서는 그에게 완전히 사로잡혀 결혼 계획을 세우기 시작한다. 남자가 헤어지려고 하면 절망한다. 네번이나 그런 비극을 겪은 뒤, 그녀는 자신을 더 많이 되돌아보고 친구들로부터 지원을 받기 시작했다. 이 문제들을 해결하려고 애쓰면서 어느날 내게 말했다. "이미 알고 있는 문제들이 사실은 더 두려웠어요. 이 남자들이 그리 오래 가지 않으리라는 판단이 마음 깊은 곳에 있었지요. 그러나 혼자가 된다는 사실이 너무 슬프고 두려워서 억지로 참으며 그들과 함께 있으려 했어요." 린다는 자기 외로움에서 비롯된 지나친 집착을 없애려고 몹시 애썼다. 마침내 지원해주는 시스템 안에서 자신의 과거를 직면하여 해결하기 시작했다. 옛날 이름 없는 한 알콜 중독자의 말처럼, 변화의 고통보다 현 상태를 유지하는 고통이 더 클 때 변화는 일어난다.

고립

과거 문제를 해결하는 데 큰 장애는 생명의 근원인 하나님과의 관계와 다른 사람들과의 관계가 단절되는 상태다. 많은 사람들이 자신의 의지력, 자제력, 결단력 등을 발휘해 기존의 자기 방식을 완전히 바꾸려고 시도한다. 늦든 빠르든 그들은 실패하기 쉽다. 보통 바꾸고 싶은 욕망만으로는 충분하지 않다. 그랬다면 이미 바꾸었을 것이다. 단지 원해서 선택한 변화는 불완전하다고 성경은 가르친다. "이런 것들은 자의적 숭배와 겸손과 몸을 괴롭게 하는 데 지혜 있는 모양이나 오직 육체 좇는 것을 금하는 데는 유익이 조금도 없느니라"(골 2:23).

관계는 변화와 성장을 가능하게 해주는 연료다. 변화의 어려움을 견딜 수 있도록 위로하고, 애쓰고 실패할 때 지원해준다. 현실을 일깨워줌으로써 방향을 바꾸고 새로운 방식으로 문제 해결을 시도할 수 있게 해준다. 고통과 문제를 숨기려 하거나 누군가를 신뢰하고 사랑하는 데 어려움이 있다면 믿을 만한 사람들과 이 문제를 해결하기 위해 노력을 기울이라. 시간이 흐르다보면 그들한테 받은 사랑과 지원으로 내적 힘을 얻고 그 힘을 바탕으로 과거를 직면하여 문제를 해결할 수 있다.

과거에 관한 마지막 조언

과거를 해결하려면 과거를 자신의 문제로 인정해야 한다. 다시 말해, 과거의 데이트 방식은 문제였으며 오늘 그 방식을 바꾸고 싶다는 인식을 가져야 한다. 많은 사람들이 과거와 싸워야 한다는 사실을 전혀 모른다. 그래서 그들은 과거를 너무 많이 되풀이해 현재와 따로 구분할 수 없는 지경이 된다. 그런 의미에서 해결할 과거는 없고 오직 계속되는 고통스런 현재만 있다. 자신도 이런 상황이라면 지금까지의 방식을 참회하게(그 방식에서 돌아서게) 도와달라고 하나님께 간구하라. "네가 만일 돌아오면 내가 너를 다시 이끌어서 내 앞에 세울 것이며"(렘 15:19). 참회는 과거의 영향으로부터 우리를 치료하기 위해 과거와 현재 사이에 단절을 일으킨다.

지금까지 우리는 과거를 살펴보았다. 이제는 미래를 살펴볼 차례다. 누구와 데이트를 해야 하는가? 다음 장에서는 이 문제에 대해 알아보자.

요약

- 하나님과 사람들의 지원과 도움을 받아, 관계를 손상시킨 과거의 데이트 방식을 찾아내라.
- 데이트 상대가 문제였다고 생각하지 말고 자신의 방식이 문제였다고 인정하라.
- 현재의 데이트에서 자유롭게 선택하고 행동할 수 있도록 영적 성장 과정을 통해 과거의 문제 방식을 해결하라.
- 자신의 과거 데이트 방식을 다루지 않는 것을 두려워하는 건전한 두려움을 개발하라.
- 자신의 방식을 바꾸지 못하게 하는 문제들을 파악하고 조치하라.
- 지원하는 여러 관계의 도움을 받아 과거와 현재 사이에 단절을 일으키라.

2

누구와 데이트해야 하는가?

6
더불어 살 수 있는 것과 살 수 없는 것

이 이야기를 「나는 안전한 사람인가?(Safe People)」에서도 다룬 적이 있는데, 언젠가 '데이트 상대나 결혼 상대를 고르는 법'이라는 주제로 한 기독교 대학 내 단체로부터 강연 초청을 받았다. 남녀 혼성으로 구성된 단체라서 확실히 그 주제는 사람들의 관심을 끌었다. "진지하게 데이트하거나 결혼할 사람에게서 여러분은 무엇을 기대합니까?"라는 질문으로 나는 말문을 열었다. 다음에 그들의 대답 중 일부가 있다.

- 하나님께 영적으로 깊이 매임
- 하나님의 말씀을 사랑함
- 야망
- 재미
- 매력
- 영리하고 말쑥함

- 재치
- 자기 분야에서 뛰어남
- 스포츠를 좋아함

나는 이렇게 말했다. "좋은 사항들입니다. 저도 그런 사람들을 좋아합니다. 그러나 여러분에게 꼭 해주고 싶은 말이 있습니다. 결혼 생활 상담을 시작한 이래 아직까지, 배우자가 재치가 없다거나 원하는 만큼 배우자가 성경을 읽지 않아서 또는 배우자가 자기 분야에서 뛰어나지 않아서 심각한 문제에 빠졌거나 이혼하려는 부부들을 저는 한 쌍도 만나지 못했습니다. 하지만 다음과 같은 이유 때문에 이혼하려는 부부들은 수백 쌍도 더 있었습니다."

- 그녀는 너무 통제하려고 해서 늘 숨막힐 지경입니다.
- 그는 내 말에 귀를 기울이지 않아요.
- 그는 너무 비판적이에요. 그와 같이 있으면 저는 바른 일을 하나도 하지 않는 것 같은 느낌이 들어요.
- 그는 너무 무책임해요. 청구서대로 제대로 지불했는지 또는 자기가 약속한 것을 마음에 두기나 하는지 모르겠어요.
- 그녀는 낭비벽이 심합니다. 자기가 필요로 하는 것을 조르기만 하면 제가 그걸 다 갖다바쳐야 하는 걸로 생각해요.
- 그 사람하고는 마음을 같이 할 수 없어요. 제 감정이 어떤지도 이해하지 못하니까요.
- 그녀는 완벽주의자입니다. 그녀가 자신을 있는 그대로 인정하여 항상 의기소침하지 않았으면 좋겠습니다.

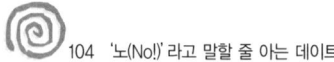

- 그의 분노 때문에 너무 두려워요.
- 그 사건 이후로 그녀를 믿을 수가 없습니다. 너무 거짓말을 많이 해서 도무지 믿음이 안 갑니다.

데이트 상대나 진지한 관계를 맺을 상대를 선택할 때, 중요한 것과 중요하지 않은 것을 어떻게 구별해야 하는지에 대해 말하려고 잠시 화제를 돌렸다. 사람들이 선호하는 것은 다양한데 그것은 본질적으로 개인적이며 또 가져도 좋은 취향들이다. 어떤 사람은 강인한 사람을 원하고 어떤 사람은 지적인 사람을 원한다. 그런 차이는 세상을 잘 돌아가게 하고 데이트할 때 자기가 좋아하는 것과 싫어하는 것을 발견하는 유익한 기회를 제공한다. 사람들의 취향이 다양하다는 것은 아주 바람직한 현상이다.

그러나 사람들이 가지고 있는 취향이나 본질적인 차이점과는 아무 상관없는 어떤 특징들이 있다. 이것들은 진지한 데이트나 결혼을 하려고 할 때 피해야 할 특징들이다. 이 특징들은 인격과 관련 있다. 내가 어느 젊은 여자에게 다음과 같이 말한 것처럼 말이다. "처음엔 어떤 사람의 외모에 끌리지만 시간이 지날수록 그 사람의 내면을 경험하게 됩니다. 그의 인격은 당신이 장기간 경험하는 부분이며 시간이 지날수록 관계 속에서 드러나는 요소입니다."

따라서 이 장에서는 '상대를 선택할 때 바운더리를 쳐야 할 것'들을 살펴보고자 한다. 데이트 상대가 갖추어야 할 요소들이 무엇인지 살펴보라. 앞으로 데이트를 할 때 둘 사이의 관계에서 용납하지 말아야 할 내용들을 미리 알고 있다면 일정 기간 또는 심지어 평생의 고통에서 자신을 구할 수 있다. 한편, 자신이 선호하는 것을 너무 확신한 나머지 좋은 제안이 있어도 쉽게 받아들이지 않는 경향이 있을 수 있다. 이런 문제가 자신에게 있는지 확인하라. 그러고 나면 더욱 다양한 사람들에게 자신을 개방할 수 있다. 데이트와 관련해서 짚고 가야 할 사항은 크게 네 가지다.

1. 상대에게 원하는 것 가운데 일부는 거의 불가능한 것이어서 좀더 개방적인 자세를 지녀야 한다.
2. 원하는 것 가운데 어떤 것들은 생각보다 더욱 중요해서 가치를 더 부여해야 한다.
3. 결점 가운데 어떤 것은 사소한 것이어서 그것을 처리하는 법을 배워야 한다.
4. 결점 가운데 어떤 것은 중대한 것이어서 그것을 겪으며 살 필요가 없다. 확실하게 바운더리를 쳐야 한다.

거의 불가능한 희망 사항

언젠가 한 젊은 남자와 얘기를 나눈 적이 있다. 데이트 상대나 결혼 상대에게 무엇을 찾는지 얘기하고 있었는데, 그가 말한 내용을 들었을 때 나는 웃고 말았다. 그는 너무 특이하고 완벽주의자 같은 희망 사항을 갖고 있어서, 나는 그가 기본적으로 현실을 완전히 무시했다고 말했다. 그는 미래의 아내가 여러 존재이기를 원했다. 가령 전업 운전사 겸 전업 주부처럼 한 사람이 하기는 거의 불가능해서 좀처럼 찾을 수 없는 존재를 원했다. 또 날마다 전신 화장으로 변신하지 않으면 불가능한, 특이한 신체적 요구 사항도 많았다. 나는 그에게 밤마다 냉동 식품으로 요리한 저녁을 혼자서 먹으며 구닥다리 영화를 볼 준비나 하는 게 낫겠다고 말했다. 그는 내 말을 듣기 싫어했다.

어떤 희망 사항을 가져야 하는가? 데이트 상대에게서 바라는 내용 중에 자기 취향이나 소망이 있으면 안 되는가? 물론 나름의 취향이나 소망을 가져야 한다. 그것은 자신이 어떤 사람이며 무엇을 좋아하고 싫어하는지 알 수 있는 한 면이다. 그러나 여기에서 말하려고 하는 것은 이렇다. "자신의 취향과 자신에게 무엇이 중요한지를 알되 무슨 일이 벌어질지 알 수 없으므로 데이트에서 항상 유연하고 개방적인 자세를 취하라."

뜻밖의 일이 일어난다

"제이슨과 결혼할 줄은 몰랐어요. 완전히 하나님이 하신 일이에요. 이 사람은 내가 꿈에도 원하지 않던 사람이었어요." 실라는 한 파티에서 사람들에게 자기 얘기를 했다. 제이슨은 그녀의 얘기를 들으며 옆에서 웃고만 있었다.

"나는 항상 활동적이고 스포츠를 좋아하는 사람에게 마음이 끌렸어요. 남편은 어딜 가도 앞에 나서거나 하는 사람이 전혀 아니었습니다. 처음에 만났을 때 이 사람은 무척 수줍음이 많았어요. 게다가 키도 작았구요! 그런데 친구는 내가 이 사람을 좋아할 거라 말했고, 그래서 한번 사귀어보기로 했어요. 우리의 첫번째 데이트는 내가 마음 문을 닫고 있었기 때문에 그리 멋지지 않았어요. 그렇지만 한 번 더 만나기로 했어요. 내가 정말로 남편과 얘기하고 싶어한다는 것을 알게 되었거든요. 우리는 가까운 사이가 되기 시작했고 얼마 후 나는 어떤 남자에게서도 보지 못한 면을 이 사람한테서 많이 발견했어요. 남편은 깊고도 다양한 모습을 갖고 있어서 아무리 알려고 해도 다 알 수가 없었어요. 얼마 안 가서 나는 완전히 반해버렸답니다. 그렇다보니 항상 함께 있고 싶어졌어요. 지금도 아무리 오래 있어도 지루하지 않아요. 그런 세월이 벌써 6년이나 됐네요. 내가 무엇을 원하는지 나보다 하나님께서 더 잘 아셨기 때문에 너무 기뻐요. 남편과 함께 지낼 수 있다는 게 제게는 큰 축복이에요."

사람들이 자신을 개방하여 '자기의 이상형'으로 보이지 않는 사람과 데이트했을 때 이런 예들이 일어났다. 하나님께서는, 사실상 무엇이 가장 그들에게 필요한지 자신들이 모른다는 것과 또 자신들이 원하는 것이 결국엔 나빴을 거라는 사실을 종종 그들에게 보여주셨다.

젠은 그런 예였다. 그녀는 자신이 사내에게 상처받는 것을 너무 두려워해서 매우 단호한 모습을 취한다고 내게 말했다. 힘있는 사업가였던 젠은 이런 모습으로 많은 사람들에게 강한 인상을 주었다. 그러나 데이트를 하면서도 이런 모습을 유지했기 때문에 두 가지 일이 일어났다. 하나는 남녀 관계에 자신의 약한 면들을 드러내지 않게 되었고, 나머지 하나는 그런 자신 때문에 수동적인 남자들이 주변에 모여들었다. 수동적으로 따르고 싶어하는 유약한 남자들은 흔히 강한 여자들에게 매력을 느낀다.

이런 모습을 계속 유지했기 때문에, 젠은 데이트한 남자들에게 종종 실망했다. 자기 입장을 분명하게 밝히기를 두려워하거나 너무 수동적이어서 결국엔 그녀를 행복하게 해줄 수 없는 사람들이었기 때문이다. 그녀는 대등한 사람을 원했지만 찾지는 않았다. 그러나 좋은 일이 일어났다. 그녀는 성장하기 시작했다. 그래서 자신의 상처받기 쉬운 면과 약한 면들을 염려하는 마음 때문에 삶의 다른 면들을 상실하고 있다는 것을 발견했다. 그 결과 그녀는 문제를 해결하기 시작했다. 그녀가 변하고 더 균형을 이루자 좀더 균형 잡힌 남자들이 그녀에게 마음을 두기 시작했는데 이것은 그녀가 부드러움도 어느 정도 갖추었기 때문이었다. 그녀는 이렇게 말했다. "내가 과거의 모습으로 머무르지 않은 것은 잘한 일이에요. 항상 나는 나

대신 약한 면들을 보여주는 수동적이고 우유부단한 남자들에게 마음이 끌렸어요. 그 호감은 나의 좋은 점이 아니라 문제점에 기초를 두고 있었지요. 나는 너그러울 수 있는 강한 남자가 필요해요. 그리고 약한 모습을 드러내서 누군가의 힘을 얻는 법을 배우고 나서야 그런 남자에게 마음이 끌렸어요."

젠이 발견한 것처럼, 그녀의 취향은 균형을 잃은 자신에게 기초를 두고 있었다. 그러므로 처음 자신의 취향을 늘 믿을 수 있는 건 아니다. 그 취향은 건전하지 않은 기초에서 나온 것일 수도 있다.

- 친밀함에 대한 두려움 때문에 오히려 깊이 결합할 줄 모르는 사람에게 매력을 느낄 수 있다.
- 자율에 대한 두려움 때문에 오히려 통제하는 사람에게 매력을 느낄 수 있다.
- 현실을 직시하는 것에 대한 두려움 때문에 완전주의자에게 매력을 느낄 수 있다.
- 자기 죄에 대한 두려움에서 '나쁜' 사람에게 매력을 느낄 수 있다.
- 자신의 나약함에 대한 두려움에서 약하고 수동적인 사람에게 매력을 느낄 수 있다.
- 갈등 관계에 있던 부모와 비슷한 사람에게 매력을 느낄 수 있다.

이 목록은 계속 나열할 수 있다. 따라서 여기에서 하려는 경고는 자신의 취향을 살펴보고 그것을 귀하게 여기라는 것이며, 나아가 그 취향이 결국엔 자신에게 그리 유익하지 않을 수 있다는 사실을 염두에 두라는 것이다. 하나님께서는 우리가 모르는 것을 아신다. 자신이 좋아하지 않을 것

같은 사람들을 만날 때에라도 열린 마음을 지니고 그 발전 가능성을 보라.

　인격이 훌륭한 사람이라면 외모나 성격 같은 사소한 희망 사항에서는 여지를 두라고 권하고 싶다. 자신에 대해 모르고 있던 많은 것을 알게 되고 의외로 데이트가 재미있을 수도 있다. 데이트는 사람을 알고 배우는 시간이다. 처음엔 아무 약속 없이 탐색하는 시간이다. 그 사람이 믿을 만한 인격의 소유자라면 왜 거절하는가? 즐거운 시간이 될 수도 있고 중요한 사실을 배울 수도 있다. 자기 취향에 맞지 않는 사람하고는 함께 식사도 하지 않는 사람들이 있다. 이들은 마음이 굳게 닫힌 사람들이다. 마침내 좋은 짝을 찾은 어떤 여인은 이렇게 말했다. "나는 누구하고라도 일단 사귀어보겠어요." 그녀는 사람을 결정하기 전에 많은 유형의 사람을 만났다. 그리고 잘 선택했다. 그들이 위험하지 않다면 나가서 즐거운 시간을 가지라!

중요한 희망 사항

　한편, 어떤 희망 사항들은 가져도 좋은 것들이다. 공통 관심사와 공통 목표, 그리고 공통의 가치관 등이 그런 예다.

공통 관심사
　대단히 견고한 관계는 적어도 공통의 관심사를 어느 정도 가지고 있다. 예를 들어, 어떤 두 사람은 도보 배낭 여행을 좋아하거나 십대 청소년 사역에 관심을 가지고 있다. 관심사가 같으면 두 사람은 그것을 함께 하면서 시간을 보낼 수 있다. 활동적인 사람은 밖으로 나가기를 싫어하고 항상 컴

퓨터하고만 지내는 사람과 진지한 관계가 되는 걸 원치 않을 것이다.

공유한 관심사는 매우 중요하다. 공통점이 거의 없는 사람들은 결국 많은 시간을 함께 보낼 수 없다. 설령 함께하더라도 자기들이 좋아하는 것을 하지 못한다. 관심사가 완전히 같을 필요는 없다. 그러나 공통된 관심사를 어느 정도 가지고 있으면 더 잘 지낼 수 있다. 결국 공통 관심사를 가진 누군가와 결혼하여 좋아하는 것을 함께 하는 것보다 더 좋은 것은 없다.

공통 목표

공통 관심사는 여유 시간을 어떻게 보낼지 결정하는 데 도움을 준다. 공통 목표는 인생을 어떻게 보낼지를 결정한다. 우리의 목표는 어디서 살지, 어떤 직업을 택할지, 시간과 돈을 어떻게 쓸지, 인격을 어떻게 개발하고 하나님과 어떻게 동행할지 등에 영향을 미친다. 어떤 사람과 진지한 관계가 되기 전에, 우리는 어떤 방향으로 살 것인지에 대한 생각을 해야 하며 상대의 삶이 우리와 같은 방향으로 나아갈 수 있을지 판단해야 한다. 예를 들어, 제한된 수입으로 살아가는 선교사나 도시 노동자가 되려고 한다면 그 목표를 서로 공유해야 한다. 또 대학원에 들어갈 생각이라면 두 사람 모두 그 목표를 공유해야 한다. 대학원 진학은 관계에 커다란 희생을 요구하기 때문이다.

관심사와 목표는 둘 다 진지하게 다루어야 한다. 그것들은 시간과 어쩌면 인생을 보내는 방법을 결정할 뿐만 아니라 우리가 어떤 사람인지를 드러내준다. 자기 관심사가 무엇인지 모르면 그것을 알아내는 데 데이트를 이용해도 좋다. 하지만 자신이 무엇을 하고 싶은지 확신할 때까지는 진지한 관계가 되지 말라! 자기 목표가 무엇인지 모르면 누군가와 진지하게 사귀는 것에 신중하라. 자기 목표를 몰라서 상대방의 목표를 자기 것으로 받아들여서는 안 된다.

먼저 자신을 알라. 관심사와 목표의 차이가 서로의 시간과 재산을 쓰는 방식에 어떤 영향을 미칠지 생각하라. 관심사와 목표가 중요하지 않다고 자신에게 거짓말하지 말라. 이 두 가지는 중요하다. 그러므로 그것들이 데이트에 어떤 영향을 미치는지 심사숙고해야 한다.

공통의 가치관

세번째로 중요한 희망 사항은 인격의 측면이다. 관계를 오래 지속하면 그 사람의 인격을 경험하게 된다. 그러면서 서로 부딪치고 공유하며 더불어 성장할 수 있다. 그 인격이 선한 것들로 가득하면 관계의 열매도 선하다. 그러나 그 인격이 가시와 엉겅퀴로 가득하면 고통을 겪게 된다. 예수님께서도 말씀하셨다. "못된 나무가 아름다운 열매를 맺을 수 없느니라" (마 7:18). 사랑, 인내, 자비, 양선 등 성령의 열매가 가득한 사람을 찾는 것은 데이트의 좋은 목표다.

참고 지낼 수 있는 사소한 결점

아무도 완전하지 않다. 어떤 데이트 상대라도 죄를 짓고 우리를 실망시킬 수 있다. 모든 것을 갖춘 백마 탄 왕자는 없다. 그러므로 환상은 버리는 게 좋다. 하지만 데이트 상대를 평가할 때 몇 가지 사항은 명심하라.

우선 함께 살 수 있는 죄인들이 있다는 점이다. 그런 사람들은 잘못을 저질렀을 때 그 사실을 깨닫고 고백하며 어떻게 상처를 주었는지 고민하고 그런 잘못을 되풀이하지 않기 위해 노력한다. 자신의 잘못을 이해하고 변화하기 위해 애쓰는 사람은 옳은 길을 가고 있으며, 그것이 일시적인 변화가 아니라면 아마도 신뢰할 수 있는 사람이다. 그리고 그런 변화가 진실로 장기간 지속된다면 또한 좋은 신호다. 자신의 결점을 해결할 능력이 있는 사람의 특징들은 다음과 같다.

- 하나님과 관계 맺는 능력
- 자기 잘못을 이해하는 능력
- 정직하게 말할 수 있는 능력
- 자기 잘못이 상대에게 초래한 결과를 이해하는 능력
- 그저 혼자서 죄의식을 느끼기만 하는 것이 아니라 상대에게 진심으로 미안해하고 그 결과를 같은 심정으로 공감하는 능력
- 참회하고 변하려는 의지
- 참회와 변화를 지속하는 능력
- 성장을 위한 시스템에 참여하고 그 과정에서 다른 사람들과 관계 맺는 능력
- 용서를 받고 이용하는 능력

이런 능력을 갖고 있다면 그 사람은 불완전하기는 해도 믿을 만한 사람이다. 또 그런 사람이 되려고 노력하라.

좋은 인격을 가진 사람도 때때로 실패하며 죄를 짓지만 그런 결점들은 대체로 참고 지낼 수 있는 부분들이다. 이런 죄들은 관계에서 '황색 신호등' 역할을 한다. 다시 말해서 무시할 수는 없지만 관계를 정지시키는 신호등은 아니다. 어떤 행동 방식들은 삶에서 드러나는 미숙한 영역으로 그리 나쁘지도 않으며 성장하면 벗어날 수 있다. 그것들은 치명적이지 않아

서 당사자가 자기 안에 그런 문제가 있다는 사실을 알고 위에서 말한 태도로 그것들을 다루기만 하면, 아마도 참고 지낼 만하다. 아래의 예들은 당신을 괴롭히지만 죽이지는 않는다. 그리고 그 정도가 약하다면 받아들일 수도 있다.

- 정돈하지 않음
- 감정이나 상처를 솔직하게 공개하는 데 어려움을 느낌
- 성취 지향적인 자세
- 강하게 보이기를 원하고 약점을 드러내지 않으려는 경향(대체로 남자가 겪는 병)
- 완벽주의
- 어느 정도 통제하려는 시도(천성적으로 단정적인 사람이 억지가 센 것과 같은)
- 쉽게 친해지지 못함
- 성미가 급함
- 산만함
- 잔소리가 심함
- 기타 정도가 약한 결점들

우리는 모두 불완전한 면들을 가지고 있다. 그러나 이 약점들은 정도가 약하기만 하면 우리의 관계를 파멸시키지는 않는다. 문제를 자기 책임으로 인정하고 그것을 해결하려고 노력하면 관계를 죽이는 심각한 형태의 파괴자는 안 된다. 우리는 모두 '믿음에서 벗어난(죄에 대한 성경의 정의)' 길을 가지고 있다. 우리는 관계 속에서 모든 일을 바르게 행하지 못

한다. 그 결과 때때로 약간의 고통이 따른다. 하지만 그것은 정상이다.

따라서 무엇이 당신을 괴롭히는지 살펴보자. 당신은 정상적인 죄인 때문에 괴로움을 당하는지 모른다. 또는 인간의 속성을 참고 견디는 법을 배우지 못해 너무 도덕적 판단이 심하거나 완벽을 요구하는지 모른다. 죄인들과 데이트해야 한다는 사실을 명심하고, 따라서 참고 지낼 수 있는, 적어도 해결을 시도할 수 있는 죄는 무엇이 있을지 정리하라.

참고 지낼 수 없는(그래서도 안 되는) 중대한 결점

그러나 모든 죄가 황색 신호등의 범주에 속하지는 않는다. 어떤 것은 멈춰야 할 선명한 적색 신호다. 사람들은 흔히 '죄는 모두 죄'라고 말한다. 이 말이 죄에는 차이가 없다는 것을 의미한다면 모든 죄가 진리로부터 똑같은 거리에 있게 되며 그것은 성경의 가르침과 다르다. 모든 죄인은 하나님 앞에서 똑같이 죄가 있으며 하나님 앞에서 우리가 모두 죄인인 상태로 설 수밖에 없지만 그렇다고 해서 모든 죄가 다 똑같지는 않다고 성경은 가르친다. 어떤 죄는 다른 것에 비해 더 해롭다. 예수님께서도 명백히 말씀하셨듯이, 의와 자비와 신의가 부족해서 관계를 파괴하고 사람에게 상처를 주는 것들은 하나님의 율법에서 더 '중하게' 다루는 면들이다(마 23:23). 이런 죄들은 파괴력이 강해서 '황색' 신호에 속하는 죄들보다 훨씬 상처를 입힌다. 상대와 있으면서 산만하거나 짜증을 내는 태도는 외도를 숨기려고 거짓말하는 것과는 비교할 수 없다. 죄에 대한 이런 자세가 너무 엄하거나 냉정하게 보인다면 다윗의 말을 들어보라.

내가 완전한 길에 주의하오리니 주께서 언제나 내게 임하시겠나이까 내가 완전한 마음으로 내 집안에서 행하리이다 나는 비루한 것을 내 눈 앞에서 두지 아니할 것이요 배도자들의 행위를 미워하니 이것이 내게 붙접지 아니하리이다 사특한 마음이 내게서 떠날 것이니 악한 일을 내가 알지 아니하리로다 그 이웃을 그윽히 허는 자를 내가 멸할 것이요 눈이 높고 마음이 교만한 자를 내가 용납지 아니하리로다 내 눈이 이 땅의 충성된 자를 살펴 나와 함께 거하게 하리니 완전한 길에 행하는 자가 나를 수종하리로다 거짓 행하는 자가 내 집안에 거하지 못하며 거짓말하는 자가 내 목전에 서지 못하리로다 아침마다 내가 이 땅의 모든 악인을 멸하리니 죄악 행하는 자는 여호와의 성에서 다 끊어지리로다(시 101:2-8).

다윗이 이 시에서 암시하듯 인격은 자기됨의 시작이다. 그는 다음의 것들을 피하기로 결심했다.

- 비루한(비열한) 것
- 배도자들의(신의가 없는) 행위
- 사특한(사악한) 마음
- 악한 일
- 이웃을 그윽히 허는(중상하는) 자
- 눈이 높고 교만한 자
- 거짓 행하는(속이는) 자
- 악인

피해야 할 인격 특성을 참으로 잘 보여준다. 위와 같은 인격의 사람과 데이트하지 않겠다고 결심하면 상당한 마음의 고통을 피할 수 있다.

성경은 믿을 만한 사람과 그렇지 않은 사람이 있다고 거듭 말한다. 예수님께서도 이렇게 말씀하셨다. "거룩한 것을 개에게 주지 말며 너희 진주를 돼지 앞에 던지지 말라 저희가 그것을 발로 밟고 돌이켜 너희를 찢어 상할까 염려하라"(마 7:6). 올바른 바운더리를 갖고 어떤 부류의 사람을 믿지 않는다고 해서 그것이 '용서할 줄 모르는' 태도라고 할 수는 없다. 그런 사람을 멀리하여 자기 마음과 생명을 보호하는 것은 당연하다.

자기 인격에서 몇 가지 기본적인 사항들을 갖추어 중요하게 여기며 데이트 상대에게도 똑같이 그것을 요구하라고 권하고 싶다. 다윗이 열거한 목록은 죄의 이런 상관적이고 파괴적인 면을 담고 있다. 매우 해로울 뿐 아니라 사람과 관계에 심한 상처를 준다. 데이트 상대에게서 이런 면을 보면 매우 중대한 문제로 여기고 아주 조심해야 한다. 다시 한 번 들어보라. 비루한(비열한) 것, 배도자들의(신의가 없는) 행위, 사특한(사악한) 마음, 악한 일, 이웃을 그윽히 허는(중상하는) 자, 눈이 높고 교만한 자, 거짓 행하는(속이는) 자, 악인. 이것들은 확실히 적색 신호다. 이런 신호들을 만나면 곧바로 관계를 멈추고 문제가 해결됐다고 확신할 때까지는 관계를 진전시키지 말라.

그러나 심각한 문제가 되는 사항은 이 목록만이 아니다. 「나는 안전한 사람인가?」에서 관계를 파괴하는 특성들을 기록했는데, 위의 목록을 제외하면 다음과 같다.

파괴적인 인격 특성
- 약점과 결점을 인정하기보다는 누구에게나 있는 것이 자기에게도 있는 것처럼 행동한다.

- 영적이기보다는 종교적이다.
- 충고에 대해 개방적이지 않고 방어적이다.
- 겸손하지 않고 독선적이다.
- 변하지 않고 변명만 한다.
- 문제 해결을 위해 애쓰지 않는다.
- 신뢰할 만한 사람이 되지 않은 채 믿으라고 요구한다.
- 진실 대신에 거짓을 말한다.
- 정체한 채 성장하지 않는다.
- 중독자다.
- 말을 잘 바꾼다.

파괴적인 인간 관계 특성
- 친근해지는 것을 피한다.
- 관계나 상대보다는 자신에 대해서만 생각한다.
- 심하게 통제하고 자유를 무시한다(데이트에서 신체 접촉의 한계를 존중하지 않는 것도 포함된다).
- 아첨한다.
- 비난한다.
- 우월한 체, 즉 부모처럼 행동한다.
- 내내 불안해한다.
- 부정적인 영향을 준다.
- 뒤에서 험담한다.
- 질투와 의심이 지나치게 심하다.
- 고통을 부인한다.

- 지나치게 화를 낸다.

이것들은 매우 해로운 인격 특성이다. 이런 특성이 드물게 나타나면, 그리고 그것을 자기 문제로 인정하고 고백하며 해결을 위해 노력하면 문제를 극복하기가 비교적 쉽다. 그러나 이런 특성들이 행동 방식으로 고정되었고 자기 문제로 인정하지도 않으며 슬픔도 참회도 하지 않는다면 주의해서 지켜보라. 그런 고정된 행동 방식은 두 가지 결과만을 초래할 뿐이다.

1. 상대에게 상처를 입힌다.
2. 관계를 유지할 수 없게 만든다.

우리는 둘 중 어느 것도 원하지 않는다. 상처받고 싶지도 않으며 관계가 친밀해지기 불가능한 사람과 데이트하고 싶지도 않다. 이런 특성을 보게 되면 어떤 상황에 처했든 관계를 멈추고 그것에 정면으로 대응하라. 이 문제를 다루지 않은 채 관계를 진전시키지 말라. "진실을 요구하고 구체화하라"는 제목으로 제2장에서 언급했듯이 그 문제에 직면하라.

1. 자기 가치관에 기초해 말하면서 문제에 정면으로 대응하라. "내가 관계에서 가치를 두는 것은 아량과 친절이에요. 당신이 내게 비판적이고 비열한 말을 하면 정말 싫어요" 하고 말하라. 자신에게 무엇이 소중한지 말하고 두 사람의 관계가 그런 것에 침해받지 않았으면 한다고 말하라.
2. 반응을 살펴라. 상대가 자기 문제를 인정하고 동감하며 사과한다면 좋은 신호다. 잘못했을 때 그것을 알고 고백할 수 있는 사람과 함께 있는지 확인하라.

3. 지속적으로 참회하고 변화하는지, 그리고 성장하는지 지켜보라. 필요하다면 진정한 변화가 일어나기를 시간을 두고 지켜봐야 한다. 어쨌든 상대방이 변하지 않는다면 그 사람을 원하는 마음도 생기지 않을 것이다.
4. 이 '적색 신호들'이 더이상 문제가 되지 않을 때만 다시 신뢰하고 관계를 지속하라.

인간의 본성 때문에 관계는 불완전하다. 우리가 데이트하는 상대는 언제나 결점이 있는 사람일 수밖에 없다. 그러나 참고 지낼 수 있는 결점도 있고 그럴 수 없는 결점도 있다. 참고 지낼 수 있는 결점은 갈등을 이겨내고 친밀해지는 법을 가르쳐주는 것은 물론 인내와 아량도 가르쳐준다. 반면에 심각한 인격의 결점은 우리를 해치고 파괴한다. 가장 좋은 척도는 하나님의 말씀이다. 그리고 관계를 맺고 있을 때 우리 마음이 어떻게 느끼는지가 또 하나의 척도다.

어떤 사람과 교제하는데 그 사람이 우리에게 손해를 입히고 우리 자신과 사랑에 대해 회의를 느끼게 하며 그밖에 여러 면에서 상처를 준다면 우리는 겪지 말아야 할 결점들을 대하고 있는 것이다. 가장 좋은 척도는 상대방에 대한 우리의 경험이다. 이 사람과 함께 있는 결과로 나쁜 일들을 많이 겪는다면 그것이 신호다. 관계는 자연스럽게 악화될 것이다. 파멸을 막으려면 마땅한 조치를 취하라. 자신의 느낌과 가치관을 기초로 판단하여 자신을 보호하라. 그리고 더 나은 데이트를 위해 용기를 가지고 자신의 가치를 고수하라. 그러면 결국 우리가 가치 있게 여기는 보물들을 소유하게 될 것이다. 좋은 특성들엔 가치를 부여하고 파괴하는 특성들엔 "아니요"라고 말하라.

요약

- 아무도 완전하지 않다. 그러므로 '이상적인' 관계를 온전히 갖지는 못한다.
- 자기 취향이나 희망 사항에서 벗어난 유형의 사람에게 자신을 개방하라. 어떤 사람을 진실로 알고 나서야 자신의 진짜 취향을 깨닫게 된다.
- 관계에 심각한 해를 끼치는 인격적 결함과, 괴롭히긴 하지만 파괴적이지 않으며 모든 인간에게 있는 결점을 구분하라. 사람에게 아량을 베푸는 법과 작은 결점들을 다루는 법을 익히고, 관계를 파괴하는 것은 비록 작을지라도 용납하지 말라.
- 진지한 관계를 맺을 상대에게 바라는 것, 즉 자신이 중요하게 생각하는 희망 사항이 무엇인지 알아두라. 그것은 앞으로 오랜 기간 데이트 관계에 영향을 줄 수 있다.
- 어떤 결점들이 파괴적인 성향을 갖고 있는지 알라. 그것은 '적색 신호'며 관계 자체가 파괴적이라는 신호다.
- 그 문제점들에 맞서 자신의 입장을 명확히 밝히는 법을 배우라. 다윗처럼 관용을 베풀지 않고 고수하는 기준이 있다고 말할 수 있어야 한다. 그 문제점들에 정면으로 맞서는 법을 배우라. 그 문제점들을 자기 것으로 인정하고 변화가 뒤따르는 사람만 신뢰하라.

7
친구하고 싶지 않은 사람과 사랑에 빠지지 말라

"당신과 데니스가 연인 사이로 소문날 것 같아." 내가 스테파니에게 말했다. 우리는 그동안 있었던 일을 얘기하러 한데 모이곤 했는데, 그때마다 스테파니는 데니스와 무언가를 하고 있었다.

"아뇨, 나는 그와 함께 있는 것을 좋아할 뿐이에요. 우리는 공통의 관심사도 많고 말이 잘 통해요. 하지만 그는 단지 친구예요." 스테파니가 대답했다.

"그는 왜 친구밖에 못돼?" 내가 물었다.

"글쎄, 잘 모르겠어요. 강하게 상대에게 끌리는 어떤 것, 데니스와 나 사이엔 그런 것이 없어요. 그렇지만 그를 많이 좋아하고 그와 친구로 지내는 것도 좋아요."

"무슨 말인지 알겠어. 모든 사람이 사랑에 빠지는 건 아니지. 당신은 누군가에게 깊이 매료된 적이 있어?"

"예, 있어요." 그녀가 "예"라고 말할 때, 그 우발적 사랑을 누구와 했든 그 관계가 모든 점에서 만족스럽지는 않다는 인상을 받았다. "라이언이라는 남자예요. 그와 데이트한 지 석 달쯤 되었네요. 그에겐 나를 매료시키는 면이 있어요. 다시 말해서 그에게 반해서 친구 이상으로 생각하게 되었다는 거예요. 그런데 몇 가지 문제가 있어요."

"무슨 말이야?"

"음, 어떻게 설명해야 할지 모르겠네요. 라이언에게 빠졌나봐요. 마음을 주체하지 못하겠고 하루에도 몇 번이나 라이언 생각을 하며, 그때마다 함께 있고 싶어요. 하지만 그런 시간이 지나고 나면 내가 지금 무엇을 하고 있는지 모르겠다는 생각이 들어요."

"무엇을 하고 있는지 모르겠다니 무슨 뜻이지?" 내가 물었다.

"로맨스라든가 그런 느낌은 충분해요. 만나면 신체 접촉을 많이 하는 편이거든요. 그리고 '사랑에 빠졌다는 느낌'도 많이 들어요. 그러나 현실적으로 보면 그 이상의 것은 없어요. 진지한 문제에 대해서 얘기한 적도 별로 없구요. 가끔은 내가 왜 그와 함께 있고 싶어하는지, 왜 그에게 끌리는지 설명할 수가 없어요.

그런데 평상시의 나라면 몇 가지 이유에서 그를 선택하지 않았을 거예요. 그는 영적으로 별로 깊이가 없고 나와는 다른 길을 걸어가는 것처럼 보여요. 때로는 말도 통하지 않구요. 하지만 설명할 수 없는 어떤 이유로 그에게 자꾸만 빠져들어요. 그와 함께 있으면 살아 있는 기분이에요. 이해가 되시나요?"

"라이언과 사랑에 빠졌다고 느끼면서도, 실제적인 관계는 데니스와 더 많이 맺고 있는 것처럼 들리는군. 사실, 당신은 두 가지 요소를 다 갖춘 사람이 필요한 것 같아. 데니스와의 관계처럼 중요한 것을 공유하면서 의견도 잘 통하고 함께 즐거워할 수 있는 능력과 깊은 결속력이 있는 사람, 그리고 라이언과의 관계에서 경험하는 사랑의 불꽃과 그 작용을 두루 갖춘 사람 말이야."

"그렇게만 된다면 참 좋겠어요. 살아오면서 이 두 가지 유형의 사람을 항상 만나기는 했어요. 친구로 지내기에 좋은 남자와 사랑에 빠지는 남자가 늘 있었지요. 하지만 그 두 가지를 모두 갖춘 남자는 없었어요." 자신의 딜레마를 얘기하는 그녀의 표정이 아주 지쳐 보였다.

나는 그 순간에 드는 생각을 전부 스테파니에게 말했다. 그녀를 위해 말해야 한다고 생각했다. 그러나 그 과정에서 그녀가 상심할 것을 알았기 때문에 가슴이 아팠다. 사실 그녀는 이전에도 몇 번 같은 일을 겪었다. 그래서 그녀가 또다시 같은 길을 가고 있다고 경고해야 했다. 일단 누군가에게 깊이 빠지면 그녀는 선하고 영원한 관계에 필수적이며 중요한 사항들을 고려하지 못했다.

간단히 말해서 그녀는 친구로 선택하지 않을 사람과 사랑에 빠졌다. 영적 헌신, 가치관, 깊은 대화, 관심사 등을 공유하지 않은 남자에게 마음을 빼앗겼다. 이런 식으로 마음을 뺏기는 것을 그녀는 이성적으로 설명할 수 없었다. 그런 사람에게 느끼는 로맨틱한 감정은 강력했지만 채워지지 않는 부분들이 있었고, 그래서 그런 필요를 데니스에게서 충족시켜야 했다. 우정, 깊은 대화, '그저 함께 있어서' 좋은 시간 등은 로맨틱한 감정을 품을 상대를 찾을 때, 그녀의 시야에서 항상 벗어나 있었다.

많은 사람들이 겪는 문제

우리가 아는 미혼자들 가운데 많은 이들이 스테파니와 똑같은 문제를 가지고 있다. 어떤 한 유형의 사람에게 매혹되지만 다른 유형의 사람과는 더 좋은 친구 사이이며, 실제로 매혹시키는 사람보다 그 '친구'와 더 많은 관계를 형성한다. 대개의 경우, 스테파니의 예처럼 자신을 매혹시킨 사람이 삶의 모든 면에서 자신과 하나가 되지는 않는다. 그러나 어떤 경우엔 그 이상이다. 자신에게 해로운 사람에게 매혹되는 경우도 있다.

간혹 능력이 부족할 뿐만 아니라 인격에 매우 파괴적인 특성이 있는 사람을 갈망하고 애착을 가질 수 있다. 그 사람은 자기 중심적이거나 사람을 기만하며 비판적일 수 있다. 또는 지나치게 통제하면서 상대의 욕구를 무시하는 사람일 수 있다. 그런 사람과는 공통점이 거의 없고 그 사람의 문제들을 참아내야 하는 것도 싫어서 처음엔 그런 사람을 친구로 사귀지 않을 것이다. 그럼에도 불구하고 그런 사람에게 푹 빠지는 자신을 발견한다. 하지만 관계가 진행되면 감춰졌던 문제들이 드러나고 두 사람의 관계가 계속될 수 없다는 것을 알게 된다. 그러나 그때에도 당신은 그 사람에게 매우 강한 매력을 느끼기 때문에 관계를 정리하기가 어렵다.

마음에 존재하는 분열

데이트를 주제로 라디오 쇼를 진행하던 어느날이었다. 한 여인이 앞에서 말한 문제를 가지고 전화를 했다. 그녀는 세상에 두 종류의 남자가 있는데, 하나는 인격은 안 좋지만 매력적인 유형이고 다른 하나는 매력적이진 않지만 좋은 인격과 영적 깊이가 있는 유형이라고 말했다. 그녀가 "어떻게 해야 하나요?"라고 물었다.

"당신이 말한 두 가지 유형이 실제론 세상에 없고, 단지 당신과 관련된 문제라고 생각한 적은 없나요? 어떤 이유에서인지 깊이 없고 파괴적인 남자들에게 매혹되면서, 좋은 남자들에겐 사랑의 문을 닫아버리고 있지는 않나요?" 우리가 물었다.

"아뇨. 전혀 그렇지 않아요. 정말로 세상엔 단 두 가지 유형의 남자들만 있어요. 외모도 준수하고 강하며 매력적인 남자와 그리 매력적이지 않지만 좋은 남자들 말이에요. 나는 이런 사람들밖에 못 봤어요." 그녀가 주장했다.

"그래요. 그랬으리라는 걸 믿습니다. 하지만 우리의 질문은 그것이 남자라는 종족 때문이 아니라 바로 당신에게 있는 어떤 문제 때문이라고 생각한 적이 없냐는 것입니다. 당신 마음에 어떤 분열이 있어서 특정 유형의 남자에겐 매혹되고 반대 유형의 남자는 마음에 두지 않을 수 있다는 거죠."

"아니에요. 당신 같은 남자들은 이해 못해요. 정말로 두 가지 유형만 존재한다니까요." 그녀는 이전보다 더 단호하게 말했다.

"그러면 천박하지 않고 영적 특성이 있으면서도 매력적인 남자는 세상에 없다는 겁니까? 다시 말해서 깊이와 인격을 겸비한 사람은 어쨌든 매력 없다는 말씀입니까?" 우리는 그녀의 말이 몹시 어리석게 들린다는 것을 깨우쳐주려고 좀더 직설적으로 말했다.

"바로 그 말이에요. 내가 오랜 기간 데이트한 결과로는 그렇게 드러났어요."

"그렇다면 당신의 말이 옳은지 알아봐야겠군요." 우리는 청취자에게 말하기로 했다. "자, 남부 캘리포니아에 사시는 미혼자 여러분, 지금 즉시 스튜디오에 전화를 걸어주십시오. 그리고 어떤 면에서든 자기에게 매력이 있다고 생각하거나 별다른 매력은 없어도 자신의 인격과 영적 생활에 깊

제7장 친구하고 싶지 않은 사람과 사랑에 빠지지 말라 127

이가 있다고 생각되면 말씀해주십시오. 우리가 양쪽 스타일에서 각 한 사람씩을 짝지은 후 서로 도울 수 있도록 해드리겠습니다. 외모가 모자라지만 깊이가 있는 사람은 매력 있는 사람을 훈련시킬 수 있을 것이고, 매력 있는 사람은 수도사나 수녀 같은 사람에게 최신 유행이나 이성을 끄는 매력 등을 가르쳐줄 수 있을 것입니다. 그러면 아마도 양쪽 유형이 서로 닮아가서 하나가 되고 결과적으로 많은 관계들이 형성될 수 있을 테니까요."

이것은 굉장한 쇼가 되었다. 우리는 이 문제와 관련해서 전화를 네 시간이나 받았다. 다행히 모든 사람이 처음에 전화를 걸어 문제를 제기한 여성처럼 토론 주제와 관련한 자신의 책임을 모르진 않았다. 그녀의 의견처럼 세상엔 두 가지 유형의 남자가 있다는 피상적인 해석보다 상호적인 문제가 있다는 데 더 무게를 두었다. 그리고 우리는 무엇이 이런 문제를 일으키는지 살펴볼 수 있는 매우 유익한 시간을 보냈다. 그 문제는 해결 가능한 것이어서, 우리는 사람들이 그 문제에서 헤어나 성장하는 모습을 늘 본다. 우리는 이 문제로 씨름하던 사람이 와서 이렇게 말할 때가 참 좋다. "내가 바라던 모든 것을 갖춘 사람을 마침내 만났어요." 그것은 영적 성장과 인격 성장에 따르는 참으로 큰 보상이다.

다음은 이 문제를 안고 있는 미혼자들에게 말하고 싶은 내용이다.

1. 지속적인 친구 관계를 맺기에는 인격적으로 자질이 없는 사람에게 매혹되거든 그 사람을 변화시킬 수 있다고 생각하지 말라. 변화시키려고 하다가 더 깊이 빠져버린다. 헛된 희망을 버리라.
2. 몸에 밴 어떤 행동 양식을 보거든 상대에게서 그 문제가 일시적인 현상일 뿐이며 아직 정확히 본 것이 아니라고 생각하지 말라. 몸에 밴

그릇된 행동 방식이 있는 사람들은 그것을 인정하고 싶지 않아서 많은 변명을 한다. 그들을 매혹시키는 사람이나 그들에게 매혹되는 사람들은 사람을 보는 방식에서 어떤 문제가 있는지 살펴봐야 한다.

3. 마음이 끌리는 사람의 실체와 그 관계의 실체를 알기 위해서는 가능한 모든 일을 다하라. 자신에게 이렇게 물어보라.

- 내 삶의 모든 영역에서 함께할 수 있는가?
- 내 가치관을 공유할 수 있는가?
- 영적 헌신의 정도는 같은가?
- 무시하고, 부인하고, 변명하는 인격 특성은 없는가?
- 간단히 말해서, 나는 이 사람을 친구로 사귈 마음이 있는가?

그 다음 반드시 이 문제들을 다른 사람에게 말하라. 다른 사람에게 말하면서 진실을 고백한다면 계속 부인하기는 어렵다.

4. 갈망하는 것과 '사랑에 빠지는 것'을 혼동하지 않는가? 사람들은 자꾸 환상 속에서나 존재하는 사람을 갈망한다. 그리고 이 갈망을 사랑에 빠진 것으로 혼동한다. 명심하라. 사랑은 만족을 준다. 사랑은 갈망하는 상태로 내버려두지 않는다.

5. 홀리는 것과 사랑을 혼동하지 않는가? 홀리는 것은 그 사람의 실제 모습과 상관없이 그 사람을 향한 욕구와 이상화된 환상을 투영하는 것에 불과하다. 흔히 사람들은 자신들의 필요와 이상적으로 생각하는 특징들을 한 사람에게 투영하여 그 사람에게 접근하며, 사실상 지속할 수 없는 환상일 때 오히려 사랑에 빠졌다는 느낌을 갖는다. 'in fat you ate'('홀리다'에 해당하는 영어 단어 infatuate를 음절로 나

눈 표현)를 명심하라. 홀리는 것(infatuation)은 매우 기름진 인스턴트 음식과 같다. 거기엔 지속적인 영양이 없어서 무가치하다.

6. 무엇보다도, 친구로 사귀지 못할 사람과 너무 깊은 관계에 빠지지 않기 위해, 바운더리를 고수할 수 있게 도와주는 사람이나 단체를 찾으라. 친구로 선택하지 않을 사람에게 마음을 빼앗기지 않겠다고 다짐하라.

분열의 해결

이 책은 좋지 않은 사람에게 매혹되는 문제를 집중적으로 다루지 않는다. 우리가 쓴 책 「나는 안전한 사람인가?」, 「변화를 통한 치료(Changes That Heal)」, 「사랑으로부터의 도피(Hiding from Love)」 등이 이 문제를 주로 다룬다. 여기에서 다루는 초점은 친구로 사귀고 싶지 않은 사람과 관계가 깊어지는 경우를 대비해 좋은 바운더리를 지녀야 한다는 것이다.

여기에 좋지 않은 사람에게 매혹되는 몇 가지 이유를 적었다.

가족에 뿌리를 둔 미해결의 문제

자라는 동안 가족 안에서 겪은 문제가 있다면, 그 문제는 데이트중에 표면에 떠오를 수 있다. 예를 들어, 갈등 관계에 있던 아버지 같은 사람에게 매혹될 수 있다. 내가 아는 한 여자는 아버지가 대단히 비판적이었다. 그녀는 성장 과정에서 아버지의 인정을 받으려고 끊임없이 노력했지만 실패했다. 그 결과 자신을 인정해주지 않는 비판적인 남자들에게 대단히 매혹되었다. 친구로는 그런 인격의 소유자를 원하지 않았겠지만 사랑은 그런 사람과 했다.

반면에 상처를 주는 부모와 정반대의 사람에게 매혹될 수 있다. 내가 아는 또 다른 여자는 아버지가 너무 공격적이었기 때문에 남자에게서 어떤 종류의 힘이나 박력이든 보기만 하면 두려워했다. 결과적으로 그녀는 수동적이고 다정다감한 남자들에게 매혹되었다. 그러나 그들은 독립적인 사람들이 아니기 때문에 항상 좌절을 경험해야만 했다.

두 경우 모두에서 여자들은 자기 문제를 원래의 관계에서 해결하지 못했다. 그래서 현재의 관계에서 그 문제들을 해결하려고 했다. 그러나 이런 시도는 좋은 결과를 얻을 수 없다. 한 관계가 다른 관계를 방해하지 않도록 각각 다루어야 한다.

자신에게 부족한 면들

자신에게 해로운 사람에게 매혹되는 또다른 이유는 자신의 부족한 면을 해소하고 싶은 기대 심리 때문이다. 단호함이나 강함 같은 것을 자신에게서 느껴보지 못한 남자가 있다. 그는 항상 자기가 갖지 못한 강한 힘에 마음이 끌렸기 때문에 위세를 부리고 통제적인 여자들에게 매혹되었다. 이렇듯 어떤 자질이 없으면 그것을 극단적으로 가진 사람에게 끌리는 경우가 많다. 다시 말해서 수동적인 사람은 정상적으로 단호한 사람에게는 끌리지 않는다. 극단적으로 단호한 사람, 즉 방향은 반대지만 똑같이 분열된 사람에게 끌린다.

때때로 사람들은 나쁜 것에 매혹된다. 자신은 항상 좋은 사람이었기에 어느 정도 어두운 면을 가진 사람에게 끌리기도 한다. 어두운 면이란 성적 학대, 물질 남용, 무책임, 충동적인 행위 등일 수 있다. 그러나 그것이 무엇이든 그 사람은 '죄인'과 함께 아래로 곤두박질친다. 사춘기 소녀들의 부모가 겪는 마음의 고통이 이런 경우가 많다. 좋은 가정에서 자란 착한 소녀가 웬일인지 '나쁜 소년'에게 홀딱 반해버리는 예처럼.

이런 행동 방식은 자신의 '악한 면'을 볼 수 없고 조정하지 못할 때 일어난다. 우리는 완벽하지 못한 자신의 모습을 부끄럽게 여기며 밖으로 드러내야 할 영혼의 어두운 어떤 면을 외면하고 싶어한다. 자신이 '해야' 한다는 내적 혹은 외적 요구 때문에 자신의 '어두운' 면을 개방하지도, 조정하지도 않으며 실제의 자신으로 돌아오지도 않는다. 그렇게 되면 선과 악이 분열된 자아를 갖게 되어 자신은 선한 사람이면서도 나쁜 사람에게 끌리고 만다. 이것을 해결하려면 분열된 방식으로 '선해지거나 악해지는' 것이 아니라 선한 면과 악한 면이 함께 있는 '실제의 자신'이 되어야 한다(눅 11:39-40, 전 7:16-18을 보라). 안전할 뿐만 아니라 자신을 치료해주는 관계들을 찾아 부끄러운 면들을 조정할 수 있다면 바깥 어두운 것에 끌리지 않을 것이다.

누구나 내면 속에는 한번도 대면하지 않았던 고통과 상처가 있을 수 있다. 아물지 않은 상처가 있는 사람은 자신의 상처를 드러내지 않는 대신 고통과 문제가 많은 사람에게 마음이 끌릴 수 있다. 이것이 전통적인 상호 의존 증후군이다.

문제가 무엇이든 수많은 사람들이 자신의 문제는 부인하고 오히려 다른 사람의 문제에 빠져버림으로써 그것을 해결하려고 한다. 잠언 4장 23절은 "무릇 지킬 만한 것보다 더욱 네 마음을 지키라 생명의 근원이 이에서 남이니라"라고 말한다. 우리 마음에 있는 것은 모두 어떤 방법으로든 우리가 다루고 싶어하는 것이다. 나쁜 사람에게 매혹되지 않으려면 마음을 지키고 건전하게 유지하라.

지키고 싶어하는 경향

인생에서 상실과 좌절을 많이 경험했는가? 그렇다면 자기에게 해로운 것인데도 그것을 놓지 못하는 습관이 배어 있을 수 있다. 자신도 모르는 사이에 한번 소유한 것을 언제까지나 지키고 싶은 습성이 하나의 인격처럼 굳어버렸을 것이다. 놓아줄 때의 상실을 겪고 싶지 않아서 대신 상황이 변하기를 희망한다. 놓아주는 슬픔이 너무 크기 때문이다. 상대가 장기적으로 자신에게 유익한 사람이 아님에도, 당신은 상실의 고통을 겪는 것이 싫어서 차라리 그 사람이 변하리라는 희망에 집착한다.

쉽게 로맨스에 빠지는 경향

자칭 '구제할 수 없는 낭만주의자'가 여기 있다. 그들은 너무 쉽게 매력적인 사람에게 빠진다. 하지만 낭만적인 관계에 빠져들긴 해도 깊이 있는 관계로 나아갈 만큼 서로의 인격을 경험하지 못한다. 성경에서 "고운 것도 거짓되다"(잠 31:30)고 말한 것처럼, 매력적인 사람과 그의 희생 상대는 낭만적인 상태를 지나 실제적인 친밀함으로 나아가지 못한다. 섹스나 로맨스 중독자들이 이 범주에 속한다. 이들은 로맨스에 온통 빠져 있고 성적 에너지가 넘쳐, 친밀감의 결여로 생긴 공허감에 마음을 쓰지 못한다. 한 여자의 말이 이를 단적으로 표현한다. "우리는 공허감을 외면하고 침실로 가지요."

너무 쉽게 로맨스에 빠지는 경향은 다시 말해 환상 속의 관계에 빠져 사는 경향이 있음을 뜻한다. 제한적이기만 하다면 관계 초기의 몇 달 동안 때때로 이것은 괜찮다. 매료될 때 어느 정도 환상이라는 요소가 작용하기 때문이다. 그러나 관계가 환상을 지나 친밀함과 실제적인 결속으로 진행하지 못하면, 모든 것은 가짜라는 공허감에 직면하고 만다.

로맨스, 성적인 관심, 정열이 나쁘다는 건 아니다. 오히려 절대적으로 필요하다. 오랜 기간 데이트를 했어도 상대에게 아무런 정열이나 성적 매력을 느끼지 못한다면 무언가 잘못되었거나 또는 '친구'로 머물러야 할 관계다. 관계가 깊어지고 충실해지려면 친밀감과 성적인 관심이 반드시 필요하다. 섹스는 결혼 생활에서 성적 사랑을 위해 하나님께서 설계하셨으며, 정신적인 사랑, 결속감, 우정과 마찬가지로 개발되어야 한다. 그러나 인격, 친밀함, 우정이 없는 정열은 대단히 위험하다.

로맨틱한 사람에게는 신데렐라 콤플렉스가 있을 수 있다. 또는 우울함이나 실망으로부터 자신을 방어하기 위해 환상을 품고 있는지 모른다. 로맨스가 실제 인격에 기초를 두지 않으면 결국 황홀한 만큼 마음에 상처로 남는다. 타고난 낭만주의자든, 필요에 의해 로맨틱한 사람이 되었든 간에, 로맨스의 좋은 점은 간직하되 사실을 직시하지 못하는 문제점을 해결하라. '포도주를 곁들인 멋진 식사를 하면서' 상대를 유혹하는 오래된 방식은 관계 형성의 기초가 아니다. 관계의 기초는 우정이다.

바람직한 관계는 현실과 동떨어지지 않은 두 사람의 결합과 우정을 기초로 해 로맨스로 발전하는 형태다. 이것은 나중에 자세히 다루기로 하고 여기에서는 다음의 사실을 명심하라. 모든 것을 낭만적으로 보려는 경향이 있다면 당신은 사실을 외면하고 있다. 그 사실이란 당신이 앞으로 살아가면서 겪어야 하는 내용들이다.

친밀해지는 능력의 결여

어떤 사람들은 굳게 결합되거나 깊이 이해 받아본 경험이 없다. 그들은 가장 상처받기 쉬운 부분들까지 드러내는 관계를 가져보지 못했다. 그래서 그들은 진정한 결합과 친밀함이 무엇인지 모른다. 그들은 어쩌면 결속력이 없는 가정이나 교회에서 자랐다. 어떤 경우든 그들은 자기가 무엇을 잃고 사는지조차 모른다.

이런 모습이 자신에게 있다면, 결합할 줄 모르는 사람에게 마음이 끌리기 쉽다. 자신을 드러내지 않아도 될 뿐만 아니라 자기에게 익숙한 스타일이라는 이유로, 결합할 줄 모르는 사람은 종종 비슷한 사람에게 끌린다. 이는 마치 데이트 상대에게 이렇게 말하는 것과 같다. "당신은 나와 똑같은 것 같아요. 우리 함께 결합하지 않은 채로 있기로 해요." 그런 사람은 관계 맺는 더 좋은 방식이 있다는 사실을 모른다. 그 결과 결합할 줄 모르는 인격의 소유자에게 끌리게 되며 환상의 세계에서 '사랑에 빠져버린다.'

결합할 줄 모르는 특성을 치료하려면 전혀 로맨틱하지 않은 관계들을 맺고 그 안에서 자신의 전부를 드러내며 거기서 친밀함을 느껴보아야 한다. 그러면 모든 차원에서 자신을 드러내고 친밀해지는 능력을 개발할 수 있으며 마침내 깊이 자신을 이해해주는 사람을 선택할 수 있다.

우정이 길이다

로맨스는 좋은 것이다. 성적인 관심도 마찬가지다. 매혹되는 것도 좋다. 그러나 열쇠는 다른 데 있다. 모든 것이 상대의 인격에 대한 존경과 우정 위에 세워지지 않으면 무언가 잘못되어 있음이 분명하다.

관계가 실제적일 뿐만 아니라 지속되려면 우선 우정 위에 형성되어야 한다. 내 친구 하나는 자기 남편을 고른 것에 대해 이렇게 말했다. "그는 내가 아는 사람 중에서 함께 늙어갈 수 있는 사람이었어요. 나는 그 사람과 시간을 보내는 것이 좋았고 그는 내게 웃음을 주었어요." 그녀는 다른 친구들과 그렇듯, 깊은 영적 가치관 등을 그와 공유했다. 그들은 결혼한 지 거의 30년이 되었다.

데이트를 할 때 가장 좋은 바운더리는 친구를 보는 눈으로 모든 관계를 시작하는 것이다. 어떤 종류의 로맨스든 그것으로 곧장 돌진하지 말라. 육체적으로든 심정적으로든 자신의 바운더리를 간직하라. 그 사람과 충분한 시간을 보내라. 그 사람을 알 때까지 로맨틱하지 않은 방법으로 시간을 보내라. 친구들과 함께 만나보라. 그 상황에서 얼마나 잘 어울리는지 보라. 당신은 그의 친구들 사이에서 잘 어울리는가? 그 사람에게 친구가 있는가? 오래된 친구가 없다면, 나쁜 신호다.

친구가 되지 못하는 사람에게 홀딱 반하지 않으면, 다음 단계로 나아갈 때를 확실히 알게 된다. 자신에게 드는 온갖 느낌을 확인할 수 있다. 그 느낌을 즐기라. 그러나 그 느낌을 믿지 말라. 다만 한 사람과 친해지면서 그 사람과 깊은 차원에서 많은 부분을 공유할 수 있는지 살펴, 그 경험만을 믿으라. 친구로서 믿을 수 있는 인격의 소유자인지 살펴보라. 이와 더불어 중요한 것은 로맨스가 전혀 없을지라도 시간을 함께 보내고 싶은 사람인지 살펴보는 것이다. 시간을 보내는 방식이 어떻든, 함께 있고 싶은 사람이라면 그 사람은 친구가 될 수 있다. '많은 시간을 함께 보낸다'면 두말할 필요 없이 그것만으로 충분하다. 그리고 장기적으로 보면 좋은 인격의 소유자라야 친구가 될 수 있다. 가장 절친한 친구라면 가치관까지 공유할 수 있어야 한다. 누구나 정직하고, 신실하며, 생각이 깊고, 영적이며, 책임감 있고, 결합할 줄 알며, 성장하고, 다정 다감한 친구들을 원한다. 사랑에 빠질 것 같은 사람에게 이런 특성들이 있는지 확인하라.

바운더리를 지키라. 확언하건대 친구가 되고 싶지 않은 사람의 연인이 되는 것은 전혀 유익하지 않다.

요약

- 자신이 홀딱 반한 어떤 사람이 진정한 친구가 될 수 없음을 발견하거든, 뭔가 잘못됐다는 신호로 삼으라.
- 자신이 바란다고 해서 인격이 나쁜 사람이 좋아질 거라고 생각하지 말라.
- 나쁜 사람에게 끌리는 일이 반복된다면, 외부에서 원인을 찾지 말고 문제 있는 사람이 된 것에 대해 책임을 통감하면서 자신에게서 그 원인을 찾으려고 노력하라.
- 상대방이 가진 문제들을 직시하라. 친구들을 만나서 상대에게 '매료되는' 것은 물론 그를 정말로 좋아하는지에 대해 솔직히 말하고 도움을 받으라. 로맨틱한 감정은 매우 속기 쉽고 심지어 병적이기도 하다. 그런 감정은 '참된 사랑'이 아니다.
- 가치관을 공유하는 우정은 관계를 지속하게 만든다. 로맨틱한 감정을 믿지 말라.
- 로맨스는 좋고, 성적인 관심도 좋고, 매혹되는 것도 좋다. 그러나 열쇠는 다른 데 있다. 모든 것이 인격에 대한 존경과 변치 않는 우정 위에 세워지지 않았다면 분명 잘못되었다.
- 로맨틱한 관계는 항상 우정을 토대로 해야 한다. 로맨스는 덧없이 왔다가 가버린다. 우정은 계속된다. 관계가 지속되려면 이 둘은 모두 중요하다.

8

외로움 때문에 우정을 망치지 말라

최근에 친구 엘렌의 결혼식에 참석했다. 엘렌은 오랫동안 결혼하길 원했는데, 하나님께서 의미심장한 방법으로 제프를 만나게 하셨다. 많은 하객들은 서로 잘 어울리는 한 쌍의 결합을 축하해주었다. 결혼식 피로연 때, 몇 명이 축배의 인사를 했다. 테드도 그 중에 있었다. 그는 중학교 시절부터 엘렌과 가장 친한 친구였다. 그는 신랑 신부에게 축하하며 행복하기를 빌었다. 동시에 약간의 슬픔을 내비쳤다. 아직 미혼인 자신과 엘렌과의 관계가 다소 변해야 할 거라는 상실감 때문이었다. 엘렌은 결혼 전에 비해 테드에게 시간을 낼 수 없을 테고, 그것은 이미 두 사람이 긍정적으로 받아들인 사실이다. 그러나 테드는 여전히 아픔을 느꼈다.

   나는 이 두 친구를 오랫동안 알았으며, 테드의 마음을 이해했다. 서로를 알고 지내던 세월 동안 두 사람은 무척 잘 어울렸고 행복해보였다. 여러 사람들이 "너무 잘 어울립니다. 서로 사귀어보는 게 어때요?"라고 제안할 정도였다. 그래서 그들은 사귀려고 시도도 했다. 그러나 그 관계는 마치 '남매끼리 하는 키스' 같았다. 그들의 결합엔 로맨틱한 면이 없었다. 오히려 로맨틱한 관계로 전환하려는 시도 때문에 이전의 우정마저 흔들리는 것 같았다.

결국 두 사람은 서로에게 편안한 상대가 되어주자는 약속과 함께 정신적 사랑의 관계에 머물기로 했다. 그 관계는 서로간에 매우 만족스럽고 충실했다. 각자는 동성의 친구들이 줄 수 없는 독특한 시각과 지원을 주고받았다.

테드와 엘렌의 우정은 다음의 두 가지를 보여준다. 한 가지는 건전한 이성 관계에서 얼마나 많은 유익을 얻을 수 있는지를 보여준다. 두번째는 로맨틱한 감정이 전혀 없을 때는 로맨틱한 관계를 추구하지 않아야 커다란 상처를 피할 수 있다는 사실을 보여준다. 이것이 이 장에서 주로 언급할 내용이다. 우정에서 비롯된 유익을 경험하도록 돕고, 인위적으로 우정을 그 이상의 무엇으로 변화시키려는 행동을 하지 않게끔 당신을 도울 것이다.

우정을 로맨스처럼 느낌

로맨틱한 감정은 상대를 이상화할 때 생긴다. 우리는 사랑하는 사람이 완전하다고 믿으며, 함께 있고 싶은 강한 갈망, 감탄, 성적 욕망처럼 온갖 강렬한 느낌을 경험한다. 이렇게 상대를 이상화하는 원인에는 건전한 유형과 그렇지 않은 유형이 있다.

1. 새로 시작한 관계에서는 상대를 많이 알지 못한다. 이때 상대를 이상

화해서 보는 태도는 남녀가 관계에 몰입할 수 있도록 둘 사이의 틈을 메꿔주고 관계 초기에 서로 아량을 베풀게 도와준다.
2. 성숙한 관계에서는 다양한 경우를 겪음으로써 로맨틱한 이상화가 커지기도 하고 작아지기도 한다. 이 이상화는 상대의 존재와 사랑을 깊이 이해하고 감사하는 데서 일어난다. 그러나 그것은 상대의 실제 인격에 기초를 두고 있다.
3. 갈등을 겪는 관계에서는 로맨틱한 감정이 한쪽에서만 발전한다. 이 감정은 그 사람의 결핍된 마음 상태 때문에 생긴다. 즉 결핍된 마음이 로맨스로 자기 모습을 위장한다는 말이다. 그 사람은 상대와 함께 있는 데서 생동감과 활력을 얻고 동기가 부여된다. 그러나 그 욕구는 보통 내면의 공허감 때문에 생긴다.

이 세번째 것이 바로 상대를 이상화함으로써 우정을 파괴할 수 있는 유형이다. 사랑과 지원을 바라는 의존적인 감정이 어떻게 로맨틱한 감정으로 변하는가? 외로운 사람이 자기 외로움에 적절히 대응하지 못하고 그것을 편안하게 받아들이지 못할 때 로맨스를 갈망하게 된다. 사실 외로움은 본질적으로 좋은 것이다. 그것은 외부로부터 위로, 지원, 공감 등이 필요하다는 신호다. 우리는 그 외로움 때문에 정서적으로 굶어죽지 않는다. 하나님께서는 우리가 그 신호에 응답하도록 설계하셨다. 배가 고프면 햄버거를 사먹듯이 외로우면 관계를 맺는다. 너무 단순화시킨 면이 있기는 하지만 핵심적인 표현이다.

그러나 많은 사람들이 여기에서 어려움을 겪는다. 관계를 원하는 욕구는 하나님께서 주셨음에도 불구하고 몇 가지 이유 때문에 그것이 그들 자신과 친구를 아주 비참하게 만들어버린다. 그들은 우정을 그 이상의 것으로 바꾸려고 여러 번 시도했을지 모른다. 아니면 평생에 한두 번 정도는 그랬을 것이다. 그들의 마음을 가장 깊이 도려내는 말은 "나는 너를 친구로 참 좋아해"라는 말이다.

외로움에는 두 가지 유형이 있다. 첫째 유형은 우리가 날마다 관계 속에서 살아가야 함을 환기시켜주는 외로움이다. 관계는 지속적인 과정이다. 우리는 끊임없이 다른 사람들로부터 지원을 받고 만날 필요를 안고 산다. 예를 들어, 긴 비즈니스 여행을 하는 세일즈맨은 여행을 하는 동안 외로움을 느껴서 누군가 자신을 지원해주는 관계를 그리워한다. 그리하여 여행에서 돌아오면 곧바로 관계를 연결하는 조치를 취한다.

둘째 유형은 문제 있는 상황임을 말해주는 외로움이다. 이런 유형의 외로움은 주변 환경이 어떻든 만성적이고 지속적으로 찾아오는 인생의 공허감이다. 이런 경우엔 다정하고 아껴주는 사람들에게 둘러싸여 있어도 외롭다는 생각을 한다. 그런 사람은 다른 사람들이 자신을 아껴주지 않는다고 느끼거나 다른 사람이 주는 것을 받을 수 없다고 느낀다. 이런 외로움은 그 사람의 영혼에서 무언가가 망가져서 하나님의 치료를 받아야 한다는 신호다.

사람들이 어떤 유형의 외로움을 겪든, 다음의 이유들 때문에 로맨스를 갈망하게 된다.

사랑과 지원을 바라는 자신의 욕구를 인정하지 못함

로맨틱한 감정에 쉽게 빠지는 사람들은 자신이 사랑과 지원을 필요로 하고 있음을 있는 그대로 받아들이지 못할 때가 많다. 사랑과 지원을 구하는 것은 사실 축복 받은 상태다. "의에 주리고 목마른 자는 복이 있나니 저희가 배부를 것임이요"(마 5:6). 우리가 구하면 하나님께서 좋은 것으로 채워주실 것이기 때문에 그런 욕구 자체는 좋다. 그러나 많은 사람들이 사랑과 지원을 바라는 자신의 감정을 눌러버린다. 그들은 외로움을 외로움으로, 공허함을 공허함으로, 관계에 대한 갈망을 관계에 대한 갈망으로 경험할 수 없다. 외로움이 좋고 하나님께서 주신 감정이지만 항상 유쾌한 것은 아니다. 외로움은 박탈, 결핍, 불완전한 느낌을 갖게 해준다. 박탈되었다는 느낌은 매우 고통스러울 수 있다. 그리고 우리는 그러한 느낌에서 벗어나기 위해 종종 고통스럽다는 사실을 부인하려고 애쓸 때가 많다.

다음의 이유들 때문에 사람들은 자신이 원하는 것을 있는 그대로 느끼지 못한다.

- 내면의 깊은 공허감을 두려워한다.
- 외로움에 대해 강한 거부감을 가진다. 결합되지 못했거나 원만하지 못한 관계를 가진 사람들은 대개 강한 거부감을 느낀다.
- 결핍된 상태를 부끄럽게 여긴다.
- 거부당하는 것을 두려워해서 먼저 손을 내미는 위험을 감수하려 하지 않는다.
- 자신의 결핍을 느끼면 어찌할 바를 모르고 무력감에 빠진다.

그 결과 외로운 사람들은 당연히 받아들여야 하는 자기 감정임에도 불구하고 외롭다고 느끼지 않는다. 그 대신 분노, 우울함, 중독된 쾌감, 로맨스에 대한 갈망 등을 느낀다. 이런 느낌이 인정하기도 더 쉽고 참기도 더 쉽다. 그러나 이 '거짓된' 감정에 따라 행동하다 보면 연민, 보살핌, 위로 등 실제의 욕구를 충족시키지 못하는 문제가 발생한다. 무언가에 중독된 경험이 있거나 또는 그런 사람과 데이트를 해보았다면, 중독시키는 그 물질이 욕구를 누그러뜨릴 수는 있어도 실제로는 우리를 삶의 관계들로부터 단절시킨다는 사실에 공감할 것이다.

한편 어떤 사람들은 외로움을 느끼지만 그것에 맞선다. 그들은 외로움을 부인하지 않지만 분명 그것을 좋게 받아들이지도 않는다. 그들에게 외로움은 고통스럽고 불쾌하다. 그래서 그들은 그것에 순응하여 행동하지 않는다. 예를 들어, 언젠가 내 친구가 이렇게 말했다. "나는 내가 별로 흥미를 느끼지 않는 여자들과 데이트를 해. 그래서 별로 모험할 필요가 없지. 나를 싫어할지도 모를 사람을 내가 원한다는 느낌이 싫어."

동성 관계에서의 실패

이성 친구들에게 자주 로맨틱한 감정을 느끼는 사람들은 동성 관계에서 깊은 유대감을 가져보지 못한 경우가 많다. 그들은 동성과 깊은 유대감을 갖는 것에 부정적인 생각을 가지고 있을 수 있다.

- 상대에게 상처를 줄까봐 걱정한다.
- 서로에게 줄 수 있는 것이 없다고 느낀다.
- 자신의 성에 대해 고정관념을 가지고 경멸한다.
- 동성의 친구들과 시간을 보내다가 이성과 만날 기회를 잃을까봐 두려워한다.

그러나 이성 관계에서는 정반대로 느낄 수 있다. 그들은 로맨틱한 만남 후에 활력이 넘치고, 충전되고, 살아 있는 듯한 기분을 맛본다. 종종 이 사람들은 과거의 동성 관계에서 어려움을 겪었다. 예를 들어, 쌀쌀맞고 통제하며 곤란에 빠뜨리는 어머니로 인해 아버지에게 많은 정을 느끼며 자기에게 필요한 것들을 아버지로부터 얻는 여자가 있다. 또는 매력적인 아버지가 그녀와 어머니 사이에 끼어들려는 경우가 있다. 어느 쪽이든 건전한 동성 관계에서 충족돼야 하는 의존의 욕구가 로맨스의 영역으로 쏟아져 나온다.

로맨틱한 감정은 궁극적으로 성인에게 해당하는 영역이다. 그 감정은 성인으로 사는 기간의 대부분을 차지하는 결혼 생활을 준비시키는 한 방법이다. 로맨스를 갈망하는 사람에게 있는 욕구들은 미성년의 욕구들이다. 예를 들어, 소속감, 안전함, 위로와 사랑을 받는다는 느낌과 같은 것이다. 이런 욕구들은 우선 하나님과의 관계 그리고 안전하면서도 로맨틱하지 않은 관계들에서 충족되어야 한다. 이런 관계들을 삶의 중요한 부분으로 유지하라. 그러면 외로운 아이의 입장에서가 아니라 완전한 성인의 입장에서 로맨스를 향해 다가설 수 있다.

이런 갈등을 가진 친구가 있었다면, 우리는 그에게 일종의 '버스 정류장'과 같은 존재다. 그는 여자 친구들과 있을 때에도 우리와 모든 시간을 보내고 싶어한다. 그러다 그가 누군가를 찾으면, 우리는 그로부터 한동안 소식을 듣지 못한다. 우리는 버스 정류장의 벤치에 남아 있고 그는 또 다른 로맨스로의 여행을 위해 버스에 올라탄 셈이다.

로맨스를 이상화하기

로맨스는 우정에서 가장 위의 형태라고 생각하는 문제가 이것과 관련이 있다. 로맨스로 뛰어드는 많은 사람들(로맨스에 빠졌다고 고백하는 사람을 주의하라!)이 우정은 로맨스보다 한 단계 낮은 관계라고 생각한다. 그리하여 그들은 친구로 사귀는 사람과 로맨틱한 감정을 발전시키려고 시도한다. 그러면서 이것은 더 좋고 높은 차원으로 우정을 끌어올리는 것이라고 믿는다. 이런 시도를 고등학교 친구나 대학교 친구들과 몇 차례 시도했다고 고백한 여자 친구가 내게도 있다. 그런 유형의 사람들은 "우리는 너무 친해. 여기엔 로맨스가 있어야만 해"라고 생각한다. 하지만 그녀가 내게 말해준 내용은 참 다행스러운 것이었다. "그때는 우리가 더 높은 단계를 포기하고 있다고 생각하기도 했지만, 그래도 서로 한 걸음 물러나 있었지요. 이제 30대가 된 우리는 다른 사람과 결혼했어요. 그리고 둘다 그것을 기쁘게 생각해요."

로맨틱한 관계가 우정보다 나은 것은 아니다. 그 둘은 서로 다르며 다른 욕구를 만족시킨다. 친구 관계를 '단지' 친구 관계로 유지함으로써 더 나은 관계를 잃어버리고 있다는 생각에 빠지지 말라.

구조하고 보살피는 역할

로맨스를 갈망하는 사람들은 때때로 구조와 보살핌이라고 불리는 관계에 빠진다. '구조받은 사람'은 보살펴주기를 기대하는 신호를 보낸다. '보살피는 사람'은 그 신호를 받고 가서 지원하고 위로하며 또는 그의 문제들을 해결해준다. 이런 관계는 자기 삶을 책임지지 못하거나, 줄 수는 있지만 받지 못하는 사람들과 상관이 있다.

이런 행동 방식을 가진 사람들은 양쪽에서 다 쉽게 로맨스에 빠진다. 구조받은 사람은 이 부모 같은 사람에게 보호를 요청하고 그 사람과 사랑에 빠진다. 보살피는 사람은 보호할 사람을 찾은 뒤, 그 고마워하는 아이 같은 사람과 사랑에 빠진다. 데이트에서 구조하고 보살피는 역할은 여러 경우들에서 볼 수 있다.

● 많은 여자들에게 상처받은 남자

146 '노(No!)'라고 말할 줄 아는 데이트

- 자신의 사랑이 그 상처받은 남자를 고쳐줄 수 있다고 믿는 여자
- 자신의 인생과 재정을 관리할 수 없는 여자
- 자신이 여자를 자립시킬 수 있다고 생각하는 남자

이런 관계에 놓여 있는 커플이 있다면 그 중 한 사람은 아이 역할을 맡고 있다. 그리고 지금은 다정하고 따스한 느낌일지 몰라도 언젠가는 그 아이가 성장한다는 사실을 명심하라. 그 사람은 자신의 자유와 자치권을 위해 싸울 것이다. 상대를 통제적인 부모로 여기는 사람과 결혼하는 것은 유쾌한 일이 아니다.

충동

자신의 본능적 욕구와 충동을 조절하는 데 어려움이 있기 때문에 로맨스에 뛰어드는 사람도 있다. 그들은 성적으로 매우 빠르게 친밀해진다. 또는 짧은 시간에 '깊은' 관계에 빠진다. 로맨스가 있으면 가슴이 설레고 생기를 느낄 수 있기 때문에 그들은 몹시 로맨스를 경험하고 싶어한다. 우정은 값싼 바닐라 푸딩처럼 느껴진다. 그러나 로맨스에서는 모든 종류의 다정하고 의욕적인 느낌과 행동을 표출할 수 있다. 로맨스는 그들이 원하는 대로 행동할 수 있는 장소와도 같다.

여기에서의 문제는 충동이 성숙해져야 하며 건전한 방법으로 균형을 잡아야 하고 충동에 따라 그대로 행동해서는 안 된다는 것이다. 그것이 자기 통제의 본질이다. 충동적으로 로맨스에 빠지는 것은 깊고도 만족스러운 관계로 가는 효과적인 지름길이 아니다. 자신의 강한 충동을 말로 나타내고, 표현하고, 다루는 법을 배우라. 너무 강렬하여 결합을 깨뜨리는 행동 방식이 아니라 건전하게 결합을 이루는 법을 말이다.

우정인지 로맨스인지 어떻게 알 수 있는가?

현재 관계가 실제적인 것인지 아니면 외로움에서 비롯된 것인지 어떻게 구분할 수 있는가? 그것을 시험해보기 위해 모든 우정어린 친구에게 키스를 해봐야 하는가? 치료를 위해서든 예방을 위해서든 이는 중요한 질문이다. 로맨스로 발전시키려다 우정을 망치고 있는지 알아볼 수 있는 방법을 몇 가지 제시한다.

다른 사람들과 결속을 이루라

우리는 사랑하고 지원하며 지속적으로 진실을 말해주는 사람들이 필요하다. 이런 사람들은 현재 관계의 실체를 바로 볼 수 있도록 정서적인 안정감을 제공해준다. 우리는 많은 사람들에게 데이트에서 겪은 비극에 대해 물었는데, 그들은 이렇게 대답했다. "항상 외롭다 보니 지나치게 빨리 감격했어요." "힘들었던 결혼 생활을 끝내고 난 뒤라 너무 외로웠어요." 다른 사람들과 좋은 관계를 맺을 필요는 아무리 강조해도 지나치지 않다. 다른 사람들과 좋은 관계를 맺기 전에는 여기에서 말하는 다른 제안들을 따르기란 거의 불가능하다. 관계를 바라는 자신의 깊은 욕구가 자신의 생각과 객관성을 왜곡할 수 있기 때문이다. 그러므로 이 책을 일주일 정도 덮어두고 데이트 상대 없이도 좋은 관계를 맺을 수 있는 안전한 장소를 몇 군데 찾기 시작하라!

관계의 열매를 평가하라

관계에서 무엇을 중시해야 하는가? 참된 로맨스와 인위적인 로맨스는 매우 다른 목표를 지향한다. 알기 쉽게 표로 만들었다.

건강한 로맨스	로맨스화한 우정
욕망이 사랑에 뿌리를 두고 있다.	욕망이 누군가를 필요로 하는 자기의 공허감에 뿌리를 두고 있다.
상대의 자유에 가치를 둔다.	상대의 자유는 문제 거리다.
관계가 친구들을 끌어들인다.	관계가 타인을 배제한다.
갈등이 해결된다.	갈등이 관계를 위협한다.
서로 같은 느낌이다.	한 사람은 로맨틱하게 느끼지만 상대는 그렇지 않다.
우정과 로맨틱한 감정이 공존한다.	우정과 로맨틱한 감정이 공존할 수 없다.

보는 바와 같이, 인위적인 로맨스는 늦든 이르든 우리가 몰두하고 있는 관계를 모르는 사이에 파괴한다. 인위적인 로맨스는 건전한 로맨스에서 당연히 충족될 수 있는 욕구를 충족시켜주지 못한다. 결혼하기 전에 이것을 발견한다면 매우 다행스러운 일이다.

친구들의 의견을 물으라

자신이 로맨스 중독자인지 친구들에게 물어보라. 자신에게 새로운 데이트 상대가 생겼을 때 친구들이 정류장 벤치에서 당신을 기다린 경험이 있다면 또는 그들이 당신에게 이용당했거나 무시당했다고 느낀 적이 있다면 좋은 대답을 해줄 것이다. 그들에게 당신을 친구로서 평가해달라고 요청하라. 당신의 깊은 면을 아는지 그들에게 물어보라. 다른 사람들의 삶에 당신이 마음을 얼마나 쏟는지 알아내라.

자신이 인위적인 로맨스의 대상이라면

나탈리와 스펜서는 몇 달 간 데이트를 했다. 나탈리는 스펜서의 친절, 재미있는 태도, 가치관에 매우 마음이 끌렸다. 스펜서는 최근에 여자 친구와 헤어지는 아픔을 겪었다. 처음에 나탈리는 스펜서의 감정이 이전 관계의 반작용이 아닌가 걱정했다. 그러나 그가 현재 관계에 몰두하는 것 같아서 걱정을 그만두었다. 그들은 멋진 시간을 보냈다.

최근에 나탈리는 다시 걱정을 하기 시작했다. 스펜서는 자기가 생각하는 이상으로 시간과 마음을 원하는 것 같았다. 스펜서는 항상 그녀가 어디 있는지 알고 싶어했다. 더 나쁜 것은, 그들이 함께 있을 때 그가 원하는 것이 고작 그녀 곁에 달라붙어서 자기 문제에 대해 불평을 늘어놓는 것이었다. 그녀는 남자가 좋아하는 여자라기보다 마치 엄마같이 느껴졌다. 그들의 데이트는 이런 식으로 몇 달 동안 계속됐다. 그 이유는 스펜서에게 상처를 주고 싶지 않았고 자기도 종종 그 관계를 즐겼으며 스펜서가 자기의 외로움을 달래는 데 도움을 주었기 때문이다.

마침내 그들은 그녀의 느낌에 대해 얘기를 나누기 시작했다. 나탈리가 걱정했던 일이 사실로 드러났다. 스펜서는 그 문제가 자기에게 책임이 있음을 인정했다. 그는 그녀에게 이렇게 말했다. "나는 단지 보살펴줄 사람이 필요했어. 그런 특별한 사람이 없으면 공허해서 견딜 수가 없어." 나탈리는 자기의 느낌을 확인할 수 있어서 마음이 놓였다. 그 관계는 결국 지속하지 못했다. 그러나 스펜서는 곧이어 또 다른 관계를 갖지 않고 자기의 의존성을 해결하기 위해 지원 단체에 곧바로 참여했다. 나탈리는 부모가 아니라 동반자를 원하는 사람을 만났다.

누구든 나탈리와 같은 처지에 있다면, 자신 또한 문제의 일부라는 시각을 가지는 게 좋다. 나탈리는 스펜서와 있는 것을 즐겼다. 그러나 친구로 지내면 더 좋았을 외로운 사람과 데이트하고 있다는 사실을 인정하는 데 오랜 시간이 걸렸다. 그 이유는 그녀가 그의 친절을 즐겼고 상처를 주고 싶지 않았으며 자신도 외로운 사람이었기 때문이었다.

자신도 같은 상태에 처하지 않았는가? 어쩌면 사실을 외면한 채 자신이나 데이트 상대에게 유익하지 않은 일을 하고 있을지 모르겠다. 우리의 유아기 감정은 그것을 치료하고 성숙시키는 관계를 만나지 못하면, 성인이 됐을 때 데이트 관계에서 문제를 일으킨다. 개방성, 자유, 상호 관계 등에 주의를 기울이라. 상대의 문제를 직시하지 않으면, 그 외로운 상대는 하나님께서 돕고자 하는 문제를 해결하지 못한다. 그리고 많은 시간과 힘을 낭비한다. 두 사람 모두를 위해 자신이 문제를 해결하는 편에 서라.

요약

- 외로움이 결합을 원하는 정상적인 욕구인지 아니면 치료되어야 할 부분이 있다는 신호인지 알기 위해 자신의 외로움을 검사해보라.
- 로맨틱한 느낌은 좋은 것이지만 깊이 숨어 있는 외로움이 위장한 것일 수 있으며, 사람을 선택하는 데 혼란을 줄 수 있다는 점을 기억하라.
- 친구 관계에 깊이 몰두하고, 거기에서 얻는 좋은 것들에 가치를 부여하라. 이렇게 하면 내면의 충족감을 얻을 수 있고 정신적인 관계를 무리하게 로맨스로 발전시키려는 실수를 피할 수 있다.
- 사랑과 지원을 원하는 감정을 두려워하지 말라. 그것을 좋은 사람을

찾는 데 이용하라.
- 둘 사이에 있지도 않은 로맨스를 환상으로 만들어낼 때, 그것을 알 수 있게 도와주는 안전하고 신실한 친구들과 계속 접촉하라.

정반대의 것에 끌릴 때 조심하라

"그는 너무 강한 데 비해 나는 너무 불안정합니다."

"그녀는 사람들과 어울리는 사람인 데 비해 나는 혼자 있는 걸 좋아합니다."

"그는 돈버는 데 익숙하고 나는 쓰는 데 익숙합니다."

"그녀는 자신만만한 데 비해 나는 소심한 편입니다."

"그는 내게 없는 면을 다 갖고 있어서 나를 온전케 합니다."

온전함. 우리는 깊은 곳에서 그것을 원하고 필요로 한다. 온전하다는 것은 부족함이 없고 나뉘어지지 않아서 완전하다는 의미다. 우리들 대부분은 우리에게 온전함이 없으며 미완성이고 바람직한 모습이 아니라는 것을 알고 있다. 그러나 우리에게는 하나님께서 주신 욕구가 있다. 그것은 우리를 완성시키기 위해 잃어버린 부분을 찾으려는 욕구다. 이 욕구는 온전함을 얻을 수 있도록 도움을 주는 관계와 경험으로 우리를 몰고 간다. 그러나 앞으로 보겠지만, 이 욕구를 데이트하고 짝을 찾는 욕구와 혼동하면 나쁜 일이 일어날 수 있다.

이것이 '정반대의 것에 끌리는' 심리 상태의 문제다. 그 사고 방식은 자기의 어떤 특성들을 테이블에 늘어놓을 때, 데이트 상대는 정반대의 특성들을 늘어놓는 경향과 관련이 있다. 관계를 통해 기대하는 결과는 두 사람 모두 이전보다 성장하는 것이다. 합쳐놓은 것은 부분들로 있을 때보다 더 크다. 조심스럽지만 때때로 우유부단한 사람을 예로 들어보자. 그는 자기가 무엇을 원하는지 알고 그것을 성취하고자 애쓰는 강인한 성격의 상대와 사랑에 빠질 수 있다. 그리고 이렇게 생각할 수 있다. "우리 둘은 너무 잘 어울려! 그는 나한테 무엇이 필요한지 금방 알지. 게다가 어떻게 하면 그걸 얻을 수 있는지도 가르쳐주기까지 한단 말이야!"

다양한 은사는 관계에 좋다

누구도 수퍼맨이 아니다. 그러기에 여러 모로 부족할지라도 자신의 능력을 관계 속에 쏟아부을 때 유익한 결과가 온다. 삶은 자신에게 없는 능력을 가진 다른 사람들과 결합할 때 풍부해진다. 어떤 사업가라도 업무에 필요한 특성을 아는 것과 그것을 잘 감당하는 것은 서로 별개라고 말한다. 회계 업무엔 분석적이고 꼼꼼한 사람이 필요하고, 판매 업무엔 창의적이고 두뇌 회전이 빠른 사람이 필요하다.

똑같은 이치가 교회에서도 적용된다. 성경은 우리 모두가 다른 은사, 즉 다른 능력을 갖고 있으며, 그것을 관계와 세계 속으로 가져오라고 가르친다. "은사는 여러 가지나 성령은 같고"(고전 12:4). 어떤 사람은 경영에 능력이 더 많고, 어떤 사람은 가르치는 능력이 있다. 어떤 신자도 혼자서는 충분하지 않다.

　다양한 은사와 능력이 상호 보완적일 수 있다는 생각은 여러 가지 면에서 우리에게 정서적으로 이롭다. 자기에게 없는 것을 다른 사람에게 요청하여 성장하려면 겸손해야 한다. 예를 들어, 데이트 상대가 인간 관계에 대해 날카로운 통찰력을 갖고 있다면 방을 함께 쓰는 친구와 다투는 이유를 그에게 물어볼 수 있다. 나아가 우리는 다른 사람들의 능력에 힘입어 성장할 수 있다. 내 아들 리키가 야구팀에 들어가고 싶어했을 때, 나는 아버지로서 아들에게 야구를 가르쳐주고 싶었지만 야구에 대해 아는 게 별로 없었다. 그래서 야구를 잘 아는 친구 댄에게 연락했다. 그의 아들 잭과 리키도 친구였기 때문에, 우리는 우리의 아들들을 포함한 야구팀을 함께 가르치기로 했다. 댄이 수석 코치고 나는 조수였다. 야구에서는 댄만큼 능력이 없었지만 나는 그 기간 동안 야구에 대해 많은 것을 배울 수 있었다. 이런 식으로 우리는 상대의 은사를 이용함으로써 서로 풍부해지고 도움을 받는다.

정반대의 것에 끌린다면 문제가 있다

　우리는 우리에게 없는 것을 가진 사람들의 능력을 이용하고 감사해야 한다. 그러나 정반대의 스타일이나 능력을 관계의 기초로 삼으면 위험하다. 관계 초기엔 이것이 좋아보일 수 있다. 데이트중인 어떤 사람들은 서로 보완적이다. 상대에게 필요한 것을 서로 제공한다. 상대의 다른 시각에 의해 자극을 받는다.

　그러나 정반대 유형의 사람에게 달려가는 위험은 이렇다. "정반대의 것에 끌린 관계는 종종 의존하고 싶은 마음과 참 사랑을 혼동한다." 즉, 사람들은 '정반대' 의 사람에게 강한 갈망과 매력을 느낀다. 그런 사람과 있으면서 느끼는 '온전함' 에 감사한다. 그러나 그런 기능적인 요소 때문에 그런 사람을 원하기만 하고 관계를 성숙시키는 데 필요한 진정한 사랑의 감정을 주지 않는다. 의존하고 싶은 마음은 사랑의 일부일 뿐이다. 그것은 풍부한 사랑의 표현이 아니다. 풍부한 사랑의 표현은 풍부한 마음이 있어야 가능하다.

예를 들어, 린지는 싸우는 기질보다 포용하는 기질이 강했다. 그녀는 다른 사람을 돌보고 보살피는 데 익숙했다. 그러나 단호하거나 맞서서 문제를 해결하는 데는 익숙하지 않았다. 결국 그녀는 다른 사람들이 함부로 대해도 참을 수밖에 없었다. 그녀는 한없이 좋은 사람이었고 그래서 무책임한 사람들이 달라붙는 자석이었다.

린지는 알렉스와 데이트를 시작했다. 그는 이 점에서는 그녀와 정반대였다. 알렉스는 강하고 자신감 넘치며 옳다고 생각하는 것을 위해서는 싸움도 마다하지 않았다. 그는 뚜렷한 도덕적, 영적 가치관을 가지고 있었으며 자기 직업에서도 성공적이었고 자기 문제를 주도적으로 해결했다. 린지는 알렉스의 강함에 매혹되었다. 그의 강함이 그녀의 생활에 도움이 되었을 때, 그녀는 홀딱 반했다. 예를 들어, 린지는 아파트 관리인에게 여러 번 수도관을 고쳐달라고 요구했지만 무시당했다. 린지는 저녁을 먹으며 알렉스에게 그 이야기를 했다. 다음 날 알렉스는 관리인에게 전화를 했다. 그가 관리인에게 뭐라고 말했는지 모르지만 반나절도 안 돼 수도관을 고쳐주었다. 린지는 몹시 고마웠으며 전보다 훨씬 더 알렉스에게 빠졌다. 확실히 그는 보살피고 책임감 있으며 재미있는 등 다른 장점들도 많았다. 그러나 그녀는 자신이 싸워야 하는 문제를 알렉스가 대신 해결해줄 때 깊은 안도감을 느꼈다.

그들의 관계는 계속 발전하고 진지해졌다. 그러나 린지는 다투는 일에 소질이 없다고 생각해서 점점 더 알렉스에게 의존하기 시작했다. 자동차 수리공과 타협하는 일도 그가 대신해서 했고, 주말 근무 시간에 대해 사장에게 말하는 것도 그가 대신했다. 심지어 적당하지 않은 시간에 린지를 오게 한다고 그녀의 어머니에게 따지는 일도 대신했다.

마침내 알렉스는 이 문제를 린지와 상의했다. "나는 정말 당신을 사랑해. 하지만 좀 화가 나는걸. 당신을 돕는 것은 좋아. 당신을 도우면 내가 쓸모 있는 사람으로 느껴져. 하지만 당신이 해결해주기를 바라는 몇 가지 관계들에서는 내가 쓸모 있다고 느껴지기보다 이용당하는 기분이야."

린지는 알렉스의 말을 이해했다. 그녀는 싸움, 분노, 언쟁을 두려워해서 '정반대의 사고' 방식을 이용만 했을 뿐 자신의 성장을 기하지 못했다. 그녀는 자기도 모르는 사이에 알렉스를 이용했다는 점을 인정했다. 그리고 나서 교회의 지원 단체에 들어가 단호함을 기르려고 애쓰기 시작했다. 그녀는 알렉스에게 "다음에 또 궂은 일을 부탁하면 지적해줘요"라고 말했다. 알렉스는 그녀의 태도에 감격했다.

이 이야기는 좋게 결말이 난다. 두 사람은 결혼했고 지금은 행복하기 때문이다. 그러나 전혀 다른 방향으로 끝날 수도 있었다.

- 알렉스는 조용하게나마 린지에게 화를 낼 수도 있었다. 그래서 관계가 깨질 수 있었다.
- 린지는 이런 문제를 해결하는 것이 알렉스의 몫이라고 생각해서 그의 말에 동의하지 않을 수도 있었다.
- 알렉스는 자신의 대결하는 능력을 관계에서 그녀를 통제하고 조종하

는 데 쓸 수 있었다.
- 린지는 자신의 힘으로 싸우지 못하는 데 대해 절망할 수 있었다.
- 린지는 알렉스의 능력에 분개할 수도 있었다. 스스로 더 단호해지려는 노력은 하지 않고 늘상 그가 지배적이라고 불평할 수도 있었다.

린지에게 성장하려는 의지가 없었다면, 다툼을 피하는 상태에 머물면서 두렵거나 하기 싫은 일들을 항상 알렉스가 대신해주기만 기대했을 것이다.

정반대의 것에 매혹되는 이유

"정반대의 것들은 서로에게 끌린다"는 어구에는 어느 정도 진리가 담겨 있다. 여러 형태의 정반대의 사람은 서로를 끌어당긴다.

- 외향적인 사람과 내향적인 사람
- 분석적인 사람과 공상적인 사람
- 활력이 넘치는 사람과 느긋한 사람
- 지적인 사람과 감성적인 사람
- 스스로를 잘 통제하는 사람과 즉흥적인 사람
- 관계를 추구하는 사람과 수줍어하는 사람
- 자신 있는 사람과 불안정한 사람
- 자기 이익에 골몰한 사람과 베푸는 사람
- 비판적인 사람과 수용하는 사람

정반대의 사람이 그토록 매력적으로 보이는 이유는 무엇인가? 우리는 왜 정반대의 것에 매혹되는가? 이 질문에 몇 가지 대답이 있다.

자기를 발전시키기 위해 노력하고 싶어하지 않는다

종종 우리는 '정반대'의 사람을 원하고 그와 데이트하고 싶어한다. 상대방의 장점을 자신에게서 개발하기 위해 기울여야 할 수고를 부담스러워하기 때문이다. 정반대인 상대의 특성이 무엇이든 그것을 자기가 배우기보다는 상대의 것에 감사하고 감탄하며 이용하는 게 더 쉬워 보인다. 인격에서 고치거나 개발할 필요가 있는 부분을 인정하지 않는 것은 문제다.

앞의 예에서, 처음에 린지는 알렉스가 시비를 가리는 일을 대신 해줘서 기뻤다. 그녀는 안전하고 안심이 되며 보호받는 느낌을 가졌다. 성장하기 위해 노력해야 한다는 것을 미처 깨닫지 못하고 있었다. 이것이 정반대의 특성과 관련된 문제의 본질이다. 그것은 사실 상대와 관련된 문제가 아니다. 상대를 이용하느라 자신의 문제를 도외시한다는 데 문제의 본질이 있다. 다른 사람의 강한 면에 짐을 지우지 않겠다고 결심하면, 문제의 당사자는 상대가 아니라 바로 우리다. 그때에 성장이 일어날 수 있다.

온전하기를 원한다

처음에 정반대의 특성을 가진 사람에게 끌리는 이유는 아주 건전한 것이다. 우리는 우리에게 없는 특성을 소유하고 내면화하기 위해 그런 특성을 가진 사람들에게 끌린다. 이것은 하나님께서 설계하신 성장 과정의 한 방법이기도 하다. 우리는 인생에서 다른 사람들에게 훈련을 받고 다시 우리의 지식과 능력을 세대를 넘어 다른 사람들에게 전달해야 한다.

우리가 정서적으로 성숙한 사람과 데이트하고 있다고 가정하자. 당신은 그 사람이 가진 인생에 대한 감수성에 매혹될 수 있는데, 그것이 자신도 계발시켰으면 하는 특성이기 때문이다. 그 면에서는 그 사람이 당신보다 더 계발되어 있어서 우리에게 줄 것이 있을지 모른다. 이것은 유익한 일이다.

허나 이것이 우리가 성장하는 방법일지라도, 데이트는 어떤 사람의 특수한 면이나 중요한 면을 성장시키는 좋은 장치가 아니다. 데이트 상대가 자신을 지원하는 좋은 본보기일지라도, 그 사람은 데이트 상대일 뿐 조언자나 선생 또는 카운슬러가 아니다. 그리고 데이트는 영원한 관계가 아니기 때문에 그 사람에게서 얻을 수 있는 유익을 어느 때라도 잃어버릴 수 있다. 우리가 소유하고 싶은 특성을 가진 사람들로부터 지도를 받아 성숙하고 성장하려면 데이트 상대가 아닌 다른 사람들에게 가는 편이 훨씬 낫다.

자기 결점을 다루는 것을 두려워한다

정반대의 특성에 끌리는 또 한 가지 이유는 자신의 인격적 결함을 보게 될까봐 두렵기 때문이다. 자신을 살펴보고 변화해야 한다는 사실이 무서울 수 있다. 우리는 다음과 같은 자신의 무능과 약점을 다루는 것을 두려워한다.

- ●실수와 실패
- ●상대를 화나게 함
- ●상대를 떠나게 함
- ●상대에게 상처를 주는 죄
- ●고통스러운 과거를 다시 경험함

 160 '노(No!)' 라고 말할 줄 아는 데이트

● 대하고 싶지 않은 자신의 약한 면을 대면함

알렉스와 린지의 문제는 두려움에 뿌리를 두고 있었다. 그녀는 무책임한 사람이 아니었다. 그녀의 가정에서는 공손하고 친절하며 유순한 태도를 미덕으로 삼았다. 반면에 솔직하고 따지며 선을 분명히 긋는 태도는 이기적인 죄로 간주했다. 그녀는 사실을 말하면 상처를 준다고 믿으면서 자랐고, 따지는 것을 꺼리는 성격이 됐다. 그래서 사람간의 문제를 몹시 다루기 싫어했다.

영적으로 게으르다

무책임은 동전의 양면이다. 자신이 직접 하고 싶지 않은 일을 다른 사람에게 시키기는 쉽다. 이것은 미성숙이나 '영적 게으름'의 본성이다. 실제로 인생은 자신을 위해 다른 사람이 애써주는 형태로 시작한다. 유아는 거의 모든 것을 엄마에게 의존한다. 생존에 필요한 모든 것을 스스로 해결할 수 없다. 그래서 자기에게 없는 것을 밖으로부터 얻는 법을 배운다. 성경은 이런 과정을 이렇게 말해준다. "갓난아이들같이 순전하고 신령한 젖을 사모하라 이는 이로 말미암아 너희로 구원에 이르도록 자라게 하려 함이라"(벧전 2:2).

그러나 유아들이 이렇게 하는 이유는 그들이 무책임하기 때문이 아니라 그들의 당연한 일이기 때문이다. 사랑, 지원, 안전, 보호, 지시, 교육에서 무언가를 얻을 때, 유아는 이런 것들을 내면화하고 스스로 개발시킨다. 하나님께서 이렇게 설계하신 것이다. 한 때 우리 밖에 있던 것이 이제는 우리의 일부가 된다. 그러나 밖에서 받아들여 자기 것으로 만들지 못하고 계속해서 다른 사람에게 달라고 요구할 때가 있는데 이러한 상태를 미성숙이라고 한다. 습관적으로 화내는 사람은 자기가 화날 때 스스로 화를 가라앉히고 해결하는 법을 배워야 하는데, 여자 친구가 자신을 위로하게 만든다. 충동적으로 구매하는 여자는 엉망인 자신의 재정 상태를 정상으로 돌려놓기 위해 남자 친구에게 의존한다. 내성적인 남자는 관계를 잘 맺는 여자 친구에게 의존한다. 이것은 다른 사람의 능력을 인정하는 태도와 다르다. 오히려 자기 인생을 책임지지 않는 처사다. 그에 비해 상대는 너무 많은 책임을 진다.

따라서 문제가 두려움 때문이든 게으름 때문이든 우리는 자신의 결점을 고치기 위해 데이트 상대에게 기대기보다는 스스로 해결해야 한다.

자신의 인격적 결함을 처리하기보다 데이트 상대의 재능에 의존한다

때때로 재능과 인격적 결함을 혼동하는 데에서 문제가 생긴다. 어떤 여자는 남자 친구가 자신보다 의견 결정과 돈을 버는 일에서 더 재능이 많다고 생각하여 자신의 생활에서 그 부분을 남자 친구에게 떠넘길 수 있다. 우리는 다른 사람에게 도움을 구해야 하기도 하지만, 우리 인생은 여전히 우리의 책임이다. 스스로 해야 할 일을 끊임없이 데이트 상대에게 부탁하고 있다면 재능과 인격적인 결함을 혼동하고 있음이 분명하다.

재능과 능력에 감사하지만 여전히 자신의 인생을 각자 책임지는 데이트는 어떤 모습인가? 몇 가지 증거가 있다.

1. 각자 자신의 문제를 처리한다. 그 문제들은 상대의 문제가 아니다. 자신이 강하지 못한 영역에서 실패했더라도 그것은 상대의 실패가 아니다.
2. 두 사람은 모두 상대의 재능을 사랑하고 그것에 감사한다. 그러나 그

들은 상대의 재능을 관계에 반드시 필요한 필수품으로서가 아니라 선물로 본다.
3. 각자 약한 영역의 일을 상대에게 시키는 데 만족하지 않고, 그 영역에서 영적 온전함과 성장을 역동적으로 추구한다.

정반대의 사람에게 의존할 때 무슨 일이 일어나는가?

정반대의 사람은 분명 매혹적이지만 그들과 사귀는 데에는 나름의 위험이 따른다. 킴과 피트는 약 1년 간 데이트했다. 그들의 다툼은 정반대의 사람에게 의존할 때 어떤 문제가 일어나는지 보여준다.

킴은 항상 사람들과 관계를 맺는 데 어려움을 느꼈다. 자신을 개방하거나 다른 사람을 믿기가 힘들었다. 킴의 데이트 상대인 피트는 사교성이 좋은 사람이었다. 사람들은 항상 피트를 가까이 했다. 그는 미소를 짓고 질문을 하며 사람들을 편하게 만드는 천부적인 소질이 있었다. 킴은 피트와 함께 있는 것이 좋았다. 그에게 매혹되었기 때문만이 아니라 그와 함께 있으면 좋은 일이 일어나기 때문이었다. 킴은 자신과 정반대인 피트와 사귀는 덕택에 갑자기 많은 친구가 생겼다. 그들은 어느 모임을 가나 인기 있는 커플이 되었다. 교회 행사, 파티, 스포츠 행사 등이 그녀 삶의 한 부분이 되었다. 그러나 몇 달이 지난 후, 좋지 않은 일들이 하나 둘 일어났다.

자유의 상실

첫째, 킴은 자신의 일정을 피트에게 맞춰야 했다. 피트가 없으면 마음의 교감도 없었기 때문에 다른 사람들과 잘 어울리지 못했다. 따라서 주변에 사람들을 가까이 두려면 피트를 따라다녀야 했다. 시간과 일정을 뜻대로 통제할 수 있는 자유를 상실하기 시작했다.

자신이 개발해야 하는 영역을 다른 사람에게 의존하면 그 영역에서 자신의 삶을 통제하는 자유를 더이상 누릴 수 없다. 이미 그것은 그 사람에게 속한다. 비록 우리를 사랑하는 사람일지라도 그 사람이 우리는 아니다. 하나님께서는 자유로운 선택을 하도록 우리를 설계하셨다(갈 5:1-2). 정반대 요소를 데이트 상대에게 의존하면 우리는 더 이상 주인이 아니다. 그것이 상대에게 있고 우리는 개발하지 않았기 때문에 상대에게서 그것을 얻으려면 자유를 포기해야 한다.

분노

킴과 피트는 서로에게 화를 내기 시작했다. 킴은 자신만의 삶이 없는 강아지가 된 듯 했고 피트가 자신을 통제한다고 느꼈다. 또 피트가 다른 사람들과 쉽게 어울리는 것이 은근히 샘났다. 반면에 피트는 킴이 자기에게 너무 의존하는 것 같아 짜증이 나기 시작했다. 그의 표현을 빌리자면, '항상 사교적 책임을 지는' 것이 싫었다. 둘은 서로 좋아했지만 이런 부정적인 감정이 둘 사이에 자리잡기 시작했다.

책임의 혼동

킴은 피트가 원하는 것을 수동적으로 따르는 데 자신의 삶을 점점 더 많이 소모하기 시작했다. 그녀는 사교적인 만남들을 그를 통해 유지하려면 피트를 행복하게 해주어야 한다는 부담을 안았다. 킴과 피트 커플은 결혼한 부부에게서 볼 수 있는 역할 분담이 이상한 형태로 이루어지기 시작했다. 킴은 친구들과의 교제에 대해 아무런 책임을 지지 않은 채 피트에게 떠넘겼다. 피트는 킴과 관계를 어떻게 이끌어갈 것인지에 대한 책임을 지지 않았다. 어쨌든 그녀가 자신의 주변에 머물 거라고 생각했다. 양쪽 다 자신의 삶을 충분히 책임지지 않았다.

부모와 자식간 갈등

킴은 자신은 어린아이고 피트는 위세를 부리는 부모 같다고 생각했다. 관계를 유지하려면 피트가 절실히 필요했기 때문에, 킴은 일방적으로 피트에게 양보해야 했다. 자신은 교회 미혼자 모임에 가기를 원하고 피트는 하키 경기에 가기를 원하면, 피트보다는 그녀가 더 많이 양보해야 한다는 것을 두 사람 모두 알고 있었다. 피트는 때때로 자신의 영향력을 부당하게 이용했다. "그러면 당신은 당신이 가고 싶은 곳으로, 나는 내가 가고 싶은 곳으로 갑시다" 하고 말하면 킴이 무력해지는 것을 알고 있었다. 킴은 피트가 명령한다고 느꼈다. 피트는 킴이 잘 토라지고 성숙하지 못하다고 생각했는데, 이런 생각은 부모가 아직 독립하지 못한 아이에게서 자주 느끼는 것과 비슷했다.

부모와 자식간 갈등의 다른 측면은 아이들은 언젠가 집을 떠나도록 하나님께서 설계하셨다는 것이다. 결국 킴과 피트의 관계도 끝났다. 킴은 자신의 수줍음과 신뢰의 문제를 해결하기 위해 노력하기 시작했다. 지원 단체에 들어가 위험을 감수하며 다른 사람들에게 자신을 개방하기 시작했다. 많은 두려움을 겪었으나, 시간이 지나면서 혼자 힘으로 사람들을 만나기 시작했다. 실제로 자신의 의지로 친구를 사귈 수 있었다. 더 이상 킴과 피트는 정반대의 사람이 아니었다. 그들은 단순히 똑같은 성인이었다.

킴은 행사와 일정에서 피트에게 동의하지 않을 자유를 더 많이 느꼈다. 피트와 함께 또는 피트 없이 각종 행사에 갔다. 피트는 킴의 의존성에 화를 냈으면서도 킴의 독립에는 더 화를 냈다. 끝내 이 커플은 헤어졌다. 그들이 취했던 부모와 자식간 관계는 성숙하고 상호적인 관계로 올라서지 못했다.

의존성과 성장

이 모든 이유 때문에 서로 의존해서는 안 된다고 말하는 것은 아니다. 하나님께서는 우리를 만드시면서 하나님 당신과 다른 사람들에게 의존하게 하셨다. 그렇게 해야 좋다고 말씀하셨다. "홀로 있어 넘어지고 붙들어 일으킬 자가 없는 자에게는 화가 있으리라"(전 4:10). 실패하고 넘어졌으나 도와 일으켜줄 사람이 없다면 그런 삶은 정말 공허하다. 다른 사람의 사랑과 지원에 의존하는 것은 유익하다. 그러나 의존의 궁극적인 목적은 성장이다. 영적으로나 정서적으로 성장하려면 다른 사람들의 사랑, 위로, 교훈을 받아야 한다.

문제는 성장 없이 의존만 하는 관계다. 의존은 후퇴하게 한다. 당신이나 데이트 상대는 정서적으로 미숙한 상태에 머문다. 정반대의 사람들이 서로 상대의 강점에 의존할 때 이런 문제가 생긴다. 두 사람은 친밀하고 지원하며 결합한다. 그러나 어느 한쪽은 자기가 받는 것을 이용해 자신의 인격과 사고의 문제를 해결하려고 노력하지 않는다. 성장을 가져오지 않는 의존은 결국 그 사람을 성숙하지 못하게 한다. 어느 시점이 되면 아기는 젖을 떼고, 어린이는 수영장에 뛰어들라는 말을 듣고, 젊은이는 직업 선택과 도덕적 결정을 스스로 하는 법을 배운다.

휴와 샌디는 한동안 데이트를 했다. 휴는 조직적인 사업가였고 샌디는 미술, 스포츠, 음악에 관심이 많은 예술가였다. 휴는 샌디의 창의력에 매혹되었다. 샌디 덕분에 그의 예측 가능하고 좌뇌만 발달한 삶이 밝아졌다. 반면 샌디는 필요했던 안정성을 휴에게서 얻었다. 처음에 그들은 서로 상대의 장점에 고마워했다. 그러나 의도와 달리 곧 자신의 결점을 상대에게 의존하기 시작했다. 휴는 좀더 정서적이고 자연스런 사람이 되려는 노력을 그만두고 그것을 샌디에게 맡겼다. 반면에 샌디는 자신의 생활을 책임지는 노력을 멈추고 휴에게 그 일을 맡겼다.

하지만 관계가 진전되면서 금이 가기 시작했다. 휴는 샌디의 재정적 위기, 만성적인 일정 관리 문제, 직업 문제 등을 다루어야 한다는 데 화가 나기 시작했다. 자신이 그녀를 양육하고 있다고 느꼈다. 샌디의 입장에서 보면 답답하고 다소 통제적인 사람에게 흥밋거리를 주어야 하는 것이 화가 났고, 관계에 정서적인 요소를 부여하는 사람은 자신뿐이라고 느꼈다. 둘 다 옳았다. 그들은 상대에게 의존함으로써 성장한 것이 아니라 더 미숙해졌을 뿐이다.

정반대의 사람들은 종종 서로 의존한다. 그 의존이 서로의 성숙과 온전함을 자극하는 한 그것은 문제가 되지 않는다.

정반대의 특성과 성숙

상대가 가진 정반대의 특성들에 매혹되는 정도를 보면 그 커플의 성숙도를 진단할 수 있다. 성숙한 연인들에게 정반대의 특성은 전혀 중요한 사항이 아니다. 두 사람은 정반대의 특성에 끌리는 것이 아니다. 그들은 사랑, 책임, 용서, 정직, 영성 같이 함께 공유한 가치에 끌린다. 가치관에 이

끌린 매혹은 자신 안에 없는 특성에 이끌린 매혹보다 훨씬 성숙한 모습이다.

반면에 미숙한 커플은 자신에게 없는 능력과 인격을 소유한 사람을 찾는 데 더 많은 노력을 기울이는 듯이 보인다. 그들은 상대를 이상화하고, 의존하는 자세가 커가며, 부모로 삼고, 마침내 끔찍한 파국을 맞이한 뒤 또다시 정반대의 특성을 지닌 다른 사람을 찾는 고통스런 경험을 되풀이한다. 결론적으로, 많은 사람들이 자신도 돌보지 않는 면을 부모처럼 보살펴줄 사람을 찾는다.

차이점은 좋은 관계가 충실해지고 만족스러워지는 데 도움을 줄 수 있다. 각 데이트 당사자는 상대의 재능과 독특한 관점을 이해하고, 그 사람과 더 깊이 사랑에 빠진다. 두 사람은, 정반대의 두 사람이 아주 잘 결합하여 참으로 하나가 될 수 있다는 사랑의 경이로움을 보여준다.

결혼한 지 50년이 된 내 아버지는 어머니와 많이 다르다. 어머니가 노래를 부르시면 아버지는 뒤에서 재즈 피아노로 반주하기를 좋아하신다. 아버지는 아직도 어머니가 계시면 방이 무척 밝아진다고 말씀하신다. 그리고 어머니 뒤편에 계시는 것을 좋아하신다. 그분의 말씀에 담긴 실제 의미는 어머니가 방뿐만 아니라 아버지의 마음도 환하게 밝힌다는 것이었다. 아버지의 이런 자세는 정반대의 사람들이 서로에게 끌릴 때 나타나는 바람직한 결과를 보여준다. 즉 정반대의 특성은 관계의 기초가 아니라 이미 사랑으로 맺어진 관계를 더욱 아름답게 만드는 요소다.

그러므로 정반대의 요소를 중요한 사항으로 삼지 말라. '누구에게 무엇이 있는지' 보다 인격, 사랑, 가치관을 더 주목하라. 단지 자신이 외향적인 사람이라고 해서 내성적인 사람에게 마음을 쏟지 말라. 사랑을 키워가고 성장시키며 하나님과 친밀해지도록 이끄는 사람에게 마음을 쏟아라. 그리고 그 사람과의 독특한 차이점들을 이해하라.

요약

'정반대의 특성에 의존하는' 문제를 성공적으로 다룰 수 있는 몇 가지 제안을 하면서 이 장을 마치기로 하자.

- 성장을 돕는 지원 시스템에 적극적으로 참여하는 사람과 데이트하라. 자기 결점을 인정하는 사람은 상대의 강점에 덜 의존하는 자세를 취한다.
- 스스로 성장을 돕는 지원 시스템에 참여하라. 성장은 성장을 끌어들인다. 그러면 자신에게 없는 것을 소유했다는 이유로 끌리기보다 건전한 이유로 상대에게 마음이 끌릴 것이다.
- 자기 결점 때문에 상대에게 매혹되는 것과 상대의 독특함이나 특별함에 매혹되는 것 사이의 차이를 구별하라.
- 지금 진행중인 데이트에 사랑과 진실이 담겨 있는지 확인하라. 성장하려면 서로 상대에게 도전을 주라. 두 사람의 관계가 편안하기만 하다면, 서로 상대의 영적 게으름에 기여하고 있는지 모른다.
- 상대가 갖고 있는 인격적 결함 때문에 일어나는 문제를 대신 해결해주지 말라. 자신이 피트처럼 사교성이 좋은 사람일지라도, 데이트 상대를 위해 사교적인 활동을 대신해주지 말라. 알렉스처럼 단호한 사람일지라도, 따질 일을 모두 대신해줌으로써 데이트 상대를 무능하게 만들지 말라. 격려하라. 그러나 대신 해방시켜주지는 말라.

● 자신의 인격적 결함을 인정하고 정상화하라. 분열, 무책임, 지나친 책임감, 완벽주의, 권위와의 갈등 같은 문제들에 대해 데이트중인 두 사람은 서로에게 거리낌 없이 말할 수 있어야 한다. 클라우드가 쓴 「변화를 통한 치료」와 타운센드가 쓴 「사랑으로부터의 도피」는 이런 문제와 관련된 정보를 많이 담고 있다. 서로의 성장과 치료, 변화를 돕는 대리인이 돼라. 특히 이런 문제들에서.

3

데이트의 문제 해결
: 자신이 문제일 때

10
지금 순응하면 나중에 대가를 치른다

케리는 스타를 지나치게 동경했다. 그러던중 스티브를 만났다. 그는 뭔가 달랐다. 잘생기고 사회에서도 성공했으며 신앙 생활도 열심이었고 무엇보다 아이들을 사랑했다. 그녀가 이제껏 찾던 바로 그 사람이었다. '하나님께서 그를 자신에게 허락하셨다는 사실이 믿기지가 않았다. 구름 위를 떠다니는 것 같았다.

첫번째 데이트 때 그녀는 스티브의 주도적인 스타일이 맘에 들었다. 그는 데이트 계획을 완벽하게 세웠고 세세한 부분까지 신경을 썼다. 케리는 모든 일을 알아서 주도해가는 남자가 곁에 있다는 점이 아주 편했다. 저녁이 깊어가면서 그녀는 이 사람이 바로 자신이 더 알고 싶어하는 사람이라고 장담할 수 있었다. 그가 집까지 바래다주던 그날 밤, 그녀는 마음이 설레었다.

다음 날 아침 일찍 그가 전화를 했다. "어젯밤 참 즐거웠습니다. 오늘 오후에 다시 만납시다." 그녀는 놀랐다. 또다시 그는 '모든 것을 알아서'

주도해갔고, 전날 저녁과 마찬가지로 그녀는 그게 좋았다. "좋아요, 무얼 하고 싶으세요?" 케리가 물었다.

"프로야구 티켓이 있습니다. 야구를 본 뒤에 저녁을 먹읍시다. 정오에 데리러 가겠습니다." 스티브가 말했다.

케리는 약간 망설였지만 "곧 준비할 게요"라고 대답했다. 전화를 끊고 나서 자기가 너무 빨리 '예'라고 대답한 것에 놀랐다. 다른 친구와의 저녁 약속이 있었기 때문이다. 그러나 어떻게 거절할 수 있겠는가? 자칫 그에게 관심이 없다는 신호로 느껴진다면 큰 일이다. 게다가 친구들은 이해할 것이다. 어쨌든 같이 모여봤자 요즘 괜찮은 남자를 찾는 게 얼마나 어려운지 수다를 떨 게 뻔하니까. 이런 이야기를 나누느니 남자하고 데이트하는 편이 더 낫겠다고 생각했다. 케리는 친구들에게 전화를 걸어 사정을 얘기했다.

스티브와 만났을 때, 두 사람은 다시 호흡이 완전히 맞아떨어졌다. 멋진 오후를 보내고 저녁 식사를 하러 가는 도중에 스티브가 제안했다. "중국 음식 어때요? 근처에 좋은 곳이 있습니다."

"좋아요." 그러나 케리는 속으론 좀 걸렸다. 케리는 중국 음식을 무지무지 싫어했다. 친구들이 그것을 먹으면 놀려댔을 뿐만 아니라 그것을 온갖 경멸스런 이름으로 불렀다. 하지만 아무 말도 하고 싶지 않았다. 더구나 저녁 식사 후에 호숫가를 거닐자는 스티브의 제안이 있었기 때문에 이 일로 나머지 시간을 망치고 싶지 않았다. 몹시 피곤했지만 케리는 다음 날 이른 아침부터 만나자는 약속을 스티브와 또 잡았다. 케리는 감히 "싫어요"라고 대답하지 못했다.

이것이 앞으로 닥칠 일의 전조임을 케리는 꿈에도 생각지 못했다. 시간이 지나면서 케리는 스티브가 무엇을 제안하든 자신이 순응한다는 사실을

 174 '노(No!)'라고 말할 줄 아는 데이트

깨달았다. 그렇지만 그녀는 스티브 손안에 있는 젤리와 같았다. 하루하루 사랑에 빠지면서 오로지 스티브와 함께 있는 것에 관심이 있었다. 그와 함께 있는 한 그가 좋아하거나 하고 싶어하는 일은 무엇이나 좋았다.

그러다 약 두 달 후, 문제가 드러나기 시작했다. 관계가 맨 처음 시작될 때(어느 정도 정상이긴 하지만), 그녀는 시간의 속박, 다른 취향, 갈등을 일으킬 수 있는 것 등 사소한 문제들은 염두에 두지 않았다. 스티브를 쫓아버리거나 그를 곤란하게 하지 않기 위해 순응하는 것만이 그녀에게 중요했다. 그러나 그로 인해 그녀 자신만의 의견과 계획이 있을 때도 할 수가 없었다.

이 상황은 그녀의 일에서 시작되었다. 프리랜서 작가인 케리는 많은 시간을 스티브와 보내다보니 일이 밀리는 경우가 생겼다. 그래서 스티브한테 집에 가서 글을 쓰거나 이야기를 구상해야 한다고 말해야 했다. 이것은 그녀의 친구들 문제에서도 마찬가지였다. 케리는 점차 친구들이 그리웠고 가끔씩이라도 만나야겠다는 생각을 했다. 그래서 스티브의 요구에 어느 때는 "아니요"라고 말하기 시작했다. 더욱이 스티브의 제안과는 다른 것을 하고 싶은 때도 있었다.

처음에 스티브는 케리의 일을 개의치 않았다. 하지만 머지 않아, 떨어져 있어야 하거나 자기 뜻과는 다른 선택을 그녀가 하면 기분이 상해서 그녀에게 화를 내거나 무뚝뚝하게 굴었다. 그럴 때면 케리는 스티브가 아기 같다고 생각했다.

마침내 그녀가 잡지 기사 취재차 여행을 떠나야 했을 때 스티브가 화를 냈고 상황은 극에 달했다. "이게 날 위한 일이라고 생각해? 한 가지만 선택해. 일이야 아니면 나야? 당신 일 때문에 내가 더이상 뒷전으로 밀리고 싶지 않아." 이렇게 불평을 내 뱉고서 스티브는 훌쩍 자리를 떴다.

케리는 크게 상심했고 자신을 비난했다. 그녀는 친구 샌디를 만나 그 동안의 일을 모두 얘기했다. "그가 맞아. 자기 일을 해나가면서 동시에 누군가를 행복하게 할 수는 없어. 다른 일을 찾아봐야겠어. 정말로 그를 잃고 싶지 않아."

샌디는 그 얘기를 듣고, 또 최근 몇달 간을 지켜보면서 둘 사이에 어떤 일정한 형식이 있는 것을 발견했다. 케리가 스티브에게 그리고 그의 소망과 욕구에 맞추면 상황은 부드럽게 돌아갔다. 그러나 그녀가 자기 욕구와 욕망을 가진 실제 자신의 모습을 띠기 시작하면, 그는 그 동등한 상황을 견디지 못했다. 이것이 그의 방식 즉 일방적인 방식이었다.

샌디는 친구에게 말하기 어려운 것까지 솔직하게 말했다. 그녀는 케리가 스티브에게 얼마나 애착을 느끼는지 알았다. 그러나 케리를 사랑했기 때문에 사실을 말해야 했다. 실제로 케리는 더 이상 샌디가 알고 존경했던 그 사람이 아니었다.

샌디가 말했다. "너는 일과 관계를 동시에 가질 수 없다고 생각하는데, 그것은 옳지 않아. 어쨌든 너는 일을 해야 하잖아! 스티브는 너를 좋아해. 하지만 자기가 좋아하는 것을 네가 따를 때뿐이야. 스티브가 네 뜻대로 따라준 적이 있니? 나는 네가 자기 모습을 지키고 그가 정말로 어떤 사람인지 알아야 한다고 생각해."

케리는 진실을 듣기가 힘들었다. 그러나 그녀는 친구의 도움으로 자신을 지킬 수 있었다. 스티브는 그것이 싫었다. 케리가 일할 시간이 필요하고 처음처럼 그렇게 많은 시간을 함께 있을 수 없다고 말했을 때, 그는 받아들일 수 없었다. 그는 자신이 그녀의 관심 밖에 있으며, 결국 자기들은 같은 것을 원하지 않는다고 확신하게 되었다.

처음에 케리는 망연자실했으나 샌디와 같은 친구의 도움으로 자신이

 176 '노(No!)' 라고 말할 줄 아는 데이트

파멸을 피할 수 있었음을 깨달았다. 자기의 소망을 따라줄 수 없는 사람과 함께 있다는 사실을 관계 초기 몇 달이 지나기 전에 발견할 수 있으면 더욱 좋다. 즉, 관계가 한참 진행되거나 또는 결혼한 후에 발견하는 것보다는 훨씬 좋다. 케리는 감사했고 교훈 한 가지를 배웠다. "누군가의 사랑을 얻기 위해 자기의 실제 모습과 다른 사람이 되지 말라." 만일 자신의 실제 모습과 다른 사람이 된다면, 상대가 사랑하는 사람은 우리가 아니다. 그가 사랑하는 사람은 진정한 우리가 아니라 우리가 연기하는 다른 사람이다.

소망, 욕구, 욕망

케리도 깨달았듯이 영원히 자기를 가장할 수는 없다. 나한테 상담하러 온 고객 중 한 사람이 어느 날 자신과 아내의 관계에 대해서 말했다. "어떤 영역에서 만큼은 나는 정신을 바짝 차려서 분명한 내 견해를 얘기합니다." 당연하다. 마땅히 그래야 한다. 우리는 평생 자기 소망, 욕구, 욕망을 무시하면서 지낼 수 없다. 우리의 욕구와 욕망은 드러나게 되어 있어서, 데이트 상대가 때로는 우리의 욕구와 욕망에 맞출 수 있는지를 데이트 초기에 알아두어야 한다.

그렇지 않으면 케리처럼 같은 상황에 처한다. 케리는 데이트 초기에 스티브에게 순응하여 자신의 실제 모습을 스티브가 잘못 생각하게 만들었다. 그 뒤 그녀가 실제 모습을 띠기 시작하자 문제가 생겼다. 그때까지 그는 언제 무엇을 원하든 따르는 참으로 유순한 여자를 얻었다고 생각했다. 게다가 그녀의 행동은 그 생각을 부채질했다. 하지만 진실이 드러났을 때 어려움이 생겼다. 때로는 진실이 드러나는 데 여러 해가 걸리지만 항상 드러나기 마련이며 결코 유쾌하지 않다.

이 말을 믿으라. 결혼 생활 카운슬러인 우리는 이 구조 때문에 어려움에 빠진 많은 부부들을 본다. 관계를 시작할 때 한 사람은 바운더리가 너무 빈약하고 다른 한 사람은 모든 것을 통제한다. 결혼 생활이 한참 지난 후, 유순한 배우자는 더 이상 이 상황을 참지 못한다. 마침내 그는 상대에게 저항하며 한 인격체가 되려고 한다. 자기 중심적인 배우자는 흔히 그런 변화를 싫어한다. 상황이 바뀌고 있지만 배우자는 그 변화를 다룰 방도가 없다. 그러면 결혼 생활은 문제에 봉착한다.

이런 결혼 생활이 존재하고 진행된 유일한 이유는 처음부터 한쪽이 일방적으로 맞추었기 때문임을 명심하라. 그 사람에게 캐리가 발견한 것과 같은 바운더리가 있었다면, 결코 결혼하지 않았을 것이다. 설령 결혼을 했더라도 처음에 문제가 해결되었을 것이다.

불행한 결혼 생활로 끝나고 말 관계를 맺고 있지는 않은지 확인하라. 10년 후 어떤 카운슬러에게 이렇게 말하고 싶지는 않을 것이다.

- 그녀는 자기 의사만 고집합니다.
- 실제 내 감정과 욕망을 그가 아는 게 겁나요.
- 우리는 아주 사소한 것들 때문에도 많이 싸웁니다.
- 우리는 항상 그가 원하는 곳에 돈을 써요.
- 그녀는 내가 무엇을 원하는지 전혀 신경 쓰지 않습니다.
- 내가 가고 싶은 곳에 그는 왜 한번도 함께 가줄 수 없는 걸까요?

이와 같은 문제는 보통 한쪽 배우자가 오랫동안 일방적으로 맞추다가 나중에 변화가 생긴 관계에서 발견된다. 이 장의 교훈은 처음부터 본래의 자기 모습을 지키면 신뢰할 만한 사람을 찾을 수 있다는 것이다. 그런 관계엔 상호주의와 협력이 있다. 공평한 양보와 평등이 있다. 관계를 성숙하게 만드는 나눔과 희생이 있다. 처음부터 자기 본 모습을 지키면 둘 사이의 관계가 발전하겠지만, 그렇지 않으면 어려움이 닥칠 뿐이다.

나쁜 매혹

많은 미혼자가 이런 질문을 한다. "왜 그런 바보 같은 사람들과 자꾸 만나는 걸까요?" 이런 미혼자들은 본래부터 뭔가 자신에게 잘못이 있다고 생각한다. 때로는 좋은 데이트 상대나 결혼 상대를 찾을 기회가 없다고 생각하며 절망할 수도 있다.

이기적이고 통제하려드는 사람들이 잘 순응하는 사람과 관계를 맺고 있으면 그런 식일 수밖에 없다. 통제하려드는 사람은 상대가 대항하고 자기 필요와 욕구를 솔직히 밝히면, 그 상대와 공유하는 법을 배우거나 아니면 좌절해서 떠난다.

인생의 작은 면을 통해 큰 면을 알 수 있다. 사소한 일에서라도 정직하고 솔직한 태도를 취하면, 상대가 당신의 욕망에 협조하지 않는 자기 중심적인 사람인지를 일찍 알 수 있다. 바로 그 사소한 것들이 뒤얽혀 일상 생활이 이루어지기 때문이다. 공유할 수 있는 사람과 함께 있는지 아니면 항상 제멋대로만 하는 사람과 함께 있는지를 금방 알 수 있다. 이 사실을 알아두면 지금 당장 도움이 될 뿐 아니라 미래에도 유익하다.

요약

- 가고 싶은 곳과 가기 싫은 곳 또는 하고 싶은 것과 하기 싫은 것을 솔직히 말하라.
- 자신의 기호와 욕망을 솔직히 말하라.
- 받아들여지기 위해 상대가 좋아하는 것을 자신도 좋아하는 것처럼 행동하지 말라. 상대가 자신을 좋아하는 대가로 그 사람이 되어야 한다.
- 갈등이 두려워 자신의 욕망과 필요를 공유하는 것을 두려워하지 말라. 동등하게 공유할 수 있는 사람과 함께 있는지 초기에 발견하라.
- 자신이 본래의 모습을 지키는지 그리고 관계를 사실적으로 바라보는지 말해주는 정직한 친구들로부터 반응을 들으라.
- 매번 내리는 결정들이, 인생과 관계에서 자신이 무엇을 좋아하는지 그대로 보여준다. 주의하라. 상대는 보여지는 그대로 믿는다.
- 상대에게 무언가를 주거나 서비스를 제공할 때는 그 사실과 의도를 분명하게 밝히라.

너무 깊이, 너무 빨리

 가장 친한 친구인 척은 재능 있는 작곡가다. 대학 동창으로 함께 생활하던 어느 날, 그의 방을 찾아갔다. "내가 새로 지은 사랑 노래를 들어볼래?" 척은 기타를 집어들고는 노래를 불렀다. "그대를 사랑하오. 이제껏 사랑했고 앞으로도 항상 사랑할 테요. 그대 이름은 무엇인가요?"
 척이 자기의 데이트에 관해 노래하는지 아니면 단지 자신이 관찰한 대학생의 로맨틱한 삶을 노래하는지는 알 수 없었다. 그러나 가사는 알아들을 수 있었다. 사랑하는 사람을 전혀 모르면서도 영원한 사랑을 강렬하게 고백하는 내용이었다. 다시 말해서 너무 깊고, 너무 빨랐다.
 데이트를 하다가 너무 조급하게 약속하거나 깊고 복잡한 사이가 되는 경우가 흔히 있다. 두 사람은 서로 강하게 끌린다. 짧은 기간에 그들은 엄청난 시간을 관계에 쏟아붓는다. 다른 사람들, 다른 관심사, 다른 활동들을 외면하거나 소홀히 한다. 데이트를 배타적으로 하기 시작한다. 서로 강한 열정을 느끼고 떨어져 있으면 몹시 그리워한다. 그들은 곧 결혼하거나 헤어지고 또 다른 사람과 빠른 템포의 관계를 반복할지 모른다. 어느 쪽이든 그 관계는 저절로 와해된다. 그런 커플은 서둘러 진지한 약속을 주고받고, 그 과정이 비정상적이게 짧은 전형이다.

정상적인 기간이란 어느 정도를 말하는가? 성경은 데이트 관계가 얼마나 오래 지속돼야 하는지 명확히 밝혀주지 않는다. 하지만 우리는 약혼 기간을 제외하고 최소한 1년 정도는 돼야 한다고 본다. 2년이나 3년도 비현실적이라고 생각하지 않는다. 우리는 하나님께서 천하 모든 것에 때와 기한을 정해놓으셨다는 것을 안다(전 3:1). 최소한 일년을 데이트한다면, 두 사람은 인생의 온갖 계절을 함께 경험한다. 그러면 두 사람의 인생이 어떤 방향으로 나아갈지 관찰할 수 있다. 이런 정보는 그들이 어떻게 어울리는지 볼 수 있게 도와주는 매우 값진 내용이다.

그러나 많은 사람들은 만나고, 데이트하고, 몇 달 또는 몇 주만에 결혼한다. 그들은 오랜 기다림 끝에 하늘이 맺어준 인연을 찾았다고 믿으며 언제라도 결혼할 태세가 된다. 어떤 커플들은 1년이나 2년 동안 데이트하지만 관계 '초기에 모든 것을 해버리는' 문제에 빠진다. 그들은 너무 일찍 약속을 해버려 시간을 두고 점차 친밀해지는 과정을 겪지 않는다. 어느 쪽이든 문제는 같다. 우리가 앞으로 보여줄 많은 이유 때문에, 이 커플들은 시간을 역경으로 간주하고 실제로 필요 이상으로 시간을 거부한다.

기다리는 게 어때?

청소년 전문가인 조시 맥도웰은 결혼할 때까지 섹스를 하지 않는 것에 관하여 수백만 명의 십대들에게 물으면서 위와 같이 질문했다. 이와 똑같은 질문을 너무 빨리 진전되는 데이트 문제에도 적용할 수 있다. 아주 마음에 드는 사람과 점진적인 방법으로 친밀해지고 기다리는 시간을 두어야 하는 이유가 무엇일까? 이 질문에 도움이 되는 몇 가지를 제시한다.

관계엔 지름길이 없다

첫째, 우리는 하나님께서 설계하신 관계의 본성을 이해해야 한다. 이것은 데이트뿐만 아니라 가족과 우정에서도 마찬가지다. 관계는 여러 경험을 통해서 건전한 방법으로 성장하는데, 경험에는 지름길이 없다. 다시 말해서, 우리는 서로 경험한 정도로만 상대를 '안다.' 우리는 데이트 상대에 관한 사실, 즉 그의 친구, 직업, 취미 등은 알 수 있다. 그렇다고 해서 그 사람을 한 인격체로 '아는 것'은 아니다. 한 인격체로 '아는 것'은 어떤 사람의 신상 명세서를 읽는다고 되는 것이 아니다. 예를 들어, 창세기 4장 1절에서 아담이 하와를 '알았다'고 했을 때(창 4:1), 이것은 아담이 경험으로, 즉 건전한 성 관계에서 오는 깊은 친밀감을 통해 하와를 알았다는 말이다.

경험은 시간이 필요하다. 오랜 시간 관계를 유지해보지도 않은 채, 상대방을 충분히 경험할 수는 없다. 누군가와 장래 약속을 하기 전에 시간을 두고 해야 할 데이트 활동을 적어본다.

- 서로 안전하게 자기를 공개할 수 있도록 충분히 대화하기
- 일, 취미, 예배, 봉사 등 상대의 관심과 활동 영역에 가담하기
- 상대의 친구들과 만나 함께 시간 보내기
- 서로의 장점과 약점 이해하기
- 인생에서 중요한 기본 가치를 서로에게 설명하기

- 상대의 가족 알기
- 관계를 혼자서 또는 친구들과 생각해보기 위해 한 동안 떨어져 있기
- 의견의 불일치와 갈등을 가장 훌륭하게 다루는 자신의 방식 익히기

불과 몇 달 만에 이 모든 것을 하기는 어렵다. 그러나 꿈꾸는 듯한 수많은 커플들이 친구들에게 이렇게 말한다. "너는 이해 못할 거야. 우리는 평생 알아온 사람들 같아. 우리는 처음 만날 때부터 영혼의 동반자였어." 나도 만난 지 얼마 안 돼 결혼한 사람들을 아는데, 그들이 결혼 생활에 성공한 것은 옳은 과정을 거쳤기 때문이 아니라 그들의 인격 덕택이라고 생각한다.

예를 들어, 나의 이모 조니와 이모부 월튼은 결혼한 지 50년이 되었다. 나는 이모부의 청혼서를 읽은 적이 있다. 이모부는 이 청혼서를 두 사람이 유치원에 다닐 때 쓰셨다. 두 분은 아주 어릴 때 상대가 바로 '그 사람'임을 알았다고 나는 추측한다. 그러나 두 분은 자신들의 성공적인 결혼 생활이 매우 일찍 약속한 덕택이라고 생각하지 않으실 것이다. 평생 두 분을 알고 보아온 나는 그분들이 사랑에 대해 얘기하는 대신에 바른 가치관, 신앙, 좋은 때나 궂은 때나 함께 겪어낼 수 있는지 등에 대해 얘기했기 때문이라고 생각한다.

극히 짧은 데이트를 통해 서로를 이해하기는 불가능하다. 하나님께서 당신을 위해 작정해두셨다고 생각하는 사람과 인생의 여러 시기를 경험하라.

중요성의 척도

둘째, 누군가와 데이트한 기간은 그 관계의 중요성을 반영한다. 중요한

사안일수록 결정하는 데 많은 시간이 걸린다. 이것은 명백하다. 그럼에도 불구하고 많은 커플들이 이 점을 간과한다. 우리는 직업을 결정하는 데 수년이 걸린다. 신앙을 결정하는 데에도 오랜 기간을 씨름한다. 자금 거래를 조사할 때도 몇 달이 걸린다. 하물며 우리에게 가장 중요한 인간 관계에 그에 걸맞는 시간을 보장하는 것은 당연하다.

많은 부부들이 데이트 시절을 회상하면서, 서로 평가하고 질문하며 토론하고 도전하는 시간을 더 많이 갖지 못한 것을 후회한다. 데이트 시절, 관계에서 느낄 수 있는 따뜻하고 강렬하며 로맨틱한 감정 이상을 생각하기는 어렵다. 그러나 인생에서 결혼만큼 삶을 크게 변화시키는 결정은 거의 없다. 결혼이 중대한 이유를 몇 가지 살펴보자.

- 사랑하는 한 사람에게만 평생 매임
- 배우자 이외에 다른 모든 로맨틱한 사랑의 기회를 버림
- 배우자의 나쁘고 미성숙하며 일그러진 면들을 참음
- 자신의 나쁘고 미성숙하며 일그러진 면들을 배우자에게 적나라하게 공개함
- 이혼을 제외한 많은 방법으로 갈등을 해결함
- 배우자가 더 나쁜 방향으로 변할지라도 관계에 충실함
- 관계를 위해 자기가 좋아하는 것들을 희생함

누군가를 우울하게 하려고 이 목록을 만든 게 아니다. 오히려 데이트의 최종 목적지인 결혼 관계가 얼마나 중대한 가치를 지녔는지 보여주고 싶어서다. 성급하고 열정적이며 즉흥적으로 결정한다면 재앙을 불러올 뿐이다. 모든 것이 동일하다면, 아마도 나쁜 결혼 생활은 나쁜 독신 생활보다

더 괴롭기만 하다. 나쁜 결혼 생활에는 친밀한 형식은 있지만 친밀한 마음이 없기 때문이다. 두 사람이 같은 집에서 살고, 같은 침대에서 자고, 같은 아이들을 기르면서 살지만 마음은 각자 따로 산다. 결혼 계약 안에 머물지만 각자 따로 살면 단절감이 심해져서 이혼을 생각한다. 이런 심각한 요소들이 있기 때문에 누군가를 아는 데 충분한 시간을 두는 것은 그럴 만한 가치가 있다.

사랑의 본질

시간을 두어야 할 또 다른 이유는 이것이 사랑하는 법을 배우는 필수적인 과정이기 때문이다. 데이트는 배우자를 얻는 통로이기도 하지만, 그 안에서 배우자를 깊이 사랑하는 능력도 개발해야 한다. 성경이 정의하는 사랑은 다른 사람에게 최선의 것을 베풀려는 자세다. 하나님께서는 자신의 사랑으로 아들을 보내셔서 우리에게 최선의 것을 베푸셨다(요 3:16). 올바르게 데이트하는 법을 배울 때, 이런 사랑이 생기고 우리 안에서 자란다.

예를 들어, 관계의 속도를 늦추는 것은 이후의 더 큰 유익을 위하여 지금 좋아하는 것을 포기하는 것과 같다. 만족이 더딘 것을 참고 욕구 불만을 경험하며 인내를 배우는 것이다. 아직 자신에게 매이지 않은, 그래서 지속적으로 갈망하는 상태에서 사람을 사랑하는 법을 배우는 것이다.

기본적으로 데이트 기간을 길게 가지면 욕구와 사랑을 명확히 구분할 수 있다. 욕구와 사랑 모두 관계를 도모하는 삶의 좋은 면들이지만, 종종 그 둘은 혼동된다. 욕구는 외로움, 의존성, 무력감 같은 우리의 약점을 달래기 위해 친밀함을 추구한다. 사랑은 상대가 관계에서 유익을 얻는다는 것을 알기 때문에 사랑 자체를 위해 친밀함을 추구한다.

자신이 원하기도 전에 장래를 약속해달라고 조르는 사람과 데이트중이면, 왜 그러고 싶은지 물어보라. 자신에게 무턱대고 약속을 두려워하는 공포증이 없다면, 그 사람이 조르는 이유는 아마도 다음과 같은 욕구가 있기 때문이다.

- 상대가 전적으로 자기에게 매였음을 알고 싶어함
- 성적인 욕구 불만을 끝내고 싶어함
- 온전하다는 느낌을 얻기 위해 관계가 필요함
- 자기 인생에서 관계 맺을 누군가가 필요함

이런 욕구엔 좋은 욕망들이 포함되어 있을지 모르지만 그렇다고 해서 관계의 속도를 높일 이유는 못 된다. 이것들은 모두 의존적인 요소가 있어서, 상대를 향해 어느 정도 부모 역할을 맡게 된다. 앞으로 이 책에서 다루겠지만, 우리가 내리는 최악의 선택 중에 하나는 데이트 상대에게 부모가 되려고 하는 태도다. 그것은 보통 양쪽 모두에게 혼란과 고통을 안긴다.

사랑을 찾기 위해서뿐 아니라 사랑하는 사람이 되기 위해서도, 데이트의 보조를 적절히 늦춰야 한다는 사실을 명심하라.

내가 너무 빠른가?

어디에 기준을 두고 속도를 맞춰야 하는지 판단하기가 어려울 수 있다. 사랑은 사람들마다 나름의 속도가 있다. 어떤 사람은 다른 사람들보다 안전하면서도 더 빨리 진행할 수 있다. 그 사람은 다른 사람들보다 결정을 더 잘 내리거나 아니면 관계에 더 성숙한 사람들이다. 또한 너무 느린 경우도 있다. 약속하기를 두려워하는 남자와 수년 동안 아무런 진전도 희망도 없이 데이트하는 여자의 곤경을 생각해보라.

자신이 너무 빨리 약속하는지를 알 수 있는 방법이 있다.

- 상대를 객관적으로 알기보다 감성적으로 '안다'.
- 자신에게 중요한 삶의 영역보다 데이트에 더 많은 시간을 투자한다.
- 다른 사람들과 만나는 것을 갑자기 그만둔다.
- 친구들로부터 너무 서두르는 것 같다는 반응을 접한다.

징조가 무엇이든 그것에 주의를 기울이라. 으뜸가는 원칙은 아무리 주의를 해도 지나치지 않다.

왜 기다리지 않는가?

점진적인 속도로 데이트하면 많은 유익이 있음에도 불구하고, 왜 사람들은 그토록 쉽게 관계에 빠져드는가? 사람들이 얕은 사랑으로 속히 빠져드는 데는 많은 이유가 있다.

외로움

외로움은 인생에서 가장 고통스럽지만 필요한 경험이다. 사람들은 불안과 공허 심지어 내적 굶주림을 느낀다. 이것은 배고픔만큼이나 강하게 동기를 부여하는 힘이다. 외로움이 주는 공허감을 채우기 위해 우리는 거의 모든 일을 불사한다. 마음을 끄는 사람을 찾았을 때, 얼마나 빨리 그 사람으로 인생을 채워 버리는지 보면 쉽게 알 수 있다.

외로움은 결심, 의지력, 훈련보다 강하다. 사람들은 너무 지나치게 관계에 몰입하지 않겠다고 다짐하지만, 그 내적 굶주림을 채워줄 것처럼 보이는 사람을 만나면 자신의 다짐은 눈처럼 녹아버린다. 갑자기, 저녁마다 함께 지내며 부부가 된 듯한 태도를 취한다.

그러나 외로움은 적이 아니다. 외로움은 살아있다는 신호다. 하나님께서는 우리를 만드시되 하나님과 다른 사람들에게 애착을 갖고 결합하게 하셨다. 외로움은 궁극적으로 관계를 가져다주기 때문에 좋은 것이며, 우리가 모두 그 외로움에 처해 있기를 하나님께서는 원하신다. 우리는 모두 한 몸의 지체다(엡 4:25). 관계는 외로움을 치료한다.

그러나 데이트는 외로움을 치료하는 관계가 아니다. 이것이 문제다. 외로움을 해결하는 관계는 안전, 무조건적인 사랑, 깊은 신뢰와 같은 요소들을 지녀야 한다. 이런 요소들은 필요한 사랑을 얻고, 관계를 유지할 수 있게 해준다. 그런데 데이트에는 이런 요소들이 없다. 데이트는 본질적으로, 적어도 처음엔, 부담이 없다. 그래서 외로운 사람들은 종종 상대에게 깊고 빠르게 몰입한다. 그 뒤에 갈등이 일어나면, 그들은 온 마음을 관계에 다 쏟았기 때문에 크게 좌절한다.

외로움에서 너무 빨리 벗어나 너무 친밀해지고 있거든, 그것을 데이트가 아닌 어떤 좋고 견고한 관계에 몰입해야 한다는 신호로 삼으라. 곤란에 빠지기 전에 외로움을 처리하라.

집을 떠나는 어려움

어떤 커플들은 데이트 초부터 거의 결혼한 듯이 행동한다. 그들은 어느 순간 자신들만의 행동 방식과 규칙적인 일정을 가진 단일체로 보인다. 서로에게 헌신하여 견고해진 관계처럼 보인다. 어떤 면에서, 누구나 꿈꾸는 평생 동반자의 전형처럼 보일지 모른다.

그러나 이 전형에는 더 나쁜 특성이 있다. 때때로 어떤 커플은 정서적으로 집을 떠나지 못했기 때문에 매우 빠르게 '커플'이 되곤 한다. 그들은 독신으로 살아가는 데 어려움을 겪고 있으며 스스로도 자기는 독신 생활이 불안정하다고 생각한다. 그래서 그들은 데이트 상대를 선택한다기보다 결혼 관계를 선택한다.

성인은 집을 떠난 사람이다. 이것은 가족에게 의존하는 것에서 벗어나 자율적이고 스스로 책임지는 사람이 되었다는 의미다. 모든 사람은 성인이 되는 초기에 급격한 변화의 기간이 필요하다. 이때에는 집에서 배운 것을 재산 삼아 점차 집을 떠나 자신만의 삶을 창조한다. 대학생 시절이나 이십대 초반이 그래서 중요하다. 이때 독립한 성인으로 자기 인생을 사는 방법을 배울 수 있다.

집을 떠나는 것은 삶에서 금전, 직업 결정, 주택 마련 등 '행동'의 영역은 물론 '관계'의 영역도 포함한다. 성인은 더이상 자기 가족에게 의존하지 않는다. 가족을 사랑하지만 예전처럼 그들을 필요로 하지 않는다. 이 때문에 그들은 하나님께서 설계하신 '떠나고 갈라지는' 과정을 준비한다. 우리는 처음으로 가정을 떠나 우정, 일, 교회, 이웃들을 바탕으로 자신의 가정을 세운다.

집 떠나는 과정을 마치지 못한 사람에게 홀로 된다는 것은 하나의 갈등이다. 이런 사람은 홀로 선다는 사실이 즐겁지 않으며 오히려 공허하고 차가우며 안전하지 않은 삶의 방식이라고 느낀다. 이 사람은 아직 떠나지 못한 집이라는 환경을 간절히 바란다. 그래서 누군가를 만나면 빨리 장래를 약속해버린다. 결혼이 '집'에 있는 경험을 할 수 있는 유일한 길이기 때문이다. 그렇지만 결혼 후에 의존성이 여러 면에서 드러나 문제가 된다. 예를 들어, 어떤 사람은 상대에게 완전히 의존한다. 즉, 배우자가 엄마나 아빠이기를 여전히 원한다. 아니면 이제야 집을 떠날 준비가 돼서 배우자로부터 더 많은 자유를 원한다.

이 갈등은 아직 결혼하지 않은 사람뿐 아니라 이혼한 사람에게도 적용할 수 있다. 이혼한 사람들은 결혼한 상태에 더 익숙하기 때문에 지나치게 서둘러 장래 약속을 하는 경우가 많다. "나는 열아홉 살에 전 남편과 결혼해서 30년 동안 결혼 생활을 했어요. 그래서 독신 생활을 상상할 수 없어요"라고 말하는 이혼녀처럼 말이다. 이런 문제에서는 그 사람의 삶의 방식을 변화시키는 것이 좋을 때가 많다.

우정을 유지하는 어려움

어떤 사람들은 우정을 깊이 유지하는 데 어려움이 있기 때문에 지나치게 장래 약속을 서두른다. 그들은 인생의 한 부분을 맛보지 못하며 사람들과 진심으로 가까워지지 못한다. 다른 사람을 신뢰하는 것도 어렵다. 애착을 느끼지 못하는 증상을 겪고 있다. 이런 증상이 있는 사람들은 외로움을 느끼지 못할 수 있다. 사실 홀로 있을 때 관계를 맺을 필요가 없어지기 때문에 안도감을 느낀다.

내게는 뛰어난 화가 친구 하나가 있다. 그는 숨막힐 듯 멋진 풍경을 그린다. 그러나 그는 예술 이외에 다른 분야에서는 사람들과 나눌 이야기가 없다. 그런 이유로 친밀함은 그가 거의 경험하지 못한 영역이었다. 열아홉 살 때 그는 무척 사교적이고 외향적인 소녀를 만나 사랑에 빠졌다. 곧 그들은 떨어질 수 없는 사이가 되어 몇 달 후 결혼했다. 그에게 왜 그녀에게 매혹되었는지 물었다.

"그녀와 함께 있으면 말하고 사귀는 것이 쉬웠어. 다른 사람하고는 어려웠거든." 그가 말했다. 이해할 수 있다. 그러나 그의 아내가 된 소녀는 남편의 유일한 삶의 통로가 자기뿐인 것에 참기가 힘들었다. 그리고 그런 상태는 상당 기간 지속되었다.

완벽주의

완벽주의자는 결코 결혼하지 못하며 성미가 너무 까다로울 거라고 우리는 짐작한다. 그들은 실수를 두려워한다. 즉, 괜찮은 사람에게 장래 약속을 했다가 곧 완벽한 사람을 만날까봐 걱정한다. 물론 장래 약속을 늦춘다는 점에서 완벽주의자가 좋은 때도 있다. 그러나 이상에 사로잡혀도 너무 빨리 장래 약속을 하는 정반대의 문제를 일으킨다. 그 이유는 완벽주의를 다른 방식으로 해결하기 때문이다.

예를 들어, 어떤 완벽주의자들은 자기에게 없는 약점을 모두 갖고 있는 것 같은 사람에게 일찌감치 장래 약속을 한다. 친구들은 당황해서 머리를 저으며 공통점이 전혀 없는 그 사람에게 적응하느라 애쓴다. 이런 일은 완벽주의자가 자기 약점, 나쁜 점, 불완전한 점을 해결할 수 없을 때, 오히려 이런 점들을 가지고 있는 사람과 종종 신속하게 사랑에 빠지기 때문이다. 완벽주의자는 자기의 참을 수 없는 면을 상대의 것으로 생각해버린다. 이런 식으로 완벽주의자는 여전히 자기의 모든 면과 관계를 맺으면서도 그 책임을 질 필요가 없다.

'천사' 같은 여자가 '악마' 같은 남자에게 서둘러 장래 약속을 하는 것을 보게 되는데 비슷한 원인이 그 밑에 깔려 있다. 우리 안에서 해결되지 않은 문제들이 우리가 선택한 사람에게서 발견되는 경우가 흔하다.

어떻게 해야 하는가?

너무 깊게 들어갔거나 데이트 속도가 지나치게 빠를 때 해야 할 일이 몇 가지 있다. 거기에는 즐겁지 않으며 번거로운 일이 조금 포함된다. 하지만 청룡 열차를 탄 것처럼 긴장했다가도 이내 낙심을 안겨준 관계들에 싫증났다면 시도해볼 가치가 충분히 있다.

무엇이 서두르게 만드는지 확인하라

외로움, 외톨이가 되는 것에 대한 두려움, 친구를 잘 사귀지 못함, 완벽주의 등이 서두르게 하는 요인일 수 있다. 이 문제들을 데이트의 문제로 여기지 말고 인생의 문제로 여기고 해결하라. 이 영역에서 성숙하면 좌충우돌하던 모습은 저절로 해결된다.

충만한 삶을 살라

충만한 삶을 사는 것이 아마도 너무 빨리, 너무 친밀해지는 문제를 치료하는 가장 좋은 해독제일 것이다. 자연은 진공 상태를 대단히 싫어하고 인간은 공허감을 로맨틱한 약속으로 채우는 경향이 있다. 현실의 삶, 즉 친구, 일, 취미, 교회, 봉사, 하나님 등에 자신의 시간을 쓸 수 있도록 하나님께 도움을 구하라.

관계를 진단하기 위해 일부러 속도를 늦추라

속도를 늦출 수 있다면, 성급한 약속 이면에 깔려 있는 실체들을 금방 확인할 수 있다. 예를 들어, 상대가 두 사람 사이의 문제들을 다루고 싶지 않을 경우 속도를 늦추면 좌절하거나 조바심을 낼 수 있다. 또는 관계가 빠르게 진행됨으로써 미처 모르고 지나쳤던 걱정, 슬픔, 분노가 솟구치는 것을 발견할 수도 있다. 관계가 성숙하면, 속도를 늦출 때 나타나는 시험을 견디낼 수 있다.

누가 속도에 영향을 미치는지 조사하라

자신이 속도에 영향을 미치는가 아니면 데이트 상대인가? 그것도 아니면 두 사람 모두가 영향을 미치는가? 이것은 압력을 주는 주체가 누구인지 알고 그것과 관련해 처방을 내릴 수 있게 해준다.

친구들의 의견을 들으라

성숙하고 안전한 친구들에게 가서 언제 자신이 이상해지는지 말해달라고 겸손히 부탁하라. 언젠가 자신의 눈에서 미친 듯한 빛을 읽거든, 누군가에게 너무 빨리 몰입하거든, 그들이 "멈춰!"라고 말할 수 있게 하라.

데이트할 때는 너무 빨리 장래 약속을 하기가 쉽다. 그러나 그 문제를 해결하면 좀더 균형 잡힌 건전한 데이트를 할 수 있다.

요약

- 관계가 빠르게 진전되면 그것을 하나의 신호로 여기고 그 이유를 자신에게 물으라.
- 자기만의 독립된 영역을 확보하거나 특히 다른 친구들과 친하게 지내는 식의 탈출구를 마련해 너무 빨리 상대에게 몰입하는 경향을 피하라.

 194 '노(No!)'라고 말할 줄 아는 데이트

- 갈등, 차이점 등을 얼버무리려 하지 말고 현안으로 다루라.
- 종종 빠르고 열정적인 관계는 타 없어지거나 가벼워진다는 사실을 명심하라. 진정한 사랑은 시간이 걸리고 지름길도 없지만 시도할 만한 가치가 있다.
- 외로움이나 내적 상처 같은 고통을 피하기 위해 서둘러 관계에 몰입하지 않는지 확인하라.
- 성숙된 사랑을 만드는 힘든 과정을 인내하고 날마다 사랑이 성장하는 것을 경험할 수 있게 해달라고 하나님께 간구하라.

나쁜 사람에게 자신을 내어주지 말라

데비의 성숙은 꽤 높은 단계에 올라섰다. 삶의 문제들을 해결하기 위해 애썼는데, 자신을 지원해주는 관계들 덕분에 성공적이었다. 일부 곤란한 관계와 자신의 이미지 때문에 힘들어했지만 인생에서 새로운 단계에 접어들고 있었기 때문에 행복했다.

그녀는 1년 전에 파혼한 이후 어느 누구와도 진지한 데이트를 하지 않았다. 그러다가 치료와 안정을 위해 친구들을 찾았는데 결과가 좋았다. 친구들과 지내는 시간이 즐거웠으며 삶과 미래에 관하여 낙관적인 시각을 가질 수 있었다. 새로운 취미와 관심사들을 추구함은 물론 교회 활동에도 적극 참여했다. 요트 타는 법을 익혔고 예술 강좌도 몇 개 들었다. 다양한 사람들하고도 자주 만났다. 그리고 몇 가지 지역 사회 프로그램에도 자원하여 활동 거리를 찾았다.

그때 닉을 만났다. 그들은 금방 어울려 지냈고 많은 시간을 함께 보내기 시작했다. 얼마 지나지 않아 둘은 연인 사이가 되었고 다른 사람들하고의 만남이 뜸해졌다. 처음에 데비의 친구들은 그녀가 아주 좋아하는 사람을 찾았다는 사실에 기뻐했다. 그녀를 자주 볼 수 없게 되자 친구들은 '실종되었다' 거나 기타 은유적인 표현을 써서 놀리기도 했다. 닉이 데비의 인생 전부가 된 것 같았다. 데비는 닉과의 새로운 관계가 자신이 원하던 모든 것을 해결해주는 인생의 한 차원 높은 단계로만 여겨졌다.

시간이 지나면서 친구들은 더 이상 그녀를 놀리지 않았다. 친구들은 이제 데비를 볼 수 없다는 것 때문에 서운했다. 때때로 데비에게 전화를 걸었지만 그때마다 닉과 만나 무언가를 하든지 아니면 닉의 집에 있든지 그랬다. 친구들은 한편으론 걱정이 되었다. 그리고 닉에 대해서도 아는 게 별로 없었기 때문에 그리 유쾌하지 않았다. 가끔 데비와 함께 닉을 만났지만 사실상 그에 대해서 아는 것이 아무 것도 없었다. 그들이 오랫동안 함께 했던 그룹 활동에도 끼지 않았기 때문에, 닉은 데비 친구들의 모임에서 수수께끼 같은 존재였다.

한편 데비의 시각에서는 모든 것이 멋졌다. 닉과 데비 두 사람은 무엇이든 함께할 수 있어서 좋았고 서로 상대를 잘 아는 것이 행복했다. 데비는 자신이 사랑에 빠졌다고 생각했다.

그러나 자신이 점점 변하고 있다는 사실을 보지 못했다. 한때는 외부 활동과 취미 생활에 매우 관심이 많았는데, 지금은 거의 닉과 붙어 있으면서 그가 하고 싶어하는 것을 했다. 닉은 서핑을 무척 좋아했다. 그래서 데비는 해변에서 서핑하는 그를 바라보거나 책을 읽으며 대부분의 시간을 보냈다. 그녀가 많은 시간을 투자했던 공동체 활동과 그녀의 성장에 큰 부분을 차지했던 단체들도 더이상 그녀의 관심사가 될 수 없었다. 너무 행복한 그녀에게 다른 것은 없어도 좋았다.

영적인 면에서도 하나님께 대한 그녀의 관심이 사라진 듯 했다. 하나님께 등을 돌린 것은 아니었지만 모든 것을 닉과 지내는 데 쏟았기 때문에 자신이 하나님이나 영적 성장에 대해 생각할 여유가 없었다.

이런 상황은 데비에게 경종을 울린 두 가지 사건이 일어날 때까지 계속되었다. 첫번째 사건은 닉과 잠자리를 같이 한 것이다. 그녀는 결혼할 때까지 다시 남자와 동침하지 않겠다고 하나님께 맹세했다. 이 맹세는 그녀가 하나님께 헌신하겠다고 약속한 부분이며 이전 남자와의 불화에서 배운 지혜의 한 부분이기도 했다. '영원' 할 것처럼 보이던 관계가 깨졌고 자신을 내준 사람에게 결국 이용당했다는 사실에 참담함을 느꼈다. 그런데 지금, 이번에는 정말로 영원할 거라고 확신했지만 자신이 다시 똑같은 일을 하고 있다는 사실을 깨달았다. 그러나 시간이 가면서 그녀의 이중성이 그녀를 망치기 시작했다. 그리고 닉은 성생활을 중요하게 다루지 않았는데, 그녀는 이것이 싫었다. 처음에 닉은 영적으로 몹시 헌신적인 사람처럼 보였다. 그러나 그의 영성은 뿌리가 깊지 않다는 것을 데비는 알기 시작했다.

두번째 사건은 어느 날 닉이 데비에게 성형 수술에 관심이 있는지 물은 것이다. 처음에는 그가 자기를 놀리는지 알았다. 그러나 데비가 웃는데도 닉은 웃지 않고 더 진지하게 말했다. "나는 당신이 성형 수술을 받으면 더 예뻐 보일 거라고 생각해."

데비는 망연자실했다. 하지만 거기에 머무르지 않고 곰곰이 생각했다. 자신에 관해 닉과 나눈 그 동안의 대화들을 떠올렸다. 어떤 대화는 자기 얼굴, 머릿결, 때로는 몸매 등에 관한 것이고(데비는 매우 정상적이고 매력적인 몸매의 소유자였다), 또 어떤 대화는 자기 의상과 유행에 관한 것이었다. 좀더 생각해보니 자기 인생에서 중요한 영역에 관한 내용들도 있었다. 자기가 열정적으로 좋아하는 요트 여행을 함께 하자고 제안했을 때

닉이 요트 여행을 비판한 적도 있다. 그는 요트 여행이 지루하고 활동적이지 못하다고 여겼다. 그에 따르면 서핑은 지루하지 않았다. 그러나 정말로 서핑에 대해 생각해보니 서핑을 지켜보는 것 역시 흥미롭지만은 않았다. 그녀는 닉 곁에 있는 것만 너무 좋아한 나머지 자기 관심사를 모두 잃어버렸다.

그녀의 다른 관심사들에 대해 닉이 교묘하게 비판한 기억도 떠올랐다. 그가 비열하다고는 생각하지 않았는데, 그것은 아마도 그녀가 눈치채지 못해서일지도 모른다. 그녀가 좋아하거나 원하는 것들이 실제로는 그리 좋은 것이 아니며 닉은 더 교묘한 방법으로 자신의 의견만을 고집해왔다는 생각에까지 미쳤다.

똑같은 판단이 그녀의 친구들에게도 적용되었다. 닉은 친구들과 그리 많이 어울리지 않았다. 그녀가 친구들과 멀어진 때문이기도 하지만 그는 데비의 친구들에 대해 너무 예술가인 체 한다느니 하며 폄하하거나 그것도 아니면 아예 그녀들에게 관심 없다는 투로 말하곤 했다. 그러나 닉과 함께 있는 것이 그녀에겐 가장 중요했으므로 데비는 쉽게 그것을 잊어버렸다. 그녀는 닉과 함께 지내는 것이 너무 좋아서 그가 싫어하는 일을 하자거나 싫어하는 사람을 만나자고 조르지 못했다.

그는 재미있고 적극적이며 쾌활했다. 그래서 비열하다거나 비판적으로 보이지 않았다. 그는 데비에게 중요한 사람들과 중요한 것들을 대부분 미묘하게 거부했다. 데비는 그것을 이제야 보기 시작했다. 닉은 강한 성품의 소유자였는데, 이것도 데비가 좋아한 부분이다.

그러나 그 강한 성품으로 자신의 인생과 욕망을 추구했을 뿐 그녀의 인생과 욕망은 모른 척했다. 그 결과 그녀는 자기가 좋아한 것들은 물론 자기 가치관도 상실했다. 닉의 다정한 통제에 자신이 얼마나 와해되었는지를 보고서 데비는 몹시 당황했다.

이후 데비는 평탄한 길을 가지 못했으나 다행히 그 끝은 좋았다. 성형 수술과 관련한 이야기 덕분에, 그녀는 친구 몇 명에게 가서 얘기했다. 자기가 취미를 상실한 과정은 물론, 신체와 관련된 닉의 언급과 성형 수술 제안 등에 대해서도 솔직히 다 털어놓았다. 닉과 함께 잔 것도 이야기했다. 친구들은 필요하다면 서로 도움을 주겠다고 단단히 약속했다. 데비는 진작에 친구들의 도움을 받지 않은 것이 후회스러웠다.

그래도 사실을 직시하는 데 친구들의 도움이 필요하다는 점을 지금에라도 깨달을 수 있어서 다행이었다. 친구들은 이 점에서 자신들의 몫을 잘 감당해주었다. 그들은 매우 직설적이었다. 그리고 화도 냈다. 어떤 사람이 화내지 못하는 것을 보고 그를 사랑하는 사람이 화내는 것과 같은 태도였다.

"뭐? 몸매가 어떻다고? 그 남자 미쳤니? 전화번호 좀 줘봐. 몸매가 어떤 건지 말해줄 테니까!"

"성형 수술이라고? 이 남자 얼간이 아냐? 그런 소릴 듣고 가만히 있었니?"

"요트 여행이 지루하다니 무슨 말이야? 네가 요트 여행을 얼마나 좋아하는데. 부둣가를 산책하면서 너의 요트 타는 모습을 바라보고 싶지 않느냐고 말도 안 해봤니?"

"결혼할 때까지 섹스를 참는 것이 너에게 참으로 중요하다고 말했는데도 섹스를 요구했단 말이니? 그 사람 정말 이기적이다."

친구들은 분통을 터뜨렸다. 처음에 데비는 닉을 변호하려 했다. 닉은 참 좋은 사람이며 결코 비열하거나 자신을 함부로 대하지 않는다고 말했다. 그러나 친구들은 가차없었고 데비의 변명을 계속 용납하지 않았다. 설령 그가 좋은 사람이라 할지라도 데비를 이기적으로 이용한 것만은 분명했다. 친구들과 지원 시스템은 물론 그녀에게 중요한 모든 것, 심지어 가치관으로부터도 그녀를 갈라놓았다.

차츰 데비는 이것들을 회복하기 시작했다. 진작에 해야 하는 것들을 했다. 자신을 견고하게 지켜주는 지원 시스템을 이용했다. 그리고 여기에서 힘을 얻어 점점 강해지고 닉에게 더욱 직접적으로 자신의 입장을 밝혔다. 그녀는 육체 관계에 바운더리를 유지했다. 그리고 요트 여행은 물론, 그녀의 친구들과 일정한 관계를 유지하는 것도 중요하다고 말했다.

닉은 자신을 방어하지 않았다. 자기 말과 행동이 데비의 마음을 해치는지 몰랐다고 말했다. 그는 매우 미안해했다. 그들은 그 상태에서 다시 시작하기로 했다. 한동안 상황이 좋아 보였다. 그러나 그가 의식했건 못했건 다시 그의 본성과 의도가 드러났다. 그는 여전히 데비의 외모가 싫었고 그녀가 변하기를 원했다. 데비가 제안한 대로 하기는 했지만 기뻐서 하는 게 아니었다. 새로운 갈등이 생겼다.

그러나 이번에는 완전히 달랐다. 데비는 친구들과 공동체에 결합되어 있었다. 닉뿐 아니라 친구들과도 시간을 보냈으며, 교회와 기타 활동을 다시 시작했다. 일어난 일을 친구들에게 말하고 의견을 들었다. 친구들은 데비가 자기의 관계를 정확히 볼 수 있도록 도왔다. 결국 데비와 닉은 헤어졌다.

좋은 결말처럼 보이는가? 당연히 그렇다. 데비는 그 관계가 계속되었으면 틀림없이 경험했을 마음 고생을 겪지 않았다. 어떤 관계든 가져야만 하는 그녀의 욕구 때문에, 친구들의 지원이 없었으면 데비는 닉과 관계를 계속 유지했을 것이고 나아가 결혼까지 했을지도 모른다. 사실에 기초를 둔 데이트가 중요하다. 데이트 관계가 사실에 토대를 두기 위해서는 몇 가지 중요한 요소가 있어야 하는데, 데비는 이것들을 친구들로부터 얻었다. 이제 그 요소들을 살펴보자.

사실을 직시하기 위한 타인의 의견

사귄 지 얼마 되지 않아 '사랑에 빠지는' 것은 일종의 병이다. 고칠 수는 있지만 어쨌든 병이다. 이 병은 사실을 직시하지 못하는 병이다. '사랑에 빠지는' 상태는 이상화하는 상태고, 이 상태에서는 상대를 사실의 눈으로 보지 못한다. 이 병에 걸린 사람은 대체로 자신의 희망이나 환상이라는 눈을 통해 상대를 본다. 그러나 이상화 범위가 사실에 근거하거나 영속적인 것과 관련이 있으면 가끔 환상도 유익하다.

문제는 이상화가 너무 강하고 또 그것이 사실이기를 바라는 욕구가 너무 강하면 사랑하는 사람을 사실에 기초해서 볼 수 없다는 것이다. 이것이 자신을 잘 아는 친구들과 계속 관계를 유지해야 하는 이유다. 자신이 새 애인에게서 보지 못하는 면들을 친구나 가족은 볼 수 있다. 그들을 신뢰해야 한다. 문제가 있거나 서로 나쁜 사이가 아니라면, 친구들은 이상화하고 희망적으로 보는 눈으로 판단하지 않을 것이며 새 애인을 우리보다 더 정확히 볼 수 있다. 사랑하는 사람들이 까다롭고 때로는 형편 없는 누군가를 선택할 수 있다고 생각해봤는가? 왕자가 어느 날 갑자기 개구리로 변했다고 생각하는가? 그렇지 않다. 아무리 왕자처럼 옷을 입어도 개구리는 항상 개구리였다. 그런데도 공주는 이상화하고 사실을 부인하는 눈으로 본다. 친구의 눈을 빌리라. 당신에겐 친구의 눈이 필요하다.

친구는 우리를 알며 또 우리에게 중요한 것도 안다. 우리가 상대와 함께 지냄으로써 더 원만하고 온전해지는지 아니면 본연의 자기가 아닌 다른 사람으로 변하는지 구분할 수 있다. 하나님께서 우리를 만드실 때 의도하신 모습으로 자라고 있는지도 알 수 있다.

이 두 가지 사항이 데비와 닉의 관계에서는 철저하게 무시됐다. 데비는 닉과 더불어 친구나 가족과 어울리지 않았기 때문에 또 친구들과 긴밀한 관계를 유지하지 않았기 때문에, 자기가 통제적인 사람을 이상화하고 있다는 것과 자기 본연의 모습을 상실하고 있다는 두 가지 사실을 보지 못했다. 친구들과 계속 관계를 유지했다면 그 사실을 좀더 일찍 친구들로부터 들을 수 있었을 것이다.

사실을 다루는 지원 시스템

사람들은 두 가지 이유 때문에 사실을 다루지 않는다. 첫번째 이유는 사실을 직시하지 못하기 때문이며, 두번째 이유는 사실을 직시했으면서도 그것을 다룰 수 없거나 다루고 싶어하지 않기 때문이다. 사람들은 관계에 잘못된 점이 있을까봐 바운더리가 필요하다는 것을 안다. 때로는 관계가 어리석거나 심지어 잘못되었다는 것도 안다. 그러나 관계를 끝내거나 바르게 하는 법을 자기 내면에서 찾지 못한다.

이것이 바로 지원 시스템이 필요한 이유다. 전도서 4장 9절에서 12절의 말씀처럼 말이다. "두 사람이 한 사람보다 나음은 저희가 수고함으로 좋은 상을 얻을 것임이라 혹시 저희가 넘어지면 하나가 그 동무를 붙들어 일으키려니와 홀로 있어 넘어지고 붙들어 일으킬 자가 없는 자에게는 화가 있으리라 두 사람이 함께 누우면 따뜻하거니와 한 사람이면 어찌 따뜻하랴 한 사람이면 패하겠거니와 두 사람이면 능히 당하나니 삼겹 줄은 쉽게 끊어지지 아니하느니라." 우리는 하지 못하는 것을 하기 위해 지원하는 사람들로부터 도움을 구한다. 그들은 우리가 어려울 때 우리편에 서서 여러 일을 한다.

- 정서적인 지원을 한다.
- 진리와 지혜를 제공한다.
- 가치관과 도덕을 지킬 수 있는 용기를 준다.
- 상처를 주는 사람에게 단호한 입장을 취하는 용기를 준다.
- 우리에게 위로와 힘을 주어 어려운 상황이나 까다로운 사람에게 대처할 수 있게 해준다.
- 우리에게 없는 지식과 기술을 준다.

도와줄 친구들이 없었다면 데비는 자기 입장을 고수하지 못했을 것이다. 처음에 그녀는 갈등을 두려워했지만 친구들로부터 저항할 힘을 얻었다. 상황이 악화되었을 때 친구들이 없었다면 그녀는 아마도 닉에게 굽히고 들어갔을 것이다. 닉을 사랑했기 때문에 또는 그가 몹시 필요했기 때문이다. 마침내 관계를 끝내는 게 좋겠다고 생각했을 때, 친구들은 그녀를 괴로움에서 건져주었다.

필요한 헤어짐이었음에도 불구하고 외로움과 버려진 느낌 때문에 다시 이전 관계로 되돌아가는 경우가 너무나 흔하다. 친구들을 비롯한 지원 시스템은 헤어짐을 겪을 때 필요한 지원을 제공한다. 전도서 3장 6절에서 솔로몬은 이렇게 말한다. "찾을 때가 있고 잃을 때가 있으며 지킬 때가 있고 버릴 때가 있으며…" 어떤 데이트는 끝내야 하고 때도 됐지만, 당사자가 그럴 수 있을 만큼 충분히 강하지 못하다. 이런 경우에 친구와 공동체는 그의 인생을 구할 수 있다.

데이트 상대와 모든 면에서 관계를 맺기

데비는 닉과 데이트하면서 자신의 모든 면을 상실하고 있었다. 좋은 관계에서는 이런 일이 일어나지 않는다. 좋은 관계에서는 하나님께서 계획하신 모습으로 성장한다. 데비는 친구들은 물론 자기 자신에 대해서도 깊이 생각하지 못했다. 요트 여행이나 예술에 대한 열정도 잃어버렸다. 하나님께 가까이 가려는 마음도 잃어버렸다.

그밖에도 자신의 여러 부분을 잃어버리고 있었다. 전반적으로 그녀는 원만하지 못하고 한 가지에만 골몰하는 사람이 되어가고 있었다. 그녀의 풍부한 감수성은 물론 깊은 영성도 거의 메말랐다. 자기 인생을 깊이 생각하지 않았기 때문에 분노를 느끼는 능력을 상실했고 저항하는 감정은 무디어졌다. 온통 닉만 존재했고 자신은 어디에도 없었다.

데비의 친구들은 이것을 알아차렸다. 그들은 데비를 영화관과 박물관에 데리고 갔다. 데비와 함께 음악도 듣고 미술 전람회도 갔다. 데비는 친구들과 요트 여행을 하고, 교회 미혼자 모임에 다시 참석해서 많은 사람들을 만나며 즐거운 시간을 보냈다. 서서히 그녀는 예전의 자기 모습을 되찾았다.

그녀가 친구들과 내내 함께 지냈더라면, 자신의 원래 모습을 잃어버리지 않았을 것이며 닉의 문제점들을 좀더 일찍 파악했을 것이다. 계속해서 자기 본 모습을 지켰다면 닉은 어떤 식으로든 그녀를 존중했을 것이다. 적어도 그녀가 좋아하는 일들을 못하게 하지는 않았을 것이다. 데이트를 시작하기 전의 '삶을 데이트중에도 유지'한다면 자신을 지키는 것이며, 두 사람은 서로의 진실한 모든 면을 알 수 있다. 친구들은 우리가 그렇게 하도록 돕는다. 다시 말해서, 친구들은 우리가 데이트하기 전에 하던 것들을 계속 유지할 수 있게 해준다.

친구들은 좋은 쪽으로든 나쁜 쪽으로든 우리가 변하는 것을 눈치챈다. "그녀는 데이트를 시작한 후 무척 많이 성장했어요. 그 사람 덕분에 훌륭한 사람이 됐어요"라는 말을 얼마나 듣는가? 이같은 일은 바람직한 현상이며 친구들은 단번에 그걸 눈치챌 수 있다. 반대로 "그녀는 데이트를 시작한 후 너무 많이 변했어요. 원래의 그녀가 아니에요. 더 이상 그녀 곁에 있고 싶지 않아요"라는 말을 얼마나 듣는가? 때때로 데이트는 사람을 나쁜 방향으로 변하게 만든다. 좋은 바운더리가 없으면, 관계는 그런 힘을 갖는다. 이런 일이 일어날 때 자신에게 바른 말을 해줄 수 있는 사람은 친구다. "친구의 통책은 충성에서 말미암은 것"이다(잠 27:6). 미처 깨닫지 못한 사실을 친구가 말할 때 그것을 진심으로 받아들이라.

삶을 잘 영위하게 해주는 영적 가치관을 굳게 지킴

하나님과의 관계와 영적 가치관은 우리를 견고하게 하며 삶을 잘 영위하게 해준다. 하나님께서 그렇게 설계하셨다. 우리의 가치관은 삶을 건축하는 설계도다. 그것은 삶을 영위하는 방식을 규정한다. 우리가 정직, 순수, 연민, 절제, 친절, 책임 등에 가치를 부여한다면 삶이 건전해져서 그 결과도 좋게 나타난다. 그러나 우리 가치관이 삐끗하기 시작하면 전혀 엉뚱한 방향으로 진행되어 그 결과도 나빠진다. 닉과 잠자기 시작했을 때, 데비는 자신에게 매우 중요하고 자신의 다른 면들을 상실하지 않게 해주는 가치 하나를 잃어버렸다. 섹스에서 느낀 거짓 친밀감 때문에 참된 친밀감이 없다는 사실을 깨닫지 못했다. 미혼 남녀가 순결을 지키면 이런 위험에서 벗어날 수 있다.

외모에 대한 닉의 지나친 요구에 순응하기 시작했을 때, 데비는 이미 정직과 상냥함에 부여한 가치관도 상실해버렸다. 닉의 요구는 상냥한 것이 아니므로 자신이 상냥함에 가치를 부여하고 있다는 사실을 정직하게 말해야 했다. 그녀의 외모는 아무 문제가 없는데도 그것을 비판하는 것은 사랑에서 비롯된 행동이 아니다. 사람은 서로 거짓말해서는 안 되기 때문에 그녀의 외모에 실제로 문제가 있어서 그것에 대한 자신의 느낌을 말했다면 잘못이 아니다. 그러나 닉의 경우는 완전히 자기 중심적이다. 그녀는 솔직히 그에게 말해야 했다. 그것이 정직에 부여한 자신의 가치관을 지키는 행위다.

공동체는 하나님께서 고안하신 하나의 전달 체계이며 가치관을 지키고 하나님 안에 견고히 서 있을 수 있게 도와준다. 우리는 이 공동체에서 영적으로 성장하고, 하나님의 은혜도 받는다(엡 4:16, 벧전 4:10 참조). 데비의 친구들은 데비가 어떻게 자신의 영적 가치관과 하나님과의 관계를 상실하는지 지켜보았다. 그들은 내내 그녀를 도울 수 있었다. 다행스럽게도 친구들은 끝까지 그녀에게 도움을 주었다. 그들은 그녀가 건전한 길에서 벗어났다는 점을 지적했다. 하지만 비난하는 투는 아니었다. 하나님께서 하시는 방식대로 그녀에게 무엇이 가장 유익할지를 마음에 두고 그녀의 잘못을 지적했다.

독립된 삶과 발전

모든 관계엔 서로 관심이 다르고 일정 기간 떨어져 지내는 독립된 두 사람이 포함된다. 각자의 친구나 관심사, 따로 떨어져서 몰두하는 시간이 없는 사람은 십중팔구 온전한 상태가 아니다. 두 사람은 서로 독립이 필요하다. 하나님께서 그렇게 만드셨다. 데비는 닉과 따로 떨어져 있는 시간, 공간, 친구, 자기만의 관심사가 필요했다. 그러나 자기 공간과 개성을 제거하고 닉과 뒤섞였다. 닉과의 관계가 잘 진행되었더라도 데비는 닉과 떨어져 있는 공간과 자유가 필요했으며 친구들이 그 공간과 자유를 제공할 수 있었다.

각자의 친구와 생활, 시간과 공간을 빼앗는 관계는 결코 건전하지 않다. 그런 관계는 서로 기생하고 신경과민을 불러오기 쉽다. 친구는 자유를 줄 뿐만 아니라 우리를 더 건전하고 원만하게 해준다. 나아가 우리가 데이트 관계에만 몰두하여 자신을 소홀히할 때, 그 순간을 금방 알아차린다. 데비를 다시 만났을 때 친구들도 그것을 알아차렸다.

이 때는 다른 사람과 데이트하는 것도 도움이 된다. 특히 관계 초기에 다른 사람들에게도 자신을 개방하는 태도는 중요하다. 그렇게 하면 객관성을 유지할 수 있어서 현재의 관계를 이상화하지 않는다. 만나는 사람들의 차이를 발견할 수 있으며 그러한 비교는 유익하다. 그리고 그런 비교를 통해 바다에는 다른 물고기도 있다는 사실을 확인하고 그 특정한 상대하고만 관계를 '맺어야 한다'고 느끼거나 자신은 혼자일 뿐이라고 느끼지 않게 된다. 계속 관계를 맺을 사람과 정리할 사람을 결정할 때까지는 만남의 기회를 열어두라.

안전한 데이트

　데이트를 안전하게 하는 한 가지 방법은 친구를 비롯해서 지원 시스템과 계속 관계를 유지하는 것이다. 늑대는 무리에서 떨어져 나온 양을 공격한다. 우리는 보이지 않는 것에 민감할 수 없다. 그러나 다른 사람의 도움을 받으면 명확하게 볼 수 있다. 지원 시스템과 계속 관계를 유지해서 안전하고 현명한 상태를 유지하라.

　어떤 사람은 통제하는 사람이나 의존하는 사람에게 자신을 내어준다. 어떤 사람은 단지 다른 사람과 가까이 하고 싶은 마음 때문에 자신을 내어준다. 바운더리가 없어서 중요한 것을 모두 포기하는 사람도 있고, 공동체를 멀리하다가 거기에서 아무런 도움을 얻지 못하는 사람도 있다. 이 가운데 어떤 일도 일어나지 않게 하라.

　'지원 시스템'의 도움을 받아 데이트 관계를 성취하라. 친구를 빵으로, 데이트 상대는 샌드위치의 속으로 삼으라. 데이트 상대와 지내며 정성을 쏟다가도 곧 다시 자신의 공동체로 돌아오라. 이런 조치는 상대에게 강한 태도를 취하거나 둘 사이에 갈등이 생길 때 특히 중요하다. 데이트에 임하기 전에 상황을 잘 아는 친구에게 전화를 걸어 지혜를 얻고 계획대로 진행하라. 데이트를 끝내고 다시 돌아와서는 계획대로 행동했는지를 전화로 얘기하라. 바운더리가 없는 경우엔 샌드위치 시스템이 당신을 보호할 수 있다.

요약

- 친구들을 비롯한 좋은 지원 시스템이 형성되기 전에는 데이트를 하면서 심각한 상태로 진행시키지 말라. 공허감 때문에 데이트를 하면 큰 위험에 빠진다.
- 데이트 상대를 만나기 전처럼 친구와 공동체와 계속 접촉하라.
- 데이트 상대와 함께 친구들을 만나라. 못하고 있다면 왜 그런지 자신에게 물어보라. 일상적인 친구들 모임에서 상대가 어울리지 못한다면 왜 그런지 생각해보라. 둘이서만 어울리지 말고 다른 커플들이나 모임들과도 많이 어울려보라.
- 데이트중에 일어나는 일을 친구들에게 정직하게 공개하라.
- 친구들에게 영적인 책임을 다하라. 동시에 자신의 성장을 책임지는 영적 공동체에 계속 머물라.
- 괴롭더라도 친구들의 의견을 경청하라. 그러나 자신을 잘 아는 사람들과 그 의견의 경중을 따져보라. 어느 한 사람의 충고나 의견에 전적으로 의존하지 말라.
- 지원을 기대할 수 있는 친구들을 이용하라.
- 자신만의 시간과 독립된 활동을 계속 가지라. 좋아하는 것을 서로 공유했고, 그것이 좋을지라도, 자신만의 시간과 관심사를 잃지 말라.
- 그 한 사람에게 장래 약속을 하고 싶다는 확신이 들 때까지는 다른 사람들하고도 데이트를 하라. 너무 일찍 무리에서 벗어나지 말라.
- '지원 샌드위치' 시스템을 이용하라.

13
헛된 소망과 작별하라

로비는 지난 5년 간 친구들에게 자신의 여자 친구가 지나치게 통제하고 비난하는 습관을 불평했다. 멜린다를 바로 '그 사람'으로 확신했지만, 그녀의 이런 면 때문에 장래 약속을 할 수 없었다. 그가 옳았다. 멜린다는 지나치게 통제하려 들고 임의로 판단하는 경우가 많았다. 그는 심각한 싸움을 피하기 위해 그녀가 원하는 모든 것에 양보하고, 비난을 두려워해 사실을 숨겼다. 친구들은 로비가 그녀의 행동을 받아주는 것이 싫었다. 마침내 그의 불평에 지친 친구들은 그를 카운슬러에게 보내기로 했고, 그래서 나(클라우드)와 로비가 만났다.

"하지만 그녀를 사랑합니다. 그녀에겐 감탄할 점이 많습니다. 그녀와 헤어지는 건 생각할 수도 없습니다. 그녀는 사랑스럽고 영리하고 아름답습니다. 여러 면에서 그녀는 내가 원하는 바로 그 사람입니다."

"그렇다면 그녀의 통제하려 드는 본성과 비판하는 성향을 불평하지 말고 그녀와 결혼해서 행복하게 사세요. 행운을 빌겠습니다."

"그럴 수 없습니다. 그녀는 나를 미치게 만들 겁니다." 그가 대꾸했다.

"그렇다면 당신에게 문제가 있군요."

"나도 압니다. 그녀가 더 너그럽고 받아줄 줄 아는 사람이 될 수 있는 방법을 찾아야 합니다. 또는 그녀가 그 방법을 찾을 때까지 더 인내해야 합니다. 그러나 통제적이고 비판하는 특성이 그대로 있는 한 그녀와의 결혼 생활은 행복하리라 장담할 수 없습니다. 그런데 그녀가 약혼을 하자고 합니다."

"문제는 그게 아닙니다. 양립할 수 없는 두 개의 소원을 가지고 있다는 게 문젭니다. 당신은 통제적이지 않고 비난이 심하지 않은 여인과 있기를 원하면서도, 동시에 멜린다와 함께 있고 싶어합니다. 그 두 가지는 양립할 수 없는 소원입니다. 그 두 가지 소원을 그대로 가지고 있는 한, 당신은 비참해질 뿐이고 지금도 그렇게 보입니다. 당신은 그녀가 변할 거라는 생각에서 자신의 비참한 현실을 받아들이고 있습니다. 나도 변화를 믿습니다. 사람들이 변화하도록 돕는 것이 내 직업입니다. 그러나 5년 동안이나 그녀와 데이트를 했어도 당신의 말처럼 그녀에게 변화의 조짐이 없다면 변화는 틀렸습니다. 그녀가 변하리라고 생각하지 마십시오. 두 가지 소원 중에 하나를 정해서 잘 살아보십시오."

로비는 슬픈 얼굴을 하고 나를 바라보았다. 나의 말이 달갑지 않았는지 어찌해야 할지 모르겠다는 표정이었다.

"믿음, 소망, 사랑 이 세 가지는 항상 있을 것인데"(고전 13:13)라고 바울이 말했듯이, 소망은 가장 고귀한 미덕 가운데 하나다. 모든 것을 상실한 것처럼 보일 때, 소망은 좋은 일이 일어나게 한다. 소망을 가질 수 있다면, 믿음과 사랑을 통해 좋은 일들이 일어난다. 소망은 확실히 좋은 미덕이다. 그것이 없을 경우 우리는 모든 악에 굴복하고 만다. 견뎌내려면 소망이 필요하다.

하나님께서 원하시는 바 우리가 간직해야 할 소망은 우리를 '부끄럽게 아니' (롬 5:5) 하는 소망으로, 그것은 우리를 향한 하나님의 사랑에 토대를 둔다. 우리를 향한 하나님의 사랑은 그분의 활동을 통해 입증되었다. 우리는 어느 한 시점으로 돌아가서 이렇게 말할 수 있다. "보시오. 하나님께서 우리를 사랑하시는 것은 사실이오. 여기 십자가와 빈 무덤이 있소. 그분 안에서 품는 소망은 합당한 것이오. 그것은 헛된 소망이 아니오."

그러나 성경은 또 다른 소망에 대해서도 말한다. '마음을 상하게' (잠 13:12) 하는 소망이다. 그것은 무한정 '지연되는 소망'이다. 다시 말해서 결코 실현되지 않는 소망은 생명을 주지 못한다. 그것은 우리를 괴롭고 희망 없는 상태로 만든다. 그것은 낙심과 포기를 나타내는 표현이다. 몹시 소망하는데도 아무 일도 일어나지 않으며 그래서 소망을 간직할 아무런 이유가 없으면 절망이 자리잡는다.

이것이 로비가 5년 동안 매달렸던 소망이다. 그는 멜린다가 변하기를 소망했지만 그 소망은 전혀 미덕이 아니었다. 그의 소망은 사실에 기초를 두지 않았다. 그것은 사실을 부정하는 것이고 그저 막연한 바람일 뿐이다. 그리고 그의 인생을 좀먹고 있었다. 로비에게 그 소망을 포기하게 하고 멜린다를 있는 그대로 사랑하거나 아니면 그녀를 떠나게 하는 것이 내가 할 일로 보였다. 그녀에게 변화의 조짐이 전혀 보이지 않기 때문이었다. 그의 소망은 전혀 근거가 없었다.

데이트에 좋은 소망과 나쁜 소망

데이트에서 소망이 하는 일은 무엇인가? 일부는 "멋진 짝을 기대하는 거예요!"라고 말한다. 그러나 이 책을 읽는 사람 대부분은 아마도 이미 데이트를 하고 있을 것이다. 이런 사람들은 데이트 상대가 언제 변할지를 알고 싶어 한다. 이런 상황에서 소망은 어떤 작용을 하는가?

다시 말하건대, 소망은 사실에 기초를 두어야 한다. 실망시키지 않는 소망은 소원 이상의 어떤 것에 근거를 두어야 한다. 단지 어떤 사람이나 상황이 변하기를 바라는 것 이상에 근거를 두어야 한다. 상황이 변할 거라고 믿을 만한 이유가 있어야 한다. 다음 두 가지 진리를 명심하라.

1. 똑같은 일을 되풀이하면서도 다른 결과를 바란다면 미쳤다고 정의할 수 있다.
2. 예측이 빗나갈 수 있게 하는 변화가 없다면, 미래에 대한 가장 좋은 예언자는 과거다.

현재 상황을 돌아볼 때, 자신의 소망은 합리적인가? 로비를 보자. 그는 5년 간 멜린다를 사랑했다. 그녀에게 마음을 주었고 순응했다. 그녀에게 순응하지 않고 맞서자 사이가 나빠졌다. 그는 다시 그녀에게 돌아갔다. 그녀를 데리고 카운슬러에게 갔다. 두 사람은 모든 시도를 다했다. 그리고 변한 건 여전히 없지만 아직도 소망을 버리지 않았다. 그것이 과연 소망인가?

로비가 계속해서 이런 일을 한다면, 그는 미친 것에 대한 정의, 즉 똑같은 일을 되풀이하면서도 다른 결과를 바란다는 정의에 들어맞는다. 그것은 첫번째 진리에 해당한다. 두번째 진리에 따르면 멜린다는 변하지 않는다. 성장이라는 변수가 개입하지 않으면, 로비의 다음 5년을 가장 잘 예언하는 것은 지난 5년이다.

어떤 사람들은 관계에 거는 소망을 버려야 할지 아니면 계속 가져야 할지 갈등한다. 이 두 진리를 여러 시나리오에 적용해보자.

사랑하는 사람이 견딜 수 없는 방식으로 대할 때

사랑하는 사람이 옳지 못한 방식으로 대할 때, 즉 견딜 수 없는 방식으로 대할 때 어떻게 하는가? 두 사람의 관계에 변화를 일으키는 정상적인 과정은 다음과 같다.

- 구조에 대항하라. 상대의 행동이 어떤 것인지 그리고 상대가 그런 행동을 하면 자신의 느낌이 어떤지 말하라.
- 상대는 그 말을 열린 마음으로 들으며 변명하지 않고 자기 행동을 인정한다.
- 자기 행동이 불러온 부정적인 결과를 인정하고 유감을 표한다.
- 사과하고 더 이상 그런 행동을 하지 않겠다고 약속한다.
- 참회와 더불어 변화가 일어나고 그런 행동을 되풀이하지 않는다.
- 때때로 실패하지만 전반적으로 변화하고 성장하는 모습이 뚜렷하다.

변화를 약속한 뒤에 변화가 없다면, 다음과 같은 것들이 있게 된다.

- 변화에 실패한 사람이 자기 책임을 인정한다.
- 스스로 변하지 못한 무능을 인정한다. 스스로 고치려는 노력이 부족

했음을 안다.
- 변하기 위해 더욱 많은 것을 하겠다고 약속한다. 상담 받기, 약속을 지키는지 관찰하는 파트너 찾기, 지원 모임에 가기 등이 거기에 속한다. 그러나 단지 '더 열심히 노력'하거나 약속과 의지력에 의존하는 것 이상으로 건전함을 추구해야 한다. 관계가 건전하지 못하면, 그것을 해결하는 데 전념해야 한다.
- 건전하지 못한 관계가 변화에 영향을 미치면, 이 문제를 해결해야 한다. 자신에게 원인이 있다면 상대를 정당하게 대하지 않으면, 다른 사람을 비난할 자격이 없다. 먼저 자기 눈의 들보를 빼내라(마 7:3-5).
- 문제를 일으키는 구조를 파악하는 능력을 얻는다. 더 이상 그렇게 하지 않겠다고 약속할 뿐만 아니라, 문제를 일으키는 원인과 문제를 일상화시키는 구조를 이해한다.
- 실패를 하더라도 더 많이 인정하고 더 정확히 통찰한다. 자기가 원했던 지원 시스템을 찾아, 그것을 실패에 맞서는 데 이용한다.
- 죄의식은 줄어들고 미안함이 늘어난다. 자책은 뜸해지고 문제 해결은 많아진다.
- 변화를 억지로 하지 않을 때, 지속적인 성장의 길이 열린다. 다시 말해서 상대는 관계를 아끼고 인격적으로 성장하고 싶어서 변화를 추구한다. 더이상 상대를 '몰아붙여서는' 안 된다.
- 변화가 일어나서 지속된다. 실패는 점점 줄어들고 반응도 달라진다. 미안해하고 책임을 인정하며 지원 시스템을 찾아 가까이 하고 통찰력을 갖는다.

사랑하는 사람이 이 과정을 따르지 않거나 애쓴다 해도 별 효과가 없으면 주변 사람과 함께 상대에게 분명히 말하라. 그것도 소용이 없으면 좀 더 많은 사람과 함께 맞서라(마 18:15-18 참조). 함께 맞선 사람들로 말미암아 앞에서 말한 과정이 시작되기를 소망한다.

이런 과정을 밟지 않으면 대가를 치르게 해야 한다. 상대에게 문제를 제대로 보고 해결하지 않는다면 이제까지의 방식을 용납하지 않겠으며, 그같은 방식으로는 만나지 않겠다고 알리라. 그 뒤, 위의 과정에 상대가 참여할 때까지 만나지 않거나, 만나더라도 카운슬러나 목사를 사이에 두고 만나는 방식으로 제한하라. 상대가 그 과정에 참여했으면 변화의 소망이 있고 그렇지 않으면 이미 뻔한 결과가 기다리고 있을 뿐이다. 거기엔 소망이 없다. 자신을 대하는 태도가 변하리라고 기대할 아무런 근거가 없다.

과연 기대할 근거가 있는가? 두 가지를 시험해보라. 혹시 똑같은 일을 되풀이하면서 결과가 다르기만을 바라지는 않는가? 그렇다면 이제까지와 다른 일을, 예를 들어 이 변화의 과정에 참여해보라.

미래를 과거와 다르게 만들 수 있는 어떤 변수가 있는지 자신에게 물어보라. 아무 변수도 없다면 상대를 변화의 길에 참여시키라. 그렇게 하면 소망의 근거가 생긴다.

성공적인 변화의 과정이 되려면 우정 어린 조언과 사랑이 더 많이 필요하다. 다음은 하나님께서 우리를 성장의 길에 올려놓으시기 위해 그리고 참 변화의 소망을 주시려고 하시는 일들이다.

하나님께서는 사랑받는 입장에서 시작하게 하신다. 하나님께서는 변화를 일으키시는 데 사람이 필요하지 않으시다. 그분의 필요는 삼위일체와 기타 자신의 관계 속에서 온전하게 충족된다. 그분은 홀로 계시지 않고 항상 관계 속에 계셔서 절망하지도 않으신다. 그러니 하나님께서 사람을 부르신 까닭은 전적으로 우리를 위해서다. 우리는 이 변화의 과정에서 혼자가 아니며 우리를 지원하고 사랑하는 사람들이 있음을 확신해야 한다.

하나님께서는 의롭게 행동하신다. 하나님께서는 문제의 한 부분이 되시지 않는다. '악을 악으로 갚지' 않으신다(롬 12:17). 관계에서 의로운 역할을 하신다. 문제의 한 부분이 자신이라면 그 책임을 인정하고 자신이 변할 수 있는지 확인하라. 스스로 변하지 않으면서 상대에게 변화를 요구할 순 없다.

하나님께서는 다른 사람들을 이용해 도움을 주신다. 누군가 변하기를 원하실 때, 하나님께서는 그 주위에 도움을 줄 수 있는 사람들을 두신다. 문제를 인정하고 치료하도록 도와줄 카운슬러, 단체, 목사, 친구들을 반드시 이용하라. 하나님께서 정하신 지원 시스템, 즉 다른 사람들의 도움 없이는 문제 해결을 시도하지 말라.

하나님께서는 그 사람의 현실을 인정하시고 마음 아파하시며 용서하신다. 하나님께서는 사랑에 미치지 않으셨다. 그분은 우리의 현재 모습을 인정하시고 용서하시며 해결하신다. 우리가 완벽하지 않다는 것이 명백한 현실이므로 하나님께서는 우리에게 완벽을 요구하지 않으신다. 하나님께서는 예수님의 십자가 위에서 그 현실을 해결하셨다. 우리의 문제를 해결하려면 먼저 우리의 완벽주의적인 기준을 포기해야 한다.

하나님께서는 변화할 기회를 주신다. 하나님께서는 변화 과정이 시작되기를 기다리신다. 우리도 오랫동안 기다렸다. 그러나 하나님의 프로그램대로 따르지 않았을 것이다. 하나님께서는 이 모든 것을 오래 참으시며 다시금 시간을 주신다. 잔소리도 하지 않으신다. 도움을 받아 변할 수 있도록 기회를 주신다.

하나님께서는 오래 참으신다. 앞에서 말한 바와 같이, 하나님께서는 변화할 시간을 주시고, 참으시되 때로는 오랫동안 참으신다. 그렇더라도 하나님

 220 '노(No!)'라고 말할 줄 아는 데이트

께서 이 일을 하시려면 우리가 참으로 누군가를 사랑해야 한다. 우리가 그 일을 하려면 어떤 확신, 즉 이 모든 것을 기꺼이 감수할 만큼 상대를 사랑한다는 확신이 있어야 한다. 우리는 아직 결혼하지 않았다. 단지 데이트하고 있을 뿐이다. 그런데도 이 일을 위해 상대에게 시간과 힘을 쏟고 싶다는 확신이 드는가? 그것이 합당하다고 생각하는가?

그리고 오래라는 말은 영원하다는 말이 아님을 기억하라. 오래 참는다는 것은 영원히 참는다는 말이 아니다. 언젠가는 끝이 난다. 성장에 도움이 되라고 준 것을 사용하지 않을 때가 바로 끝나는 시점이다. 이 때가 되면 하나님께서 그 노력을 거두신다. 그분이 선하지 않으시기 때문이 아니라 기다려봤자 아무런 변화가 없을 것이 분명하기 때문이다.

하나님께서는 내버려두신다. 마침내 하나님께서는 상대를 자기 길로 가게 내버려두신다. 이후 상대는 돌아설 수도 있고 그렇지 않을 수도 있다. 가능한 모든 노력을 다 기울인 뒤에는 상대를 자기 길로 가게 내버려두라고 하나님께서 명하신다(마 18:15-18, 고전 5:9-13 참조). 우리가 할 수 있는 일이란 상대를 그만 만나는 것이다. 그 사람이 변하여 나중에 다시 오면 관계를 복원할 수 있다. 그러나 그렇지 않을 것으로 보고 자기 길을 가라. 당신에겐 선택의 여지가 없다.

데이트 상대가 "널 좋아해, 하지만 사랑에 빠진 건 아니야"라고 말할 때, 그리고 시간을 더 많이 두고 현재의 관계를 확인하고 싶을 때

이런 상황이라면 어떻게 하겠는가? 기대할 만한 무슨 근거가 있는가? 이것은 한쪽이 관계에 소극적일 때 겪는 힘든 상황이다. 우리는 상대가 언젠가는 자기 결점을 제대로 보고 변화되어 진지한 사랑에 빠지기를 소망한다.

우선 우리가 무엇을 했는지 살펴보자. 우리는 '단순한 친구'로 데이트 했는가? 그렇다면 관계를 한 단계 올려서 좀더 진지한 관계로 대하고 싶을지 모른다. 그러나 우리의 마음과 몸을 너무 많이 상대에게 내맡기면 안 된다. 동시에 관계를 친구 관계 이상으로 진전시키고 싶은데, 그럴 만한 여지가 있는지 알고 싶다고 상대에게 말하라. 이렇게 하지 않으면 상대는 우리의 감정이 어떤지, 우리가 무엇을 원하는지 모른다.

상대에게 자기 감정을 알렸다고 하자. 그리고 나서 시간이 흘렀지만 아무 것도 변한 게 없다는 판단이 들면 어떻게 하는가? 다음 중 하나를 할 수 있다.

그 동안 즐겁게 지내면서 자신의 마음은 단순한 친구 감정 이상으로 발전했는데, 그런 감정이 상호적이지 않다면 더 이상 관계를 진전시킬 이유가 없지 않느냐고 말하라. 그리고 나서 데이트 관계를 끝내라. 여기에는 상대가 관계를 가볍게 여기고 아무런 장래 약속도 하지 않으면, 책임 있는 관계를 시작하든지 아니면 관계를 끝내자고 요구하는 바운더리가 있다. 자신이 이용당하고 있다면 그 땐 틀렸다. 상대가 자기 마음가짐을 바꾸고 책임 있는 관계를 약속하면 잠시 기다리라. 그것에 대해 생각할 시간을 자신과 상대 두 사람 모두에게 주라.

관계를 끝낸 뒤 어떤 이유에서라도 돌아가지 말라. 상대에게 기회를 주었지만 그 상대가 있는 그대로의 우리를 받아들이거나 원하지 않는다고 가정하자. 상대가 원했다면 그것을 알렸을 것이다. 그러므로 관계를 끝내고 자기 길을 가라. 많은 경우 이것이 가장 현명한 방법이다. 상대는 변하지 않는다.

좀더 시간을 주면 좋겠다고 상대가 생각하거든 기꺼이 그러겠다고 말하라. 그러나 시간을 더 주는 이유를 분명하게 밝히라. 왜 상대는 시간이 좀더 있으면 도움이 될 거라고 생각하는가? 어떤 장벽에 갇혀 있다고 느낀다면 상대는 그것을 뚫기 위해 무엇을 할 것인가? 그 상태를 유지하려는 이유 또는 그 뒤에 숨어 있는 근본적인 이유를 알아내라. "오랫동안 사귀던 그 사람하고 얼마 전에 헤어졌어. 내가 다시 데이트 상대를 신뢰하려면 어느 정도 시간이 걸릴 것 같아"라고 말한다면 이런 것은 이유가 된다. 그러나 "지금 이대로가 좋아. 계속 이 상태를 유지했으면 좋겠어"라고 한다면 그리 합당한 이유가 못 된다.

상대에게 평범한 데이트 관계 이상의 어떤 약속을 하고 있다면 멈추라. 심각하게 데이트를 하는 사람들이 바운더리를 포기하는 경우가 많다. 호의적일 것이라고 생각하며 밤늦게 전화 걸고 잠깐 집에 들르고 싶은 것은 '남녀 관계'에선 정상이다. 어느 정도의 신체 접촉도 그저 '단순한 친구' 사이가 아니라 진지한 데이트 당사자끼리는 적절하다. 그러나 이런 식으로 상대에게 개방했는데도 상대는 '단순한 친구' 이상의 책임을 지려 하지 않는다면 '친구 이상의 것'들을 하지 말라. 상대를 다른 친구들과 다를 바 없는 한 사람으로 대하라. 친구들과 다르게 행동하려고 하거든 단호히 거부하라. 책임은 지려 하지 않으면서 심각한 데이트 상대처럼 행동하거든 절대 용납하지 말라. 그것을 용납해봐야 당신만 이용당할 뿐이다.

관계를 지속하되 눈을 크게 뜨라. 이 말은 변화를 원하면서 혹은 현재의 일방적인 관계를 참아내면서 데이트를 지속한다는 의미다. 그러나 이런 일은 굉장한 위험을 감수해야 한다. 그리고 때로는 좋은 결과를 가져오기도 한다. 상대가 변화를 일으켜 이런 태도가 개선될 수 있기 때문이다. 한번 시도해보라. 그러나 조심하라. 아무 성과도 없이 사랑이 끝나버릴 수도 있으니 말이다. 행운을 빈다.

지금까지의 내용은 모두 이전과 다른 결과를 기대하여 똑같은 일을 되풀이하지 않게 해주는 본보기들이다. 희망이 거의 없으며 이왕에 내린 선택에 자신이 책임을 져야 한다는 사실만 기억하면 마지막 제안조차 시도해볼 만하다.

바운더리는 모두 사실에 책임을 지는 것과 관련이 있다. 우리는 데이트 상대의 현 상태를 알고, 이제 우리를 통제할 사람은 우리뿐이다. 그러므로 자신이 생각하기에 최선의 것을 하라. 그러나 변화를 가져올 수 있는 변수가 없다면, 똑같은 일을 계속하면서 다른 결과를 기대하는 일은 더이상 하지 말라. 그런 변수가 없다면 미래는 과거와 다르지 않다. 우리 경험에 따르면, "널 무지 좋아해, 하지만 사랑에 빠진 건 아니야"라는 말을 들었을 때가 바로 조치를 취할 시점이다. 보통 이 말은 성인으로서 사랑과 성행위에 따르는 책임은 지지 않은 채 의존할 수 있는 관계를 구하는 사람에게 나타난다. 상대가 항상 친구처럼 행동하기만 한다면 그것도 괜찮다. 그러나 친구 이상의 관계처럼 행동하면서도 친구일 뿐이라고 말한다면 조치를 취하라.

데이트 상대가 장래를 약속하지 않을 때

이런 상대에게 희망을 가질 수 있는가? 그럴 수도 있고 그렇지 않을 수도 있다. 약속하지 않는다는 것은 많은 의미를 담고 있다. 단지 데이트 상대가 그런 약속을 할 준비가 되지 않았을 수 있다. 상대는 장래를 확신하면서도 아직은 무엇을 약속할 적절한 때가 아니라고 생각한 모양이다. 이런 경우라면 분명하게 물어봐야 한다. 상대가 정말 확신을 가지고 있는가? 왜 상대는 시기가 적절하지 않다고 생각하는가?

시기가 적절하지 않다고 생각했던 사람들을 우리는 많이 보았다. 진심으로 사랑하지만 결혼을 약속할 준비가 되어 있지 않았다. 예를 들어, 아직 대학을 졸업하지 못했거나 한동안 홀로 살 필요가 있을 수 있다. 그러다 적절한 시기가 되면 그들은 약혼하고 결혼한다. 그러나 그들의 관계는 서로의 사랑 안에서 확고한 토대를 쌓고 서로의 정직함을 입증한다. 다시 말해서 그들은 서로 관계를 의심하지 않는다. 단지 시기에 대해서만 문제를 삼는다.

반면에 데이트 상대가 약속하기를 두려워하는 사람일 수 있다. 이런 사람들은 사랑의 대가로 자유를 버리지 않아도 되는 단계까지만 사랑하려고 한다. 과연 이런 상대에게 희망을 가질 수 있는가? 무엇에 근거를 둔 희망인가?

이런 경우라면 그리고 관계가 일정 기간 지속되었다면, "더이상 이렇게 만나고 싶지 않아"라고 단언하지 못할 이유가 없다. 그리고 시간을 더 준다고 해서 형편이 나아지리란 근거도 없다. 그렇다면 더이상 희망을 품을 이유가 없다.

반면에 데이트 상대 스스로 자기가 장래 약속을 하지 않고 있다는 사실을 인정하고 자기에게 어떤 문제가 있으며 그 문제를 해결하기 위해 노력하고 있다고 말하면, 희망이 있다. 상대는 과거와 다른 무엇인가를 하고 있으며 변화를 가져올 어떤 변수가 있는 셈이다. 예를 들어, 상대가 자기의 두려움을 극복하기 위해 상담을 받거나 다른 어떤 도움을 구한다면, 그것은 관계에 애착이 있음을 강하게 보여주는 것이므로 좀더 시간을 두고 관계가 아름답게 진행되기를 기대해도 좋다.

상대가 솔직하게 자기 문제를 인정하고 겸손하게 지원과 시간을 요청할 때 관계가 실제로 아름답게 진행된 경우가 많았다. 이런 경우 결과가 좋을 수 있다. 그러나 약속을 기피하는 사람이 아무 문제를 못 느껴서 변화의 여지가 없는 경우도 있다. 특히 섹스가 관련돼 있으면 더욱 그렇다.

"우유가 공짜인데 왜 소를 사겠는가?"라는 옛 속담은 약속, 대가, 책임 없이 관계의 이점만 누리고 싶어하는 무책임한 사람들에게 아주 잘 적용되는 말이다. 약속을 받지 못한 채, 자신의 몸, 가정, 애정, 기타 관계에서 '선한 것들'을 상대에게 맡겨버리고 있다면 경계하라. 약속하기를 두려워하거나 약속하기를 아주 싫어하는 사람에게 이용당하고 있다.

모든 것을 속속들이 알게 됐으면 손을 뗄 필요가 있다. 밑빠진 독에 물붓기처럼 시간만 낭비할 뿐, 시간이 지나면 해결되리라는 희망도 없다. 바운더리를 정하고 그것을 고수하라. 희망을 접고 자기 길을 가라. 예수님께서 무화과나무 비유로 말씀하신 것처럼, 나무에 많은 노력과 시간을 쏟은 후에도 열매가 열리지 않으면 그것을 찍어버리라(눅 13:8-9).

친구와 지금까지와 다른 방식으로 진지하게 사귀기 원하지만 그런 일이 일어나지 않을 때

이런 상황에서 희망을 가져야 하는가? 그럴 수도 있고 그렇지 않을 수도 있다. 당신 두 사람은 친구로 지낸 지 얼마나 되었는가? 앞에서 말한 것과 똑같은 기준을 적용해보라. 그런 일이 일어날 다른 무엇이 있는가?

때로는 있다. 친구들은 서로 상대를 다른 각도에서 볼 수 있게 해주는 새로운 경험들을 할 수 있다. 서로 더 많이 공개하고 드러냄으로 점점 친해지고 많이 알 수 있다. 그렇게 서로를 많이 알고 나면 변화를 가져올 여지가 많아진다.

따라서 시간을 더 투자하면 그런 일이 일어날 수 있을지 스스로 물어보라. 또는 함께 시간을 보내면 다른 방식으로라도 두 사람에게 도움이 될지 물어보라. 오랫동안 친구로 지내다가 로맨틱한 사이가 된 커플을 알고 있다. 그들은 처음엔 데이트나 장래를 약속하는 것을 매우 두려워했다. 그러다가 서로 안전한 느낌을 갖게 돼 두려워하지 않고 장래 약속을 하는 사이가 되었다.

어떤 경우엔, 한쪽에서 먼저 실마리를 풀어갈 수도 있다. 예를 들면, 상대에게 단순한 친구 이상으로 발전할 여지가 있는지 알기 위해 데이트하고 싶다고 말할 수 있다. 그것은 솔직하고 열린 자세며 때로는 좋은 결과를 가져오기도 한다.

친구에게 반했으면서도 단지 희망만 품고 있는 상황은 바람직하지 않다. 이런 경우 계속 소망을 붙들고 있을 이유가 없으며, 오히려 우정 때문에 자기 길을 가지 못하는 꼴이다. 이 상태를 유지할 작정이라면, 자신의 인내가 상대의 삶에 새로운 변수로 작용해 뭔가가 일어나기를 바라고 있다는 것을 인식해야 한다. 어쩌면 상대는 여태껏 관계에 변화를 일으킬 만한 인내심 있는 사람을 만나지 못했을 수도 있다. 인내를 가지고 관계를 지속하다 보면 좋은 결과가 일어날 수 있다.

데이트를 제안하는 것과 단지 마음에 두고 기다리기만 하는 것은 다르다. 데이트를 해보면 어떨지 생각해보는 것도 역시 다른 문제다. 아무 노력도 해보지 않고 그저 상대의 마음이 변하기를 기대하는 것은 참으로 어리석은 짓이다.

소망을 순수하게 유지하라

소망에 대해 하나님께서 뭐라고 말씀하셨는지 기억하는가? 첫째, 소망은 미덕이고 따라서 매우 좋은 것이다. 둘째, 소망은 사실에 기초를 두어야 한다. 그렇지 않으면 그저 막연한 바람에 그칠 뿐이다. 셋째, 소망은 왜

곡되어 마음의 병을 가져올 수 있다.

소망을 안고 데이트하라. 그러나 그 소망은 하나님께, 데이트 상대의 실제 모습에, 하나님의 원칙에 기초를 두어야 한다.

데이트 상대가 인격이 훌륭하고 두 사람의 관계가 정직, 친교, 겸손, 사랑, 책임 등과 같은 하나님의 건전한 원칙에 기초를 두고 있으면 소망을 가질 충분한 이유가 된다.

나아가 성숙하는 과정에서 하나님과 동행한다면 좋은 관계를 기대할 만하다. 대체로 건전한 사람들은 건전한 사람들에게 매혹되고, 그런 사람을 만난다. (물론 예외가 있을 수 있기 때문에 그런 사람을 찾지 못했다고 해서 우리에게 항의의 편지를 보내지는 마시라!) 좋은 사람을 만날 수 있는 기회는 자신의 건전함에 달려 있다. 자신이 건전해야 선하고 안전하며 건전한 사람이 매혹된다. 자신의 성장과 삶도 자신이 건전한가와 매우 관련이 깊다. 자신이 성장중이며 하나님과 관계를 맺고 있다면 지금 하고 있는 데이트도 희망적이라고 생각한다.

하나님이 주신 건전한 성장 원칙들을 지키는 사람과 교제를 한다면 더욱 희망적이다. 정직, 친절, 확고한 바운더리, 용서, 책임, 신실함 등과 같은 원칙들은 우리를 보호해준다. 이것들은 오랜 시간 증명되고 보증된 원칙이다. 하나님의 길은 발등에 비치는 등불과 같아서 그 길을 따르면 적절한 데이트 기회가 훨씬 많아진다. 이것은 기대할 만한 가치가 있다. 다윗 왕의 고백처럼 말이다. "복 있는 사람은 악인의 꾀를 좇지 아니하며… 오직 여호와의 율법을 즐거워하여 그 율법을 주야로 묵상하는 자로다 저는 시냇가에 심은 나무가 시절을 좇아 과실을 맺으며 그 잎사귀가 마르지 아니함 같으니 그 행사가 다 형통하리로다"(시 1:1-3).

하나님, 하나님의 원칙, 믿을 만한 인격을 지닌 사람들, 자신의 성장 등은 소망의 근거들이다. 이같은 근거들 위에 소망을 두라. 사실이 아닌 것들엔 소망을 두지 말라. 그런 소망은 마음을 병들게 한다.

요약

- 양립할 수 없는 소망을 간직하고 있다면 그 비현실성을 깨달아야 한다. 사실도 아니고 앞으로도 존재할 가망이 없는 소망일 뿐이다.
- 좋은 소망은 사실에 뿌리를 두고 있다.
- 성장 등 변화를 가져올 수 있는 변수가 없다면, 미래를 가장 잘 예시하는 것은 과거다.
- "상황이 변할 거라고 기대할 만한 어떤 근거를 데이트 상대로부터 받았는가? 그 근거는 타당한가?"라고 자신에게 물어보라.
- 참된 변화와 성장의 증거가 보이는가? 책임을 인정하고 성장의 길을 가며 변화를 갈망하고, 변화와 참회의 과정에 참가하여 열매를 맺는가? 변화의 동기가 자신에게서 유발된 것인가 아니면 상대에게서 유발된 것인가?
- 관계에서 변화를 일으킬 수 있는 일을 하고 있는가? 아니면 다른 결과를 바라면서도 이전과 똑같은 일을 계속하고 있는가? 지금껏 다른 일을 시도하지 않았을지라도, 변화가 있다면 희망도 있다.
- 자신이 관계에 초래한 역기능들을 고쳤는가?
- 하나님의 길을 따름으로써 상대가 변하도록 영향을 주었는가? 아니면 단지 잔소리하면서 바라기만 하는가?
- 관계가 깊어지는 것을 원하지 않는 사람에게 소망을 둔 건 아닌가?

다시 말해서 약속을 꺼려하는 사람에게 장래를 기대하진 않는가?
- 둘 사이의 관계에서 직시해야 할 어떤 사실이 있는가?
- 가장 바람직한 소망은 하나님께서 마련하신 성장 과정에 참여해서 좋은 인격을 추구하는 것이다. 빛의 사람이 되면 될수록, 바라는 사람을 만날 수 있는 기회가 많아진다.
- 가치관과 인격을 굳건히 지키라. 실망하지 않을 것이다.

14
비난에 대한 바운더리

"왜 당신은 항상…"
"도대체 당신은 왜…"
"그 짓을 다시 하다니 믿을 수가 없어."
"나는 이런 취급을 당할 이유가 없어."
"이건 당신 잘못이야."
"도대체 당신은 어떻게 된 사람이야?"
"당신은 너무…"
"어쨌든 나는 지금까지 당신을 위해…"

데이트 상대에게 이런 말을 습관처럼 하는가? 그렇다면 다음 두 가지 경우를 생각할 수 있다. 첫째, 이 말들이 사실일 수 있으며 둘째, 자신이 상황을 더 악화시키고 있다는 것이다. 이것들은 데이트중 비난 때문에 생기는 결과들이다. 앞으로 보겠지만 비난엔 분명 이유가 있다. 하지만 비난은 생각보다 훨씬 무가치하며 위험하다. 상대를 비난하는 자신의 성향에 바운더리를 가할 방안을 모색해보자.

원죄나 다름없는 유산

누구나 자신의 비난하는 성향과 싸운다. 비난하는 성향은 우리가 원죄처럼 물려받은 인간의 한 모습이다. 우리 조상 아담과 하와가 그랬고 대대로 그 특성을 물려주었다. "하나님이 주셔서 나와 함께 하게 하신 여자 그가 그 나무 실과를 내게 주므로 내가 먹었나이다… 뱀이 나를 꾀므로 내가 먹었나이다"(창 3:12-13). 아담과 하와는 마귀를, 상대방을, 심지어 하나님까지 비난했다. 그러나 비난은 그들을 구해주지 못했다. 의로우신 하나님께서는 그들이 불순종의 대가를 치르게 하셨다.

아이들이 교묘하게 비난하면서 자라는 것을 보라. 지극히 당연한 모습이다. 어려움이 닥치면 아이들은 상황을 살핀 뒤 비난할 사람을 찾는다. "엄마가 아파서 늦었어요. 숙제한 공책을 개가 갈기갈기 찢어버렸어요. 짝꿍이 그렇게 하라고 했어요." 우리는 천성이나 기질상 비난하는 존재다.

비난이란 무엇인가? 잘못의 책임을 남에게 떠넘기는 태도다. 우리는 어떤 문제로 다른 사람을 책망할 때 그를 비난한다. 비난은 본래 나쁘지만은 않다. 좋은 기능도 있다. 비난은 누구에게 책임이 있는지를 가려주는데, 이것은 문제 해결을 위해 필요하다. 자기 잘못은 무엇이고 상대의 잘못은 무엇인지 분별하는 데 도움을 준다. 예를 들어, 여자 친구가 전에 데이트하던 남자 친구와 함께 당신을 파티에 초대했다고 치자. 그녀는 이전 남자 친구가 올지 안 올지 잘 몰랐다. 그런데 당신 역시 속으로는 그렇지 않으면서도 별로 개의치 않는 듯한 인상을 주었다. 당신에게 파티는 끔찍한 시간이었다. 당신은 여자 친구가 명확한 조치를 취하지 않은 잘못을 지적한다. 하지만 당신도 자기 감정을 솔직히 밝히지 않은 잘못을 저질렀다. 당신 두 사람은 이런 문제를 해결하는 것이 성장의 과제임을 안다. 비난은 해결 방법을 직시하는 데 도움을 주었다.

그러나 좋은 데이트 관계를 죽이는 비난은 자신에겐 비난의 여지가 없는 듯이 행세하며 모든 문제를 상대 탓으로 돌리는 태도다. 이런 비난은 우리 마음 속 어둔 곳에서 비롯되며, 자신의 나쁜 점을 부인하는 데 기초를 두고 있다. 자기 잘못을 사실 그대로 인정할 수 없거나 다른 사람에게 사실이 드러나는 것을 받아들일 수 없을 때, 우리는 비난의 화살을 다른 데로 돌린다. 비난은 영적으로나 감정적으로 직시해야 할 가장 중대한 문제다. 우리는 비난함으로써 정직한 것보다 '괜찮은' 척하는 데 더 관심을 갖는다.

크리스천은 세상에서 가장 적게 비난하는 사람이 되어야 하지만, 종종 이 원칙을 가장 많이 위반한다는 사실은 아이러니다. 우리는 용서와 은혜로 말미암아 새 생명을 얻었다. 예수님께서 대신 죽으셨기 때문에 우리에겐 정죄함이 없다(롬 8:1-2). 우리는 자기의 나쁜 점들을 인정 못할 이유가 없음에도 불구하고 자기 정당화, 변명, 비난에 너무 잘 빠진다. 자신의 데이트 생활은 물론 영적인 생활을 위해서도 가장 필요한 일은 자기 잘못에 대한 비난은 받아들이고, 더이상 애꿎게 상대를 비난하지 않는 것이다. 이제 '나쁜 비난'이 데이트 생활에 미칠 수 있는 부정적인 면들을 다루어 보자.

비난 : 친밀함을 막는 것

비난은 데이트하는 둘 사이에 친밀감이 자라지 못하게 한다. 더 친밀하고 약점마저 드러낼 수 있는 사이가 되려고 할 때, 비난하는 행위는 대단히 큰 모험이다. 사랑은 마음의 모험 없이 발전할 수 없다. 한쪽이 상대에게 끊임없이 비난받을 때 그 사람은 자기가 심판받는다고 생각한다. 그래서 심한 비난으로부터 자신을 보호하려 한다. 결국 그 사람은 마음을 열려는 욕망과 방어하기 위해 마음을 닫으려는 충동 사이에서 갈등한다.

트래비스와 모건의 관계가 그랬다. 그들은 거의 일 년 간 데이트했고 서로 가까워지고 있었다. 최근엔 서로 문제나 갈등을 얘기할 만큼 안심이 되는 사이가 되었다. 그 문제 가운데 하나가 트래비스의 무책임이었다. 그는 전화하기로 해놓고 전화하지 않거나 행사에 늦게 나타나는 일이 많았다. 책임, 약속, 시간 엄수를 중요하게 생각하는 모건은 이런 일 때문에 화가 났다. 그녀는 당연히 불평을 하면서 자기 감정을 몇 차례 얘기했다.

트래비스는 변하려고 시도했으며 좀더 책임감 있는 사람이 되려고 애썼다. 그러나 잘되지 않았다. 문제는 계속됐다. 시간이 지나면서 모건은 자신들의 관계 대부분을 트래비스의 별난 행동에 초점을 맞춰서 보기 시작했다. 트래비스가 급한 일이 생겨서 전화할 수 없을 때, 모건은 "또 그 모양이지. 어디 네 변명이나 들어보자구"라고 말하곤 했다. 그녀는 트래비스에게 화를 낸 뒤에는 다음과 같은 말로 합리화했다. "네 무책임을 언제까지나 참아야 한다고 생각하면 정말 화가 나."

모건을 정말로 좋아했지만 트래비스는 점차 그녀에게 거리를 두기 시작했다. 그는 자기 감정과 속마음을 그리 많이 얘기하지 않았다. 피상적으로 관계를 유지하면서 그녀의 말을 들을 뿐이었다. 될 수 있는 대로 비난을 모면하려고만 했다. 데이트하기 위해 그녀를 데리러 차를 몰고 가면서 자기가 몹시 두려워하고 있다는 사실을 깨달았을 때, 마침내 문제의 심각성을 알게 되었다. 그녀를 만나고 싶지만 한편으로는 항상 비난을 받을까봐 전전긍긍하는 신경증세를 자기가 보이고 있었던 것이다. 그래서 모건을 만나는 것 자체를 꺼리기 시작했다.

다행히 이 커플은 문제를 해결했고 지금은 결혼해서 성공적으로 살고 있다. 트래비스는 모건에게 자기가 비난을 받을까봐 두렵다고 말했고, 모건은 이것을 고치려고 애쓰기 시작했다. 그후로 트래비스는 완전하지 않았지만 좀더 책임감 있는 사람이 되었다. 그러나 이 커플이 좋은 결과를 맺게 된 것은 비난 때문이 아니다.

마음의 상태

비난과 데이트에 관련된 아주 나쁜 경우들이 있다. 말로 하는 비난만이 관계를 깨뜨리는 건 아니다. 말을 한 마디도 하지 않고 태도나 내면만으로도 비난할 수 있다. 비난이라는 문제는 상대에게 내뱉은 말은 물론 마음의 상태와도 관련돼 있다. 행동만큼이나 내면의 생각과 감정도 중요하다(마 5:28). 따라서 "적어도 나는 비난할 때 말하고 싶은 걸 다 말하진 않아"라고 말하는 사람도 하나님의 꾸지람을 벗어날 수 없다.

다음은 이성적인 커플에게 적용된다. 첫째, 비난은 데이트 상대에게 접근하는 방법에 영향을 준다. 끊임없이 화내고 좌절케 하며 용서하지 않는다면, 우리는 상대를 향한 자신의 깊은 내면과 관계를 소중히 여기는 마음을 드러낼 수 없다. 둘째, 비난은 말로 하지 않아도 행동을 통해 전달된다.

침묵, 냉정함, 거리감 등은 말로 하는 비난과 똑같은 피해를 줄 수 있다. 그러므로 비난의 문제를 해결하려 한다면 그것을 말의 문제로만 다루지 말고 마음의 문제로도 다루라.

비난이 작용하는 방식

비난은 비난받는 사람 안에서 어떻게 작용하는가? 기본적으로 사랑 없는 진리로 경험되며 항상 심판이나 책망으로 느껴진다. 우리는 모두 자기의 이기심, 죄, 미성숙 등에 대한 진실을 들을 필요가 있다. 예를 들어, 트래비스의 신뢰할 수 없는 면 때문에 상처를 받는다고 모건이 처음에 몇 번 말했을 때, 이것은 그의 성장을 도왔다.

그러나 사랑받는다는 느낌이 없는 한, 다른 사람으로부터 진실을 들어도 우리는 잘 받아들이지 못한다. 그것은 너무 괴롭다. 때로는 미움을 받는다고 느끼거나 자기가 나쁜 사람이라고 느끼기도 한다. 심지어 자기를 사랑하는 사람이 말해도 상처가 된다. 최근에 수술을 받은 친구가 있다. 나의 위로가 필요했던 그 친구는 내게 전화를 걸어 자기가 곧 수술을 받는다고 얘기했다. 나중에 그는 내게 이렇게 말했다. "너한테 안부 전화가 안 오니까 마음에 상처가 되더군." 그는 가깝고 오래 사귄 친구였다. 그는 이 말을 직설적이지만 다정한 투로 말했다. 그에 대한 나의 반응은 두 가지였다. 우선 슬픔과 가책이었다. 이것은 우리가 누군가에게 잘못했을 때 느끼는 감정이었다(고후 7:10-11). 두번째로는 내가 '완전히 나쁜 놈'이라는 느낌이 들었는데, 이것은 자기에 대한 사실을 받아들이는 능력이 아직 미흡함을 알려주는 신호이기도 했다. 이 느낌은 짧게 지속되었는데, 내가 영적으로 성장하기 시작하던 초기보다는 많이 짧았다. 그러나 가책을 느낄 정도는 되었다.

우리가 안전하고 사랑받을 때에도 이 정도인데, 안전하지 않거나 사랑받지 못할 때는 상황이 얼마나 더 나쁘겠는가? 자신이나 상대에게 큰 분노를 느낄 것이다. 은혜 없는 율법은 분노만을 일으키기 때문이다(롬 4:15). 따라서 상대가 나를 사랑한다는 확신 가운데 사실을 듣는 것이 유일한 방법이다(엡 4:15). 그렇지 않으면 '비난'은 자신을 채찍질하거나 상대를 채찍질하는 저주가 되고 만다.

데이트 : 비난을 배양하는 접시

본질적으로 데이트는 비난의 근원이다. 불과 몇 달 전에는 이상적인 짝이라고 생각한 사람을 비난하는 일이 흔하다. 여기에는 몇 가지 이유가 있다.

데이트의 본성은 탐색하는 것

데이트는 영원한 것이 아니다. 결혼과는 달리 데이트에서는 행복하지 않으면 상대방과의 관계를 정리할 수 있다. 이 말은 결혼했으면 참아야 할 많은 문제들을 굳이 참을 필요가 없다는 뜻이기도 하다. 나쁜 점을 덮을 만큼 좋은 점이 크지 않다면 관계를 정리할 수 있다. 결혼 생활에서는 좋은 점과 나쁜 점이 어떤 비율로 되어 있든 관계를 유지하거나 정리하는 데엔 결심보다 법률이 더 많이 작용한다. 결혼은 탐색이 아니라 생활을 위한 것이다.

상대의 결점을 참으며 살 필요가 없을 때는 자기의 어떤 면이 상대의 결점을 촉발시키는지 굳이 찾아내려고 하지 않는다. 결혼한 여자는 자기가 슬며시 물러나는 태도 때문에 남편이 화낸다는 것을 안다. 그리고 문제를 해결하려면 자신의 태도를 바꾸어야 한다는 것도 안다. 그러나 아직 결혼하지 않은 여자는 "나는 화를 안 내는데 너는 왜 화를 내는 거야?"라고 말하며 나가버릴 수 있다. 이런 행동은 남자에게는 생각할 기회를 주지만 여자에게는 자신에 대해 생각할 기회를 전혀 주지 않는다. 이런 행동은 남자가 화내는 것을 해결하지 못한다. 이렇게 되면 여자는 문제가 없는 이상적인 남자를 찾을 뿐, 자신의 문제는 다루지 않을 가능성이 높아진다.

인격의 한 특성인 비난

우리는 모두 어느 정도 비난한다. 그러나 어떤 사람은 다른 사람보다 더 비난하는 경향이 있다. 데이트 상대에게서 끊임없이 결점을 찾아낸다면 우리는 비난이라는 인격적 결점을 안고 있는지 모른다. 비난은 이기심, 충동적 경향, 소극성 같은 다른 인격적 결점과 크게 다르진 않지만 확실히 중요하다.

이런 특성은 데이트 관계에서 더 잘 나타난다. 데이트는 상대의 모습이나 행동을 조사하고 평가하는 과정이기 때문에 우리가 안고 있는 비난하는 경향을 쉽게 증폭할 수 있다. 우리는 자격증도 없이 판사가 된다. 이런 상황이라면 치료가 필요하다. 이 장 끝에서처럼 행동하면 두 사람의 데이트는 비난하는 어느 한쪽의 성향 때문에 위험에 빠지지 않는다. 그러나 이 문제에 대해 어떤 노력도 하지 않으면, 마치 알콜 중독자가 술집에 가는 것과 같이 데이트할 때마다 비난을 일삼게 된다. 비난은 자신의 약점을 타인에게 떠넘기려는 우리 본성의 산물이다.

데이트에 있는 로맨스의 강렬함

로맨스는 데이트 관계와 친구 관계를 구분한다. 로맨스엔 정열과 뜨거운 감정이 있다. 이 뜨거운 감정에는 퇴보하는 속성이 있을 수 있다. 이런 속성 때문에 어린 시절의 욕구와 욕망이 되살아난다. 사랑에 빠졌을 때, 때로 어리석게 행동하는 것도 이런 이유 때문이다. 사랑에 빠진 사람들은 어린애처럼 기분이 쉽게 오르내린다.

아직 아물지 않은 어린 시절의 상처가 있는 사람들은 자신도 모르는 사이에 죄없는 데이트 상대를 비난한다. 이들은 어린애 같은 요소들 때문에 인격 형성기의 관계와 데이트 관계를 구분하지 못하고 엉뚱한 것을 비난한다. 그 결과 "내게 왜 그렇게 화내는 걸까?"라는 식의 경험을 데이트 상대에게 준다. 로맨스의 불꽃은 성장하지 못한 유년기 요소들을 드러내기가 쉽다.

이런 경험이 있다면 치료하고 지원하는 시스템에 이런 유년기 때 받은 상처들을 털어놓아야 한다. 하나님께서 마련해주신 성장 과정에서 이런 요소들을 치료하거나, 지원하는 관계들을 통해 필요한 것들을 충족시킬 때, 데이트 상대를 비난하고픈 욕구도 줄어든다.

비난의 결과

비난은 결국 비난만 불러온다. 심판하는 듯이 비난해봤자 만족스런 결과는 거의 없다. 비난은 자기가 실제의 자신보다 더 낫다고 착각하게 만들며, 자신의 가장 큰 문제점도 다른 사람의 죄 때문이라고 생각하게 만든다. 그 때문에 하나님의 은혜와 자비를 갈망하지 못한다.

비난해봤자 얻는 것이 거의 없음을 깨달으면 비난을 그만두게 된다. 다음은 데이트 관계에서 나타나는 전형적인 비난의 결과들이다.

- 사랑보다 불평거리를 더 많이 찾는다.
- 한쪽이 상대를 괴롭히면 상대는 그것을 비난한다.
- 어떤 사람을 이상화하면서, 그 사람은 데이트 상대만큼 엉망이지 않을 거라고 생각한다.
- 갈등을 해결하는 방식이 바람직하지 않은 방향으로 흐른다.
- 한쪽은 계속해서 나쁜 사람이라는 꼬리표를 단 채 살아야 한다.
- 비난하는 사람하고는 관계를 유지하기가 어렵기 때문에 새로 좋은 사람을 찾는 것이 목표가 된다.

이상과 같은 목록은 더 길어질 수 있다. 하지만 비난하는 정도를 조절한다면, 우리가 꿈꾸는 행복, 안정, 사랑이 실현될 수 있다.

데이트와 도덕적 우월성

비난이 데이트 관계를 죽이는 또 한 가지 방식은 이렇다. 상처를 준 상대보다 자신이 도덕적으로 우월하다는 태도를 취하는 것이다. 상대의 행동에 충격과 슬픔을 당한 뒤, "나는 그 사람처럼 상처를 주지 못할 거야"라고 생각한다. 상대가 상처를 많이 준 것이 사실일 수 있지만 자기 안에 어두운 능력이 있다는 것을 모른다(롬 3:10-18).

비난하는 사람은 희생자인 체하는 경향이 있다. 자기가 무력할 뿐 아니라 강한 사람에게 상처를 입었고 관계에 있어서도 자신에게 아무런 권한이 없는 사람으로 이해한다. 이것은 어린애 같은 태도이며 자신이 결백하다는 감정을 동반한다. 그 결과 비난하는 사람, 즉 자신을 무고한 희생자로 보는 사람은 끊임없이 문제를 상대에게 떠넘긴다.

두 사람의 데이트가 이런 문제를 극복하기는 대단히 어렵다. 상대로부터 비난을 받는, 이른바 공격한 사람은 상대의 자비심을 구하려고 애쓰지만 상대에 비해 도덕적으로 열등하다는 느낌만 갖게 된다. 상처를 주는 원인들을 인정할지라도, 자신은 천사고 상대는 악마로 보는 사람에게서 자비심을 구하기란 거의 불가능하다. 마침내 불가능한 일을 포기하고 말 것이다.

도덕적으로 우월한 위치에 있으려고 하는 경향을 우리가 인생에서 원하는 모든 것, 즉 성숙한 인간 관계, 인격 성장, 자유 등에 반하는 것으로 여기라. 우리가 얼마나 죄짓기 쉽고 상처받기 쉬운지 깨달으라. 도덕적으로 우월하다는 생각을 버리면 실제로 구원받은 거나 다름없다. 현실을 인정하고 사는 것이 자기가 도덕적으로 우월하다는 환상의 땅에서 사는 것보다 덜 고되다.

비난하는 태도를 치료하기

남자 친구가 정말로 나쁜 일을 했기 때문에 여자 친구는 기분 나빠할 권리가 있다고 생각한다. 그녀는 이 문제를 무시하고 싶지가 않다. 그래서 그것이 별 문제가 아닌 척하여 상황이 나빠지는 것을 지켜보든지, 아니면 무엇이든 말하여 판사처럼 상대를 판단할지 고민한다. 그러나 어떤 것도 좋은 해결책이 아니며, 성공적이고 장기적인 관계로 나가는 데 도움을 줄 수 없다. 다음은 비난이라는 문제를 치료하기 위한 지침들이다.

자신을 철저히 돌아보라

가장 중요한 해결책은 자기 영혼에 결점이나 약점이 있는지 적극적으로 관찰하는 것이다. 먼저 자신에게 화살을 돌리면 비난은 줄어든다. 심판하지 않으면 하나님께로부터 자비를 기대할 수 있다는 점을 명심하라. "긍휼을 행하지 않는 자에게는 긍휼 없는 심판이 있으리라 긍휼은 심판을 이기고 자랑하느니라"(약 2:13). 데이트 상대의 죄보다 자신의 죄를 더 많이 염려할 때 대체로 해결이 난다.

데이트 상대도 자기 잘못에 대해 들어야 하겠지만 자신이 먼저 자기 잘못에 대해 들어야 한다. 이렇게 하면 서로 안심할 수 있는 도덕적 평등 분위기가 형성된다. 십자가 밑에서는 누구나 마찬가지 입장이라는 것을 명심하라.

상대의 나쁜 점은 물론 좋은 점도 생각하라

데이트 상대의 나쁜 점만큼이나 좋은 점을 마음에 두면 비난하는 태도를 버릴 수 있다. 이것은 상대의 나쁜 점을 부인하라는 말이 아니라 그 상대를 나쁜 점뿐만 아니라 좋은 점도 가지고 있는 통합된 존재로 대하라는 말이다. 사실, 만성적인 비난은 상대의 좋은 점에 감사하지도 않으면서 이해하거나 사랑하지 않는 것이기 때문에 부인에 더 가깝다. 건강한 관계라면 상대의 나쁜 점뿐만 아니라 좋은 점도 받아들인다. 그들은 서로 사랑도 하고 미워도 하지만 사랑이 미움을 지배한다. 그리고 이 사랑이 나쁜 점을 관용할 수 있게 도와주는 접착제다.

비난 대신에 바운더리를 설정하라

사람들은 자기들이 관계에서 무기력하고 의지할 데 없다고 느끼기 때문에 비난하는 경우가 많다. 상대의 행동에 대항할 수 있는 유일한 방법이 비난이기 때문에 그렇게 한다. 그러나 더 좋은 방법이 있다. 데이트 상대에게 사랑을 가지고 맞서고 용납하지 않겠다고 얘기한 후에 그래도 계속하면 제재를 가하는 것이다. 이렇게 하면 선택의 기회와 자유, 힘을 더 넓혀주고 상대에 의해 통제받는 느낌을 갖지 않을 수 있다. 예를 들어, 모건은 트래비스에게 이렇게 말할 수 있다. "전화하지 않는다고 해서 너를 더 이상 성가시게 하지 않을게. 하지만 나는 그런 대접을 받고 싶진 않아. 그래서 다음에 네가 전화하기로 약속해놓고 전화하지 않으면, 2주 동안 서로 만나지 않기로 해. 나는 너와 함께 있고 싶어. 하지만 전화 약속을 어긴 바로 뒤에는 그렇게 안 될 거야." 그녀가 비난 대신에 이런 식으로 조치했으면 더 많은 성과를 올렸을 것이다. 비난은 문제를 근본적으로 해결해주지 못한다. 대신 제재를 가하면 첫 단계부터 비난할 필요성이 없어진다.

용서하라

사람들이 끊임없이 비난하는 또 하나의 이유는 상대를 용서하지 못하기 때문이다. 용서는 어떤 사람이 진 빚을 탕감해주는 행위다. 우리는 모두 때때로 용서가 필요하며 서로 용서를 빚졌다. 그런데도 공평하지 않다고 느끼거나 상대가 어떤 것을 가져갔다고 생각해서 용서하지 않을 때가 많다. 용서하지 못하는 것은 실제적인 문제다. 그것을 해결하기 위해서는 주님께서 우리를 전적으로 용서하신 것처럼, 복수하고 싶은 마음이나 자기만 옳다는 주장을 버리고 용서하라는 말씀(마 6:12-15)을 명심해야 한다. 상대를 공격하지도 말고 복수하거나 자기만 옳다고 주장하는 욕구를 버리라. 변화의 소지가 있는 것에는 바운더리를 설정하고 변하지 않을 것은 용서하라. 관계가 이 두 가지 요소에 기초를 두었는지, 그래서 자신이 원하는 상태인지 따져보라.

슬퍼하라

용서는 본질적으로 객관적인 데 비해 슬픔은 정서적인 요소다. 빚을 탕감하는 것은 복수할 권리를 버린다는 의미다. 이렇게 하면 손해를 봤다는 생각과 함께 슬픔이 찾아든다. 이것이 슬픔의 본질이다. 비난하는 사람은 화를 내지만 그것은 문제를 해결하지 못한다. 분노는 결국 슬픔과 비통함에 자리를 내줘야 한다. 이것은 상대에게 "내가 졌어"라고 말하는 것과 같다. 그것이 사실이기 때문이다. 우리가 상대를 변화시키거나 우리의 방식으로 보게 하려는 전투에서 졌으며, 상대가 우리에게 얼마나 상처를 주는지 이해시키는 전투에서 졌다. 이길 가치가 없거나 이길 수 없는 전투를 그만 두라. 하나님께서도 날마다 그렇게 하신다. 하나님께서는 자기 권리를 버리시고 우리가 각자 자기 길로 나가는 것을 슬퍼하신다(마 23:37).

이런 조치들은 수고가 따르지만 비난의 부정적인 힘에 효과적으로 제재를 가한다.

요약

- 상대의 지적을 겸손히 듣는 동시에 비난으로 반응하려는 충동을 억제하라.
- 자신이 비난한다면, 자신 안에 두려운 마음이나 심판받는 느낌이 있

다는 신호로 삼으라.
- 데이트 상대의 영혼보다 자기 영혼의 상태를 더 염려하는 자세를 가지라.
- 항의, 언쟁, 비난만 하지 말고 상대의 부정적인 면을 받아들이며 그것들을 해결하려고 하라.
- 자신이 비난하고 있다는 사실을 알려달라고 주변의 믿을 만한 사람들에게 부탁하라.
- 용서하는 사람이 되라. 서로 용서하는 것을 두 사람의 데이트 관계에서 하나의 틀로 정착시키라.

4

데이트의 문제 해결
: 상대방이 문제일 때

존중하지 않는 태도에 "아니요"라고 말하라

신디는 2년 전에 이혼했는데, 다시 연애할 준비가 되었다고 느꼈다. 그녀는 크레이그를 만나 사이좋게 지냈다. 그는 영리하고 세심했다. 신디가 크레이그에게 매력을 느낀 이유 가운데 하나는 그가 마치 여자처럼 신디를 대한다는 것이었다. 그녀의 전 남편은 남자 같은 특성만 지닌 사람이었기 때문에 서로 딴 세상에 사는 것 같았다. 그러나 크레이그는 그녀와 쉽게 사귀었고 감정에 대하여 그리고 더 깊은 인생 문제들에 대해서도 쉽게 얘기하고 이해하는 것 같았다. 그뿐 아니라 신디의 여자 친구들과 함께 있는 것도 꺼리지 않았다. 일부 남자들에게서 볼 수 있는 남성 우월주의의 특성이 없었다.

물론 그에게도 문제는 있었다. 이것을 처음 발견한 것은 그들이 시내의 멋진 레스토랑에서 데이트를 하고 있을 때였다. 그녀는 분위기에 흠뻑 빠져 있었고 그날따라 크레이그의 세심함에 더욱 끌렸다. 그때 금발의 아주 예쁜 웨이트리스가 와서 음료나 전채 요리를 원하느냐고 물었다. 크레이

그는 유혹하는 표정을 지으며, "메뉴판에 당신이 없다면 됐습니다"라고 말했다. 웨이트리스는 어색한 미소를 지으며 물러갔다. 신디는 충격을 받고 마음이 상해서 "내 앞에서 다른 여자에게 그런 말을 할 수 있어?" 하고 말했다. 그가 손을 내저으며 말했다. "무슨 소리야? 그건 단지 농담일 뿐이란 말야. 과민반응하지 마." 크레이그의 말대로 자신이 너무 예민한 반응을 보였나 싶어 신디는 더 이상 그 얘기를 꺼낼 수가 없었다. 그들은 그 뒤 저녁 시간을 즐겁게 보냈다.

두 주 후에 파티에서 크레이그가 신디의 여자 친구에게 이상한 말을 할 때까지 신디는 그 일을 마음에 두지 않았다. 리즈는 이전의 남자 친구에 대해서 신디와 크레이그에게 불평하고 있었다. 그때 크레이그가 이렇게 말했다. "그런 식으로 당신을 대하다니, 참 바보 같은 사람이군요. 내가 당신처럼 예쁘고 똑똑한 사람을 만났다면 그 행운에 감사했을 텐데 말입니다." 다시 신디가 따지자 크레이그가 짜증스럽다는 표정으로 말했다. "나를 그대로 놔둘 수 없어? 단지 분위기를 띄우려는 것뿐이라구."

그후 관계가 아주 잘 굴러가는 것 같아서 신디는 한동안 관계를 위태롭게 하고 싶지 않았다. 그러나 이제 그녀의 신경은 예민해져서, 자기와 함께 있으면서도 크레이그가 다른 여자들에게 자주 추근댄다는 사실을 감지하기 시작했다. 그들의 관계가 진행될수록 그런 일이 더 자주 일어나는 것 같았다.

신디가 이런 사실을 친구에게 말하자 친구는 이렇게 말했다. "이런 식으로 보면 어때? 그가 여자와 대화하는 유일한 방식이 그런 것일지 모른다고 생각해봐. 적어도 그런 말이나 행동을 네 앞에서 하잖아. 그것은 그가 너한테 숨기지 않고 그런 면에서 너를 신뢰한다는 것을 의미하잖아." 자기 감정을 의심해보라는 친구의 말은 상당히 이치에 맞았다. 그렇다 해도 그녀는 그냥 두고볼 수 없었다.

다른 여자들과 시시덕거리는 것이 신디의 마음을 불편하게 함에도 불구하고 그녀의 마음을 전혀 고려하지 않는 그의 태도가 싫었다. 크레이그는 자신의 행동이 신디에겐 얼마나 견디기 힘든 것인지 이해하지도 염두에 두지도 않았다. 신디의 감정에 조금이라도 관심을 보였다면 그녀는 덜 괴로웠을 것이다. 신디가 계속 관찰해보니 크레이그가 자기 감정을 무시하는 것은 여자들과 농담할 때만이 아니었다. 시간이 지남에 따라 그는 점점 그녀의 의견이나 방식을 무시하고 자기 스타일을 고집했다. 그녀가 따질 때마다 크레이그는 항상 그녀를 무시하면서 자기 결백을 주장했다.

신디는 이전에 크레이그를 알았던 여자들을 만나, 그들도 비슷한 경험을 했다는 얘기를 들었다. 주위에 다른 여자가 없으면 데이트 상대와 사이가 좋으면서 잘 지냈지만, 갈등이 있거나 주변에 다른 여자가 있으면 데이트 상대와 잘 지내지 못했다.

신디는 크레이그의 적절하지 못한 행위에 맞서는 한편, 조치를 취하기 시작했다. 자기가 있는 데서 다른 여자에게 허튼 짓을 하면 조용히 핸드백을 들고 집으로 가버려서, 자기가 떠난 이유를 크레이그가 다른 사람들에게 설명하게 했다. 그녀는 "네가 아무리 그렇지 않다고 말할지라도, 너의 성숙하지 못한 모습을 보며 굴욕감을 느끼기보다는 차라리 그 자리를 떠날거야"라고 말했다. 결국 두 사람은 헤어졌다. 신디는 크레이그를 참으로 사랑했기 때문에 마음의 상처가 컸다. 그러나 마음이 합해질 때는 더이상 좋을 수 없다가도, 마음이 일치하지 않으면 마음에 그토록 상처를 주는 사람과 결혼할 수는 없었다.

무시하는 것은 문제다

미국의 젊은이들 사이에서 쓰는 말로 'dissing'이라는 용어가 있다. 이 말은 'disrespect(무시)'를 뜻하는 것으로, 어떤 사람을 헐뜯는 행위를 가리킨다. 누군가 어떤 사람을 'dissing' 하면 그것은 존중하는 마음도 없고 명예를 훼손하는 것이기 때문에, 그 사람과 다투기 쉽다. 그 사람의 사회적 지위가 어떻든 'dissing'은 금기로 간주된다. 이렇듯 무시는 무시되는 사람의 권리와 인격을 어느 정도 깔아뭉개는 도구가 된다.

데이트 세계에서도 무시는 문제의 소지가 된다. 그러나 이것은 뒤에서 말하는 명예 훼손보다 데이트 상대를 존중하지 않는다는 문제다. 무시는 친밀감과 결혼을 막는 심각한 방해꾼이다.

어떤 커플이든 사랑 안에서 성장하려면 존중하는 마음이 필요하다. 각 사람은 자기가 알려고 하는 사람에게서 존중받는다고 느낄 필요가 있다. 이것은 상대의 모든 면에 관심을 갖고 존중한다는 의미다. 존중과 공감은 어떤 관계에나 필요하지만 둘은 서로 다르다. 공감은 상대의 경험, 특히 괴로움을 함께 경험하는 능력이다. 존중은 상대의 경험을 귀하게 여기는 능력이다. 상대와 공감하지 못해도, 존중하는 자세는 항상 가질 수 있다. 예를 들어, 섹스를 여자 친구에게 강요하지 않는 경우를 들 수 있다. 먼저 섹스를 강요하면 여자 친구가 압박감을 느낄 것이라는 공감대로 인해 스스로를 자제할 수도 있겠고 아니면, 그녀 나름의 도덕적 결단을 존중하기 때문에 자신을 억제할 수 있다. 이렇듯 공감과 존중이 둘 다 있을 때 관계는 가장 잘 발전한다.

존중하는 마음이 있을 때 상대는 자기 본 모습을 그대로 드러낼 수 있다. 정직할 수 있고 하나된 느낌과 안전하다는 느낌을 가질 수 있다. 공격이나 굴욕을 당하거나 비열한 대우를 받으리라는 걱정을 하지 않는다. 존중하는 마음이 없으면, 상대는 자기 욕구나 감정을 고려하지 않는 사람에게 통제받고 경시당하며 상처받는다고 느낀다.

존중받기를 원한다면 특별한 대우를 요구하지 말아야 한다. 존중은 숭배가 아니다. 그것은 대접받고자 하는 대로 대접하는 것이며 이것이 예수님의 황금률(마 7:12)이다. 존중받는다는 것은 다음과 같은 내용을 담고 있다.

- 자신의 의견을 상대가 듣고 가치 있게 여긴다.
- 상대와 의견을 달리 해도 용납된다.
- 잘못된 선택이라도 존중된다.
- 자신의 감정이 배려된다.
- 잘못했을 때 윽박지르거나 어린애처럼 다루지 않고 정중하게 잘못을 지적한다.

크레이그에겐 두 가지 무시의 문제가 있었다. 첫째, 다른 여자들이 있을 때 특별하게 대해달라는 신디의 요구를 존중하지 않았다. 그의 농담을 다른 여자들도 불편해했지만 그는 해로운 것이 아니라며 웃어 넘겼다. 둘째, 그가 상처를 줄 때, 자기 감정을 고려해달라는 신디의 요구를 크레이그는 존중하지 않았는데 이것은 더욱 중요한 문제였다. 그는 자기 방식에 너무 집착해서 자기 행동이 신디에게 주는 영향을 이해할 수 없었다.

무시가 일어나는 방식

무시는 데이트 상대의 욕구보다 자기 욕구를 중요시할 때 자주 저지르는 잘못이다. 이런 사람들은 상대에게 상처를 주려고 의도적으로 무시하지는 않는다. 그들이 상대의 감정, 자유, 욕구를 무시하고 짓밟는 이유는 무시가 일어나는 방식을 그들이 어느 정도 따르기 때문이다. 무시에는 악의가 있는 경우도 있지만, 본질적으로 악의가 있다기보다는 자기 중심적인 경향이 더 많다.

데이트하는 사람들은 자기 감정, 욕구, 자유가 존중되는지를 확인해야 한다. 어느 한쪽이 섹스에 불편한 마음을 갖거나 빈정대는 말에 상처를 받거나 약속을 지키지 않는 것에 화가 난다면 그것은 어떤 일이 일어나고 있다는 신호다. 이런 감정은 심각하게 다루어야 한다. 두 사람은 무엇이 이런 감정을 일으키게 하는지 얘기하고 그 문제를 해결해야 한다.

무시는 보통 자유의 침해를 동반하는데 그것이 일어나는 방식은 다음과 같다.

- 지배 : 상대로부터 "안돼"라는 말을 들으려 하지 않는다. 상대가 동의하지 않으면 협박하거나 위협 또는 화를 낸다. 상대가 자유를 행사하여 나름의 선택을 하면 기분이 상한다. 예를 들어, 남자 친구와 더 많은 시간을 보내기 원하는 여자가 있다. 남자 친구가 다른 것을 하고 싶다고 말하면, 그녀는 화를 내거나 관계가 위태로워질 수 있다는 말로 그의 자유를 무시한다.
- 멀리함 : 상대가 다른 의견을 말하거나 자유를 행사하면 사이가 멀어진다. 샐쭉해서 말도 안 하고 만나주지도 않는다. 자신과 다른 의견

을 가진 상대에게 소극적으로나마 벌을 준다. 예를 들어, 어떤 여자는 남자 친구가 함께 있고 싶은 밤에 친구들을 만나러 나가고 싶을 수 있다. 남자 친구는 불평하진 않았지만 한동안 전화나 말도 하지 않는다. 이것은 그가 여자 친구의 자유를 존중하지 않는다는 의사를 드러내는 행동이다.

- 조종 : 상대의 마음을 돌리기 위해 미묘한 술책을 쓴다. 남자 친구가 시간이 없을 때 자기 아파트에 페인트칠하는 것을 도와달라고 조르거나 들볶는다.
- 직접적인 침해 : 하지 말라는 부탁을 받은 뒤에도 상처가 되는 행동을 계속함으로써 무시를 드러낸다. 어떤 남자는 습관적으로 마지막 순간에 데이트를 취소하곤 한다. 그의 데이트 상대가 이것 때문에 몹시 괴롭다고 말했음에도 불구하고 그는 변할 기미가 없다.
- 과소 평가하기 : 상대가 기분 나빠하는 것을 단지 과민 반응이라고 말한다.
- 비난하기 : 이를테면 남자가 문제에 대해 말할 때, 여자는 문제의 원인은 바로 남자라고 말한다. 예를 들어, 사람들 많은 데서 자기를 놀리면 마음에 상처가 된다고 남자 친구가 말했을 때 여자는 "자기가 나한테 잘하면 내가 그러겠어?"라고 대답한다.
- 합리화 : 문제의 원인이 무엇이든 그 책임을 부인한다. 예를 들어, 습관적으로 늦는 데이트 상대는 여자 친구가 느끼는 마음의 상처에 대해서 다음과 같은 말로 변명한다. "네 기분을 이해하지만 길이 막혀서 어쩔 수 없었어."

누군가를 존중한다는 말은 그 사람과 의견을 같이한다는 뜻이 아니다.

그리고 그 사람이 원하는 대로 순순히 따른다는 의미도 아니다. 자기에게 중요한 사람이 느끼는 감정이기 때문에 그 사람의 감정을 중시한다는 의미다. 상대의 말을 잘 듣고 이해하며 상황을 극복하려고 노력하라.

마가렛은 마이크와 데이트 중인데 그는 사업상 여행을 많이 한다. 관계가 진전되면서 당연히 마가렛은 마이크와 더 자주 연락을 주고받고 싶었다. 그래서 마이크가 여행할 때는 매일 밤 자기에게 전화해주기를 원했다. 이것은 불가능하지는 않지만 비행 시간과 회의 일정 때문에 대단히 어려웠다. 그는 마가렛에게 전화하려고 애썼다. 그가 전화하지 못하면 마가렛은 상처를 입어 자기가 사랑받지 못한다고 느꼈다. 그는 노력했지만 잘 되지 않았다. 마침내 그는 마가렛에게 이렇게 말했다. "나도 가능하면 당신의 감정에 마음을 써주고 싶소. 하지만 이렇게밖에 안 되오. 우리 이 문제를 다른 식으로 해결하면 어떻겠소?" 마가렛은 이 문제를 곰곰이 생각했다. 그리고 나서 문제의 근원이 마이크에게 있지 않음을 깨달았다. 그녀는 평생 버림받는 문제로 고통을 겪었다. 아버지가 자신을 버렸던 것이다. 그녀는 자신이 예전에 버림받은 문제를 마이크에게 떠넘기고 있음을 깨달았다. 그 후 그녀는 아버지에게서 벗어나기 시작했다. 그녀는 전화할 수 있을 때 전화하는 것으로 충분하다고 마이크에게 말했다. 마이크는 그녀의 감정을 존중했다. 동시에 문제를 실제로 해결하기 위해 서로 마음을 털어놓았다.

자신의 감정, 시간, 의견, 가치관이 존중되지 않는다면 조치를 취해야 한다. 침묵하지 말고 문제를 제기해야 한다. 미루지 말고 심각한 문제로 제기해야 한다. 거듭 일어나는 문제에는 제재를 가해야 한다. 내가 아는 한 여자는 어디론가 놀러나갔을 때 남자 친구가 돈을 내지 않고 그녀에게 항상 비용을 부담시킨다고 속사정을 털어놓았다. 마침내 자기를 무시하는 듯한 그의 태도가 도를 넘었다고 판단한 그녀는 관계를 정리하기 위해 그와 다른 차를 타고 다니기 시작했다. 이런 일이 몇 번 있은 후 그는 그녀가 단호하다는 것을 눈치챘고, 이후로 상황이 나아졌다.

점점 더 무시하는 관계

우리는 다른 사람을 존중하는 존재로 태어나지 않았다. 오히려 자기 삶에만 관심을 기울이고 다른 사람의 욕구는 거의 알지 못한다. 그러나 성숙해가면서 점차 타인도 관심의 영역에 들어온다. 시간이 지나면, 다른 사람의 욕구와 감정도 중요하다는 것을 배우게 된다. 그러나 이것은 습득한 능력이지 타고난 능력이 아니다.

때때로 처음에 매우 존중하는 것 같은 사람과 데이트한다. 상대의 말에 귀를 기울이고 의견을 받아들이며 그것에 종종 양보한다. 그러다가 두 사람이 편안한 관계가 되면 존중하는 마음이 사라진 것같이 되어 상대는 가치가 없어지고 이용당한 느낌을 갖게 된다. 상처받은 사람은 종종 이렇게 의아해한다. "전에는 내 감정을 존중했는데 어쩌다가 이렇게 변해버렸지? 너무 친하다보니까 그게 나를 가볍게 여기게 만들었나?"

사실은 그렇지 않다. 존중하는 사람들은 시간이 가도 그 마음을 잃어버리지 않으며 오히려 그런 마음을 키워간다. 관계가 깊어짐에 따라 더욱 일체감을 갖고, 나중에 나타나는 상대의 나머지 부분들도 존중한다. 그들은 더욱 편안해지고 격의 없이 지내게 되지만 여전히 상대의 감정에 주의를 기울인다. 이것은 인격의 특성이다. 그것은 안정적이며 상황에 좌우되지 않는다. 그러므로 시간이 지남에 따라 상대를 존중하지 않는 듯한 사람은 다른 사람의 욕구나 감정을 진정으로 존중하지 않는 사람이다. 이런 사람은 예절과 사회 규범을 익혀서 겉으로 사회화되었을지 몰라도, 마음은 여전히 자기 방식을 버리지 않았다. 따라서 무시하는 경우가 많아지거든, 드러내지 않았던 모습이 나타나기 시작했다고 봐도 무방하다.

말과 행동

무시하는지를 판단하는 또 다른 측면은 말이 아니라 행동과 관련이 있다. 누구나 사과하고 변하겠다고 말할 수 있다. 이렇게 말하는 과정을 통해 인격이 꽤 많이 성장할 수 있지만 실제로 변하거나 자기가 약속한 것을 잘 실행하지는 못한다. 예를 들어, 습관적으로 마지막 순간에 데이트를 취소하는 남자는 이것이 여자 친구에게 얼마나 깊이 상처를 주는지 관심을 기울이지 않는다. 그는 속시원하게 사과하며 앞으로는 약속을 반드시 지키겠다고 맹세할지 모른다. 그러나 그는 여전히 지나치게 맹세하고는 다시 번복하는 경향이 있다. 약속을 지키지 못한다고 해서 그가 무시한다고 단정할 수 없지만 계속해서 약속을 지키지 못하여 상대에게 상처를 주고, 그 문제를 해결하기 위해 조치를 취하지 않는다면 그것은 분명 무시하는 태도다. 말이든 행동이든 무시하는 태도를 용납하지 말라.

무시를 치료하지 않는 것

무시하는 관계는 결국 인격과 관련이 있다. 무시는 이기심, 통제, 이해의 부족 등으로 일어난다. 무시라는 구조를 치료하지 못하는 이유는 다음과 같다.

성급하게 관계를 끝냄

바운더리를 잘 설정하지 못하는 사람은 상대에게서 무시하는 자세를 발견하면 관계에서 그냥 물러나버린다. 느닷없이, 더 이상 무시를 참지 않겠다고 말하며 관계를 끝낸다. 이것은 슬프고도 문제를 해결하는 데 아무 도움이 되지 않는 방법이다. 상황을 끝내기 전에, 할 수 있는 일들이 많다. 데이트는 문제를 만났을 때 관계를 끝내기보다 문제를 해결하는 단계다. 때 이른 관계의 정리는 미래의 결혼 생활이나 기타 관계에 좋은 징조가 아니다. 관계를 정리하기 전에 무시라는 문제를 다루는 법을 익히라.

순응

무시하는 데이트 상대를 기쁘게 하려는 시도는 무익하다. 순응은 전투를 잠재우는 것처럼 보일지 몰라도 결국 전쟁에서 승리할 수 없게 만든다. 무시의 핵심은 자기 중심적인 자세. 순응은 무시에 대가가 따르지 않는다는 환상을 일으켜, 이기심을 그대로 갖고 있거나 더 나빠지게 할 수 있다.

우리는 모두 타인을, 심지어 무시하는 사람조차도 사랑하라는 명령을 받았다. "내가 이것을 너희에게 명함은 너희로 서로 사랑하게 하려 함이로라"(요 15:17). 그러나 사랑은 순응이 아니다. 어떤 사람을 사랑한다고 하면 그 사람에게 최선을 다하는 자세를 취하는 것을 의미하는데 비해, 순응은 그 사람이 죄와 미성숙의 대가를 치르지 않게 해준다. 예를 들어, 다혈질의 사람과 데이트한다고 가정하자. 그 사람은 화를 낼 때 비열해져서 우리를 비난하며 안전하고 편안한 상태를 바라는 우리의 바람을 무시한다. 우리는 그의 분노에 순응하여 그를 진정시키고 책임을 떠맡을 수 있다. 이것은 일시적으로는 그를 달랠 수 있을지 모르지만 그가 씨름하고 있는 인격의 문제를 치료하지 못한다. "노하기를 맹렬히 하는 자는 벌을 받을 것이라 네가 그를 건져 주면 다시 건져주게 되리라"(잠 19:19). 무시에 순응하는 문제에 대해서는 우리가 쓴 책 「'노(No!)'라고 말할 줄 아는 그리스도인(Boundaries)」를 참조하라.

앙갚음

무시에 무시로 앙갚음하고 싶은 것은 지극히 당연하다. 상대가 건성으로 데이트하면 우리도 건성으로 데이트해서, 어떤 기분이 드는지 상대도 느끼게 한다. 문제는 언뜻 당연해보이는 행동이 가끔은 성숙하지 못한 행동이라는 데 있다. 우리는 본래 눈에는 눈으로 앙갚음하는 율법주의자다. 그러나 앙갚음은 궁극적으로 도움이 되지 않는다. 이것이 하나님께서 예수님을 보내신 이유다. 즉, 율법이 우리를 의로운 사람으로 만들지 못했기 때문에 하나님께서는 예수님을 보내셨다. 복수를 하면 상대로부터 원한 섞인 순응을 얻어내거나 점점 더 무시를 당하게 된다. 누구도 그 사람의 마음이나 문제에 공감하지 않는다. 앙갚음하고 싶은 마음을 그리스도의 십자가에 못박으라. "할 수 있거든 너희로서는 모든 사람으로 더불어 평화하라"(롬 12:18).

대가를 치르게 하지 않고 불평만 함

우리가 쓴 책, 「'노(No!)'라고 말할 줄 아는 자녀 양육(Boundaries with Kids)」에서 말했듯이, 치러야 할 대가를 정하지 않은 채 바운더리를

 260 '노(No!)'라고 말할 줄 아는 데이트

정하는 것은 일종의 잔소리일 뿐이다. 무시하는 사람은 자기 행동이 상대에게 미치는 상처가 문제가 아니라 자신을 성가시게 하는 상대의 불평이 가장 큰 문제라고 생각한다. 거기엔 성장이나 변화의 동기가 거의 없다. 이 장 앞에서 다른 여자들을 희롱하는 크레이그와 다투던 신디는 단지 크레이그의 행동에 대해 항의만 했다. 크레이그가 적절하지 못한 행동을 할 때 집으로 가버림으로써 제재를 가한 것은 훨씬 나중이었다. 그들은 헤어졌으나 적어도 그 제재는 어떤 변화를 강요했다. 그녀가 크레이그에게 그저 항의만 했다면, 그들이 얼마나 오래 이 답답한 상황에 머물렀을지 누가 알겠는가? 상대방의 무시에 대해 불평하고 바운더리를 설정한다면 그것을 어겼을 때 우리의 말을 되새기게 할 대가를 설정하라.

무시를 치료하는 것

끝으로 데이트 관계에서 무시를 경험했을 때 그것을 해결할 수 있는 몇 가지 조치들을 제시한다.

문제 해결을 지체하지 말라
여러 번 얘기한 바와 같이 무시는 인격의 문제다. 인격 문제는 단지 시간이 지난다고 해서 해결되지 않는다. 그것은 진리와 은혜가 개입하고 작용해야 해결된다. 무시를 늦게 지적할수록 무시를 더 많이 당할 수 있다. 존중하는 마음을 당장 요구하라. 그러면 기회가 더 많아진다. "세월을 아끼라 때가 악하니라"(엡 5:16). 이 말은 첫 데이트에서 많은 규칙을 불쑥 내밀라는 것이 아니다. 데이트가 즐겁다고 해서 자신이 요구한 시간까지 집에 데려다주지 않으면 그 문제를 즉시 거기에서 말하라는 것이다.

여러 상황과 관계 속에서 데이트 상대를 겪어보라

때때로 자기가 너무 예민하거나 과민 반응하는지 궁금해질 수 있다. 예를 들어, 여자 친구가 약속 시간에 나오지 않아서 당신을 계속 기다리게 만들 수 있다. 그래놓고도 당신이 까다롭고 쩨쩨하게 군다고 말할 수 있다. 이것은 사실일 수도 있다. 따라서 그녀의 친구, 가족들과 함께 그녀를 만나라. 그런 뒤 그녀를 아는 사람들이 그녀의 습관에 대해 하는 얘기를 들라. 그들은 그녀가 별나게 행동한 적이 없다고 말할 수 있다. 동시에 그녀는 시간 관념이 없어서 자신들을 미치게 만든다고 말할 수 있다. 이것은 간첩 활동이 아니라 어떤 사람을 아는 방법일 뿐이다. 아무 것도 모르는 상태에서 데이트해서는 안 된다.

"아니요"라고 말하라

무시하는지를 판단하는 간단한 척도는 좋아하는 것에 의견을 달리하면서 결과를 지켜보는 것이다. 존중하는 사람은 상대의 말을 듣고 협상을 거쳐 서로 타협한다. 무시하는 사람은 "아니요"를 "예"로 바꾸기 위해 애쓴다.

무시가 문제라고 얘기하라

통제받고 무시당하는 느낌이 든다고 상대에게 말하라. 그것 때문에 상처받으며 거리를 두게 된다고 말하라. 어떤 사람들은 미처 몰라서 무시하기도 한다. 그들은 제재를 받아본 적이 없기에 다른 사람을 억압한다. 그러나 그들의 마음은 악하지 않다. 이렇게 미처 모르고 무시하는 사람에게 우리 자기 감정을 얘기하면, 그 사람은 당신을 통제하는 데 몰두한 것이 아니라 관계에 마음을 몰두했기 때문에 기꺼이 변하고 싶을 것이다. 그러나 어떤 사람들은 관계보다 자신에게 더 마음을 쓰기 때문에 상대를 무시한다. 이런 사람에게 감정을 나타내 보이면 그 사람은 변화는커녕 합리화하고 부인하며 비난한다.

명확히 하기
이 문제와 관련해 몇 가지는 명확히 밝혀두라.

- 무시하는 행위와 관련해 무엇이 우리를 괴롭히는지 : "문제를 논의할 때마다 당신은 내 의견을 무시해요."
- 그 때문에 우리는 어떤 느낌이 드는지 : "나는 상처받고 당신과 멀어지는 느낌이에요."
- 어떻게 대접받고 싶은지 : "우리가 논의할 때 서로 존중하고 말할 기회를 똑같이 주세요."
- 상황이 변하지 않으면 어떻게 할 것인지 : "당신이 이것을 심각한 문제로 여길 때까지 당분간 만나지 않을 거예요."

다른 사람들을 불러들이라
이런 일은 홀로 하지 말라. 안전한 친구들로부터 지원, 반응, 사실 진단 등의 도움을 받으라. 무시는 우리 본성에서 유치한 면들을 자극할 수 있다. 이런 면들은 사랑을 얻기 위해, 상처를 주는 사람을 기쁘게 하려고 한다. 냉담하고 비판적인 부모 밑에서 자라며 부모의 기분을 바꾸려고 노력한 사람은 무시라는 덫에 걸릴 위험이 크다. 무시하는 관계를 상상할 수 없을 정도로 그냥 참아내는 사람이 있는데, 바로 이런 이유 때문이다.

자기에게 책임이 있으면 그것을 인정하라

상대방의 무시하는 태도를 우리가 더 쉽게 만들 수 있다. 그러므로 데이트 상대의 눈에서 티를 빼내기 전에 자기 눈에서 들보를 제거하라(마 7:3-5). 상대방의 무시를 조장하는 우리의 잘못된 행동들은 다음과 같다.

- 아무 말도 안 하기. 이것은 승낙을 암시할 수 있다.
- 무시하는 자세를 대수롭지 않게 여기거나 귀엽고 재미있는 면으로 간주하기
- 아무 대응도 안 하거나 적당히 불쾌해하는 것 사이에서 주저하기. 이것은 혼동하게 만든다.
- 상대의 잘못이나 문제를 모두 자기 책임으로 떠안기

문제를 자기 책임이라고 인정하라. 바꿀 필요가 있다면 바꾸라. 그러나 존중하는 마음으로 자신을 대우해달라고 상대에게 요구하라. 우리의 경험에 의하면, 이렇게 할 때 다음 두 가지 중 하나가 일어난다. 이 요구를 받아들이는 사람으로부터 더욱 존중을 받는다. 받아들이지 않는 사람으로부터 버림을 받는다. 두 가지 다 좋은 결과다.

요약

- 데이트 상대의 생각, 감정, 선택을 존중하고 그에 상응하는 대우를

상대에게 요구하라.
- 상대가 무시하거든 그 사실을 관계 초기에 말하라. 무시당하는 느낌이 들지만 그것이 실제로 계속될지 확신할 수 없거든 데이트 상대에게 묻는 등 대화를 시작하라.
- 차이와 무시를 구별하라. 서로 존중하면서도 어떤 의견에 동의하지 않거나 심지어 화낼 수도 있는 것이다.
- 시간이 지나면 나아질 거라고 기대하면서 무시를 가볍게 넘기지 말라. 치료의 여지가 있는지 살펴보라.
- '눈에는 눈, 이에는 이' 라는 식으로 싸우지 말라. 부드럽게 시작하여 관계가 좋아지기를 바라는 마음을 전하라.
- 관계에서 일방적으로 불리한 입장에 서봄으로써 무시가 완화되는지 보라.

미연에 방지하라

어느 날 토드가 메리와 함께 찾아왔다. "무슨 일이 있었는지 모르겠습니다. 그동안 우리는 별 문제 없이 잘 지낸다고 생각했거든요. 그런데 어느 날 메리가 더 이상 만나고 싶지 않다는 거예요. 꽤 많은 것들에 화가 나 있더라구요."

"사전에 아무런 경고도 받지 못했습니까? 무슨 조짐이 없었나요?" 내가 물었다.

"글쎄요, 때때로 메리가 잘 토라지긴 했습니다. 메리가 하기 싫어하는 일들을 가끔씩 제가 했거든요. 하지만 그것은 큰 문제가 아니라고 생각했습니다. 고작 약속 시간에 조금 늦거나, 아니면 메리한테 얘기하지 않고 다른 친구들하고 외출한 정도였으니까요. 거기다 뭐 제가 좋아하는 야구팀 경기가 있을 때, 그것도 어쩌다 한번 메리와의 약속을 깨뜨린 적이 있는 정도였죠. 그런 종류의 일들뿐이었습니다. 하지만 그게 뭐 그리 대단한 일입니까?" 그는 지난 일들을 생각하며 이렇게 말했다.

"제 생각에는 큰 문제로 보이는데요."

그 때 메리가 말을 꺼냈다. 그녀의 말은 확실히 좀 달랐다.

"저는 더 이상 참을 수가 없어요. 이 사람은 정말로 사려가 깊지 못해요. 함께 계획한 일들에도 나타나지 않을 때가 많았어요. 그럴 경우 미리 연락해달라고 몇 번이나 얘기했지만, 통 소용이 없었답니다. 기껏 다늦게 연락을 해서 '게임이 곧 끝날 거야' 라는 식으로 얼버무리려 했어요. 토드는 결국 저보다 스포츠를 선택했다고 판단했어요."

"토드에게 말했습니까?" 내가 물었다.

"몇 번 해봤지만 잘 들으려 하지 않았어요. 게다가 별 반응도 없었어요. 토드는 자기가 하고 싶은 대로 하는 식이었고, 저한테는 그걸 참아야 할 의무만 있는 셈이었지요."

"토드에게 아무 바운더리라도 제시해본 적이 있습니까?" 내가 물었다.

"예를 들어 어떤 것을 말하시는 거죠?" 그녀가 도로 내게 물었다.

"그가 약속 시간을 지키지 않거나 데이트 약속을 깨면, 그날 밤 내지는 그 주간 동안 만나지 않겠다고 말하는 식으로 말입니다. 토드의 그런 행동과 관련해서 어떤 장치를 마련할 필요가 있었겠네요."

"좀 잔인하게 들리는데요. 저는 그런 일은 못할 것 같아요. 너무 매정하다고 생각해요."

나는 아무 예고도 없이 갑작스럽게 관계를 끝내는 것보다 그것이 훨씬 덜 매정한 일이라고 그녀에게 말하고 싶었지만 그러지 않았다.

메리와 토드의 문제는 특이한 것이 아니었다. 관계엔 그리 나쁘지 않은 사람이 있다. 그러나 그 사람은 상대의 착한 성격을 이용하거나 관계에 무책임한 인격 구조를 그대로 가지고 있을 수 있다. 보통 그 사람은 상대를 배려할 줄 모르는 인격을 가지고 있다.

이것은 메리가 토드와의 관계에서 해결해야 할 과제였다. 그렇지 않으면 토드와의 문제는 신체적 억압 등으로 변해 상처를 줄 수 있다. 그리고 관계에서는 허용한 것을 얻는다는 공식을 메리는 알지 못했다. 우리는 이것을 왜 확실히 알지 못하는가? 상대에게 대가를 치르게 하지 않는 사람들은 잘 배려하지 않는 성품을 가진 사람들의 마음을 끄는데, 이것이 부분적인 이유가 된다. 또 서로 좋은 바운더리를 제시하지 않으면 성숙하지 못한 사람은 퇴보하게 되는데 이것도 이유가 된다.

아무튼 대체로, 특히 데이트 세계에서는 허용한 것을 얻게 된다. 우리가 메리와 같은 경우라면, 허용한 것을 고스란히 겪고서는 더 이상 참을 수 없게 되고, 다시 혼자가 될 것이다.

좀더 나은 방법

여기 더 좋은 방법이 있다. 처음부터 바운더리를 제시하라. 명확히 밝히라. 분명하게 말하고 그것을 고수하라. 간단히 말해서, 문제가 무엇이든 초기에 대처해서 관계라는 정원에 잡초가 자라지 않게 하라.

관계 초기부터 상대방이 우리를 어떤 식으로든 함부로 대하도록 허락해버리면 그런 방식이 관계 속에서 자리잡고 뿌리를 내린다. 여기엔 두 가지 위험이 있다.

첫째, 상대를 사랑하게 되었다면 둘 사이의 관계에서 이미 뿌리를 내린 그런 구조가 없어지기를 바란다. 그만큼 힘이 든다는 얘기다. 둘째, 상대가 사랑할 사람이 아니라면 바운더리에 막혀서 조만간 떠나기를 바란다. 이것 때문에 두 사람 모두 상처를 입기 쉽다. 그러므로 관계가 한참 진행되고 나서 고생하는 것보다 '미연에 방지하는 것'이 항상 더 낫다.

이것은 제10장 '지금 순응하면 나중에 대가를 치른다'에서 언급한 개념과 비슷하다. 우리는 거기서 데이트 초기에 자신의 참 모습을 보이는 것에 관해서 많이 말했다. 그리고 바운더리를 설정하는 것에 관해서는 별로 말하지 않았다. 여기서 말하려는 것은 우리는 자신이 어떻게 대접받고 싶은지를 초기에 밝혀야 한다는 점이다. 자신은 스스로를 존중하는 사람이며, 함부로 취급당하는 것을 용납하지 않는 사람임을 상대에게 알리기 위해서다. 이렇게 하면 이기적인 사람은 거부하고, 적당히 얼버무리는 사람은 훈련시킬 수 있다. 둘 다 좋은 일이다.

대항할 가치가 있는 잡초들

잠언은 허물을 눈감아주는 것이 좋은 일이라고 말한다. "노하기를 더디 하는 것이 사람의 슬기요 허물을 용서하는 것이 자기의 영광이니라"(잠 19:11). 허물을 눈감아주는 능력과 인내는 훌륭한 특성이다. 다투기를 좋아하고 잘못된 일엔 항상 문제를 제기하는 사람하고는 아무도 함께 어울리려고 하지 않는다. '쌀쌀맞다'는 표현은 그런 사람을 가리킬 때 쓴다.

그러나 장기적으로 형성된 부정적인 인격 특성을 눈감아주면 실제적인 문제가 일어날 수 있다. 허용해서는 안 되는 것들을 다음에 적었다. 물론 여기에는 더 많은 항목이 추가될 수 있다.

- 시간이나 약속에 사려 깊지 않음
- 약속을 지키지 않음

 270 '노(No!)'라고 말할 줄 아는 데이트

- 단 둘이 있을 때 또는 여러 사람이 있을 때, 깎아내리거나 상처를 주는 말로 무시함
- 허락하는 이상으로 육체 관계를 강요함
- 돈 문제에서 상대에게 관대함이나 인내를 기대하며 부당하거나 무책임하게 행동함
- 비판적인 태도
- 우리가 예민하기 때문이 아니라 분명히 상대의 잘못 때문에 생기는 것으로, 우리의 감정을 끊임없이 해치는 행동
- 통제적인 행동

이런 것들은 우리가 참을 수 없는 문제들이다. 그러나 어떤 문제들은 참을 수 있는 것과 참을 수 없는 것 사이 중간쯤에 있다. 확신하건대, 오랜 세월 동안 이런 문제들을 참으며 살고 싶지는 않을 것이다. 이런 문제들을 미연에 방지하는 법을 배우고 우리의 말을 상기시키게 할 대가를 설정한다면, 그렇게 살지 않아도 된다. 그러나 잔소리는 아무 효과가 없다. 바운더리를 제시하고 그것을 고수하라. 어떤 행동은 용납할 수 없으며 만일 계속한다면 그렇게 행동하지 않을 때까지 만나지 않겠다고 말하라. 이렇게 말할 수 있는 것이 초기에 조치를 취할 때 얻는 장점이다. 아직은 그리 잃어버릴 게 별로 없기 때문이다.

한 가지 작은 허물이 있다고 상대를 멀리하라는 말이 아님을 명심하라. 우리가 그렇게 하면, 상대도 우리에게 제재를 가한다! 모든 것에 문제를 제기하지 않는 태도는 참 좋다. 그러나 그 문제가 중요한 부분이고 하나의 형식으로 굳어버렸다면, 초기에 그 문제를 대처하라. 나중에 가서 그렇게 해둔 것에 기뻐할 것이다.

간단히 말하기

가장 훌륭한 말은 짧은 말이다. 에베소서 4장 25절부터 27절의 말씀처럼 말이다. "그런즉 거짓을 버리고 각각 그 이웃으로 더불어 참된 것을 말하라 이는 우리가 서로 지체가 됨이니라 분을 내어도 죄를 짓지 말며 해가 지도록 분을 품지 말고 마귀로 틈을 타지 못하게 하라."

자기를 괴롭히는 것을 말하라는 진리는 가장 좋은 방침이다. 그러나 사랑하는 마음으로 말하여 죄짓지 말라. 악을 악으로 갚지 말라. 싫다고 말할 때, 너그럽고 사랑스런 표현을 쓰되 일찌감치 빨리 말하라. 해가 질 때까지 머뭇거리지 말라. 다시 말해서, 어둠 속에 묻어버리지 말라. 가능한 한 그날에 해치우라. 그렇지 않으면 마귀가 둘 사이의 관계를 비집고 들어설 것이다. 즉, 자신을 괴롭히는 문제가 지속되거나 분노와 비통함이 다가온다는 말이다. 사랑의 마음을 품으라. 그러나 진실을 말하라.

이 원칙을 따르면 얼마나 많은 고통을 예방할 수 있는지 이루 말로 표현할 수 없다. 빨리 조치하라. 나쁜 사람은 쫓아버리고 좋은 사람이 늘 곁에 있도록 하라.

요약

- 데이트에서는 자기가 허용한 것을 얻게 된다.
- 일어나는 모든 일에 대항하지 말라. 그렇게 하면 다투기 좋아하는 사람이 되어 사람들이 가까이하지 않는다.
- 존엄성, 사려 깊음, 가치관 등과 관련된 중요한 문제들은 맞서라. 한

두 번 일어나는 사소한 일들은 상관하지 않아도 좋지만 지속적으로 무시하는 태도는 용납하지 말라.
- 맞설 때는 사랑하는 마음과 정직한 마음을 가지고 빨리 조치를 취하라.
- 이 충고를 따르면, 자기를 존중하는 마음을 상대에게 보여줄 수 있다. 그러면 상대는 마음 속에 일종의 책임감을 갖게 되며, 그렇게 행동한다.
- 이 충고를 따르면 아주 나쁜 사람에게서 자신을 구할 수 있다. 이런 사람은 일찌감치 떠나보내고, 괜찮은 사람은 더 좋은 사람이 되도록 돕는다. 어떻든 성공하는 셈이다.

17
육체 관계에 적절한 바운더리를 정하라

제니와 데이브는 한동안 데이트를 했다. 점점 함께 있는 시간이 많아졌고 생각과 감정을 공유하여 자연스레 친밀해졌다. 영화, 스포츠, 종교 활동 같은 공통의 관심사를 즐기며 많은 시간을 함께 보냈다. 그들은 사랑에 빠졌다고 느꼈다.

육체적으로도 애정이 깊어졌다. 포옹은 키스로 변했다. 사랑하는 사이에 신체 접촉은 별 문제가 없다고 생각했다. 그러나 키스는 더 큰 욕망으로 변했다. 두 사람은 모두 혼전 관계를 갖지 않겠다는 가치관을 가지고 있었다. 그래서 너무 달아오르면 그때마다 물러났다. 그 때까지 두 사람은 서로를 편안하게 느꼈다.

그들의 관계는 이런 식으로 한동안 진행됐다. 그러던 어느 날 밤, 그들은 너무 멀리까지 갔다. 바닥에 누워 비디오를 보다가 너무 뜨겁게 달아올랐다. 순수한 애정으로 시작해서 거기까지 간 것이다.

그때 제니는 제 정신이 아니었다. 혼전 관계를 삼가겠다는 그녀의 가치관은 누구보다 강했다. 그러나 그날 밤 데이브에게 안길 때는 어디론가 사라져버렸다. 그녀 안에서 회오리가 인 듯했다. 그녀는 그 일이 어떻게 일어났는지 정말로 의심스러웠다.

그 뒤, 그녀는 우울했고, 자기가 그렇게 무너졌다는 게 후회스러웠다. 그럴 의도가 전혀 아니었다. 죄의식이 매우 강했지만, 동시에 혼란스러웠다. 데이브를 향한 자신의 감정을 확신했기에 그를 육체적으로 사랑하는 것이 그리도 잘못된 것일까 하는 의심이 들었다. 육체 관계가 나쁘다 하더라도, 모든 것이 옳게만 느껴졌다. 혼란과 의심이 그녀 마음을 덮기 시작했다. 그래서인지 데이브와 가까이 있을 때조차 그와 소원해진다는 느낌을 받았다. 이제 그녀는 예전의 자기가 전혀 아닌 것 같았다. 그리고 이제 어떻게 해야 할지 몰랐다.

쉽게 이해가 되는가?

그렇지 않다면 이렇게 얘기해보자. 당신은 결혼하지 않은 상태며 누군가와 데이트 중인데, 파트너가, 자신이, 두 사람 모두, 또는 그저 자기 육체가 "섹스하고 싶다"고 말하는 상황에 놓였다고 하자. 어떻게 하겠는가? 어느 정도가 넘지 말아야 하는 선인가? 왜 기다려야만 하는가? 좋은 경험을 하고 싶지 않은가? 아무런 이유도 없이 자신에게서 그 기회를 빼앗을 텐가? 성적 표현에 제한을 가할 타당한 이유가 있는가? 그것이 무엇에 상처를 입히는지 스스로 물어보라. 동시에 무엇이 잘못인지 살펴보라.

이 문제는 데이트에서 다룰 필요가 있다. "아니요"라고 말해도 상대가 당신을 사랑하겠는가? 정말 상대를 사랑하면서도 "예"라고 말하지 않을 수 있는가? 사랑에 빠졌으면서도, 친밀함을 한층 증대시킬 수 있는 자연스런 사랑의 표현을 포기할 것인가? 이상의 질문은 모두 미혼 남녀들이 묻는 질문들인 동시에 이 장의 주제다. 한번 살펴보자.

중대한 규범, 그리고 그 이상의 것

오랫동안 교회를 다녔다면, 하나님께서는 우리에게 결혼할 때까지 성관계를 갖지 말라고 명하셨다는 것을 들었을 것이다. 이런 말을 처음 들었다면 아마 충격을 받았을 수도 있다. 그러나 교회를 다니든 안 다니든 많은 사람이 이 말은 이치에 맞지 않는다고 생각한다. 섹스가 그토록 느낌이 좋고 관계에 이롭다면 그리고 두 사람이 모두 동의한다면 무엇이 문제인가?

많은 사람들에게 섹스의 자제는 이치에 맞지 않는 종교적 규범일 뿐이다. 그러나 어떤 사람들에게는 데이트와 미혼 생활에서 경험할 수 있는 참된 가치를 가진다. 그들은 혼전 관계가 일으키는 고통스런 결과를 경험했다. 그들은 기다리는 것이 합당하다고 느낀다. 그리고 이런 결론을 내린 많은 사람들과 마찬가지로 우리도 그것에 동의한다. 그러므로 그 이유를 살펴보자.

우선 그 규범이 어떤 것인지 알아본 뒤, 데이트 상황 안에서 얘기해보자. 그 규범은 이렇다.

> 하나님의 뜻은 이것이니 너희의 거룩함이라 곧 음란을 버리고 각각 거룩함과 존귀함으로 자기의 아내 취할 줄을 알고 하나님을 모르는 이방인과 같이 색욕을 좇지 말고 이 일에 분수를 넘어서 형제를 해하지 말라 이는 우리가 너희에게 미리 말하고 증거한 것과 같이 이 모든 일에 주께서 신원하여 주심이니라 하나님이 우리를 부르심은 부정케 하심이 아니요 거룩케 하심이니 그러므로 저버리는 자는 사람을 저버림이 아니요 너희에게 그의 성령을 주신 하나님을 저버림이니라(살전 4:3-8).

이 구절은 규범뿐만 아니라 그 이유까지 말해준다. 하나하나 살펴보자.

거룩함과 존귀함

위의 구절이 마치 우리가 광채 나는 흰옷을 입은 거룩한 사람이 되어야 한다는 뜻으로 들릴지 모르겠다. 그러나 거룩함과 존귀함에는 그 이상의 의미가 있다. 기본적으로 거룩함은 부정하지 않으며 고상한 목적을 위해 따로 구별한다는 의미를 가진다. 존귀함은 어떤 것에 큰 비중을 둔다는 의미다. 존귀함에 해당하는 헬라어를 문자 그대로 보면, '높은 값이나 가치를 지닌 귀중함, 또는 지극한 존중'을 뜻한다. 하나님께서는 로맨틱하지도 않고 성적으로 매력도 없으며 열정적이지도 않은, 사막을 거니는 신기한 사람이 되라고 말씀하시지 않는다. 하나님께서도 로맨틱하고 열정적인 면들을 사랑하신다. 그런 면들을 만드신 이도 하나님이시다. 우리에게도 그런 면들이 있기를 바라신다.

그러나 여기에서 말하려는 내용은 섹스가 가볍게 다룰 대상이 아니라는 것이다. 오히려 거룩하고 높은 목적을 위해 구별되었고 큰 가치를 가졌으며 존중해야 할 대상이라는 것이다. 육체 관계는 로맨틱한 사랑의 대상에게 우리에게 줄 수 있는 최고의 표현 방식이며 우리의 육체가 가지고 있는 최고의 가치다. 그렇기 때문에 높은 가치를 지닌 다른 것들과 마찬가지로, 섹스를 가볍게 또는 지혜롭지 못하게 써버리는 것은 어리석은 행위며 결국엔 기만을 불러온다. 가진 것을 모두 써버리고 나면 나중엔 더 이상 보여줄 게 없지 않은가?

아만다가 몽트와 헤어질 때 느낀 감정은 이런 식이었다. 아만다는 몽트가 바로 '그 사람'이라고 생각했다. 게다가 그들은 영원히 함께하자고 여러 번 다짐했다. 그녀는 몽트가 자기를 사랑한다고 확신했으며 몽트도 자기가 '정말로 준비가 되면' 약혼하자고 얘기했다. 이 말은 그의 직업이 좀 더 안정될 때를 의미했다. 그는 결혼하기 전에 직업이 안정되기를 원했고 그래서 결혼을 미루고 싶었다. 그녀에게 이 말은 합당하게 들렸다. 그녀는 자신이 그를 사랑한다는 것을 알았다.

그러나 그는 섹스는 미루고 싶지 않았다. 결혼은 미래에 하겠지만 서로 즐기는 것까지 미뤄야 할 이유가 무엇인가? 그래서 그들은 잠자리를 같이 하기 시작했다. 어쨌든 그들은 언젠가 결혼하려고 했다.

그러나 상황이 예상대로 진행되었음에도, 몽트는 가까운 미래에 결혼하지 않겠다고 결심했다. 자기 인생에서 그 시절에 결혼하는 것은 자유를 박탈하는 것이라고 느끼기 시작했다. 그래서 그들은 헤어졌다.

아만다는 비참했다. 마음이 찢어지는 듯했다. 그녀에게 이것은 단순한 이별이 아니었다. 몽트가 떠났을 때 그녀는 자신의 일부를 잃어버린 것 같았다. 그녀는 관계가 영원할 거라고 생각했으며 자기의 전부를 주었다. 그래서 몽트와 헤어짐과 동시에 자신의 많은 부분도 잃어버린 느낌이었다. 간단히 말해서 모든 것을 써버렸기 때문에 더 이상 줄 것이 없었다. 그녀는 갑자기 공허해졌으며 배신감을 못 이겨 흐느껴 울었다.

최근에 '이상형을 찾은' 남자와 얘기를 나눴는데, 그의 경우는 아만다와 대조적이다. 그들은 결혼할 작정이었다. 그러나 그 남자는 아만다와 같은 경험을 몇 번 했기 때문에 섹스를 참기로 결심했다. 그들은 그해 말에 결혼하기로 계획을 세웠다.

상황이 더 진지해지기 시작하자, 여자 친구는 결혼에 많은 부담을 느꼈다. 아직 때가 아니라는 생각 때문이다. 그래서 둘은 헤어졌다. 남자는 여자를 사랑했고 함께하고 싶었기 때문에 몹시 슬펐다. 그러나 그는 다른 때처럼 비참해지지는 않았다. 그는 이전과는 다른 방식으로 겪어낼 수 있었다. 그가 마음을 다치지 않고 자기 길을 갈 수 있는 이유는 성 관계를 갖지 않기로 한 결심 때문이다. 그는 안전하다고 여겨질 때까지 그 결심을 지켰는데, 안전하다고 여기기 전에 그녀가 떠났다. 그러나 그는 상처받지 않았다. 그는 더욱 온전하고 고결해진 느낌이었다. 왜? 섹스와 마음은 결합된 것이기 때문이다.

여기서 첫번째로 얻는 교훈은 무엇인가? 섹스란 어떤 목적을 위해 따로 구별한 것이며, 큰 가치를 지니고 있다는 것이다. 그것은 평생 존중해야 할 약속이자 욕구다. 육체적으로든 정신적으로든 섹스는 우리가 누군가에게 줄 수 있는 최고의 선물이다. 그러므로 그것을 가볍게 내주어서는 안 된다. 자기 인생을 아무에게나 주지 않고 결혼할 사람에게 주는 것처럼, 우리의 육체도 결혼할 사람에게만 주어야 한다. 그것은 우리가 가진 전부다. 그것을 내던지지 말라. 자신에게만 가장 소중한 것을 영원히 내어줄 상대에게 자신의 육체를 허락하라.

자제*

조시는 결혼할 때까지 성 관계를 갖지 않겠다고 자신과 약속했다. 그리

---

* 이 내용은 데살로니가전서 4장 4절을 설명하는 부분이다. 영어 성경 가운데 권위가 있는 KJV 또는 RSV와 한글 개역 성경은 내용이 서로 일치하지만, 필자가 인용한 NIV 영어 성경은 약간의 차이가 있다. 이 부분의 NIV 성경 표현은 "each of you should learn to control his own body"이고, 한글 개역 성경에서는 이 부분을 "자기의 아내 취할 줄을 알고"로 번역하고 있다 - 역자 주.

 280 '노(No!)'라고 말할 줄 아는 데이트

고 나서 마티와 데이트하기 시작했다. 장난을 좋아하고 거침이 없으며, 말쑥하고 생기가 넘치는 그녀는 조시의 관심을 끌었다. 실제로 그가 가장 좋아한 면은 그녀의 일상에 넘쳐나는 생기 발랄함이었다.

조시는 그녀의 자유로운 성격이 좋았다. 그러나 그녀는 조시가 편안하게 느끼는 선 이상의 육체 관계를 원했다. 조시는 그들의 육체 관계를 중지하려 했고, 마티는 지속하려고 했다. 조시가 "안돼"라고 말해도 그녀는 처음엔 수줍어했지만 차츰 그를 자극하면서 강하게 밀어붙였다. 조시가 이런 행동에 다시 "안돼"라고 말하면, 그녀는 매우 불쾌하게 여기거나 상처를 받고 토라지기도 했다.

조시가 이 문제로 얘기하려고 하면 마티는 이렇게 말하곤 했다. "그게 뭐 대단한 거라고 그래? 좀 즐기면 어때서? 서로 좋아하면 되는 거 아냐?" 조시는 자신과의 약속과 섹스에 관한 자기 생각을 그녀에게 말했다. 그녀도 그것에 동의한다고 말했지만, 여전히 정말로 누군가를 사랑하면 성 관계를 가져도 괜찮다고 생각했다. 조시는 그녀의 생각을 이해할 수 없었다.

그때 그는 뭔가를 감지했다. 그들 관계의 다른 면에서도 마티는 똑같이 행동하고 있었다. 조시가 그녀와 다른 것을 하고 싶을 때, 그녀는 조시의 의견을 존중해주지 못했다. 그는 타의에 의해 통제받는 것보다는 서로 양보하고 양보받는 관계를 원했다. 그런데 상황은 그녀가 원하는 대로 할 때만 괜찮아 보였다. 자기가 원한 대로가 아니라 조시가 원하는 대로 할 때는 힘들어했다.

결국 조시는 그녀의 '거침없는' 태도를 사랑했지만 그녀가 자기 방식대로 하지 못하면 만족하지 못한다는 것을 깨달았다. 섹스는 만족을 미루지 못하는 그녀의 전 인격적 문제의 한 신호일 뿐이었다. 한때 그는 인생을 마음껏 누리는 그녀의 적극적인 모습을 사랑했으나, 이제 그것은 이기적인 것으로 보이기 시작했다. 여기까지 이르자 그는 슬퍼졌다. 하지만 자신에게 솔직해지기로 결심했다. 자신의 선택과 '안돼'라는 말을 존중하지 못하는 사람과 관계를 지속할 수는 없었다.

조시가 깨달았듯이, 자제는 자기 인생과 밀접한 관련이 있다. 바울 사도도 각자 자기 몸을 통제하는 법을 배워야 한다고 말했다. 그것이 왜 중요한가? 기본적으로 그것은 어떤 사람에게 만족을 미루는 능력과 자신을 통제하는 능력이 있는지를 알려주는 신호다. 만족을 미루는 능력과 자제하는 능력은 사랑의 필수 조건인데, 상대가 섹스의 영역에서 이러한 능력이 없다면 우리에게 희생이 필요한 영역에서는 어떻게 만족을 미룰 수 있겠는가? "지금 내가 원하는 것을 하고 싶다"는 사고 방식을 남은 인생 동안 어떻게 제어할 것인가? 어떤 사람이 섹스를 거부하는 상대의 바운더리를 존중한다면, 그것은 그 사람이 더 높은 목적을 위해 그리고 다른 사람을 사랑하기 위해 자신의 욕망과 갈망에 "아니요"라고 말할 수 있는 인격의 소유자임을 나타내주는 신호다.

우리는 누군가와 사랑에 빠진 후 그 사람과 실제적이고 헌신적인 관계를 맺겠다고 생각한다. 당연히 그것은 어떤 희생을 의미한다. 우리는 상대방이 여러 면에서 관계를 위해 자신을 부인할 수 있는 사람이기를 원한다. 관계가 요구하는 희생의 영역들을 생각해보라. 시간의 희생이 있고 돈의 희생이 있으며 마음대로 하는 것의 희생이 있다. 좋아하는 취미 활동을 하며 시간을 보내고 싶을 때 가족이 우리를 필요로 할 수 있다. 새 자동차를 사고 싶은데 가족들에게 돈이 더 필요할 수 있다. 멋진 저녁을 위해 어디론가 가고 싶은데 상대는 다른 것을 원할 수 있다.

이때 가장 중요한 것은 갈등을 해결하기 위해 희생이 요구된다는 점이다. 상처를 받았을 때 맞받아치고 싶지만, 관계를 위해 자신의 욕망을 접는 화해의 능력이 필요하다. 자신을 통제하고 만족을 미루는 능력이 없다면, 갈등이 생겼을 때 자기 마음대로 하고 싶은 욕구를 어떻게 미룰 수 있겠는가?

다음을 생각해보라. 우리는 바운더리를 존중하는 사람과 사귀고 싶어 한다. 데이트할 때 섹스에 바운더리를 두는 것은 그 사람이 우리를 사랑하는지를 확인할 수 있는 매우 중요한 척도다. 흔히 사람들은 "당신이 나를 사랑하면, 그렇게 해주세요"라고 말하곤 한다. 이 말에 우리는 이렇게 대답해야 한다. "당신이 나를 사랑하면, 내가 불편해하는 일을 요구하지 마세요." 사랑은 기다리고 존중하는 반면, 정욕은 원하는 것을 지금 가져야만 한다. 자신은 사랑받고 있는가 아니면 이기적인 정욕의 대상인가? 그것을 아는 유일한 방법은 "아니요"라고 말하는 것이다.

만족을 미룰 줄 아는 사람을 선택하는 것의 중요성은 아무리 강조해도 지나치지 않다. 자기가 원할 때 원하는 것을 가져야만 하는 사람과 함께 있다면, 비참한 상태가 오래 지속될 것이다. 자신을 위해 또 관계를 위해 자기 만족을 미룰 줄 아는 사람을 선택하라. 상대가 "내가 원하는 것을 지금 가져야 해"라고 말하는 횟수와 강도만큼 우리는 어려움에 빠진다. 섹스에 가하는 바운더리는 상대가 우리를 진정으로 사랑하는지를 아는 확실한 척도다.

색욕

바울은 또한 색욕을 좇지 말라고 가르친다(살전 4:5). 무슨 뜻인가? 강한 열망을 가진 뜨거운 사람이 되지 말라는 뜻인가? 전혀 그렇지 않다. 사실 하나님께서는 우리에게 뜨거운 열망을 가지고 계신다. 여기에서는 결혼 관계 밖에선 금지된 정욕을 말한다. 그것이 왜 중요한가?

기본적으로 건전한 사람은 통합되고 조화를 이룬 사람이다. 이 말은 한 사람을 구성하는 모든 요소가 잘 결합되어 있고, 함께 잘 작동하는 것을 의미한다. 섹스는 사랑, 관계, 헌신과 결합되어 있다. 몸, 영혼, 정신이 모두 함께 작동한다. 앞에서 말한 것처럼, 우리에게 모든 것을 주는 사람에게 몸을 100% 주라. 어떤 사람이 당신과 결혼하지 않았다면 그 사람은 아직 당신에게 모든 것을 준 상태가 아니며, 따라서 당신 몸을 100% 가져서는 안 된다. 데이트를 하는 경우 어떤 사람들은 한 달에 한번 키스만 해도 행운이다. 하물며 정도를 벗어난 섹스라니 웬말인가! 결혼 때까지 섹스하지 않기로 맹세한 사람이 전혀 그럴 의사가 없으면서도 섹스를 허용한 이야기를 우리는 이제까지 많이 들었다. 그것은 이미 몸을 100% 빼앗긴 것이다.

이것은 매우 조화롭지 않은 삶의 방식이다. 애인이 아닌 호색한에게 자기를 내어주면 어려움이 닥친다. '호색한'은 영혼을 파괴하고 영원한 관계에 필요한 영혼의 깊은 면들을 발전시키지 않는다. 호색한들 가운데 많은 이는 섹스 중독자로서 그 욕구가 너무 지나쳐 건전한 방식으로는 표현하지 못하는 경우도 있다.

재닛은 이것을 힘든 과정을 통해 알게 됐다. 그녀는 스티브를 사랑했고 그와 함께 지내고 싶었다. 그래서 그와의 동침을 허락했다. 자신의 가치관에 어긋나는 일이었지만 스티브가 자신을 그토록 원한다는 사실이 좋았다. 그러나 결국 그녀는 스티브가 다른 방법으로는 결합할 줄 모른다는 사실만을 깨달았다. 그녀가 깊은 대화나 감정의 교환을 원할 때 스티브는 그녀를 멀리했다. 그는 필요나 감정의 차원에서는 민감하지 못했다. 반면 섹스에서는 전폭적이었다.

이것이 색욕을 좇는 경우다. 다른 면에서는 친밀해지지 못하는 사람에게서 이런 경우가 발생한다. 데이트 기간에 섹스를 하면 종종 관계의 기술, 즉 결혼 생활에서 필요한 기술이 상대에게 부족하다는 사실을 보지 못한다. 섹스의 열기와 로맨스가 있는 상태에서는 상대의 무능을 눈치채지 못한다. 그러다가 진정한 관계를 맺지 못하는 섹스 중독자와 자신이 너무 심각한 상태까지 이르렀거나 결혼했다는 현실을 깨닫는다. 호색한은 섹스를 통해 사랑을 표현하는 것이 아니라 사랑을 섹스로 대체한다.

관계는 피하면서 색욕만 좇는 여지를 데이트 관계에 허용하지 말라. 상대에게 바운더리를 제시하지 않거나 섹스를 허용할 여지를 두지 말라. 모든 섹스 중독자에게는 그것을 허용한 상대가 있었다는 점을 기억하라. 너무 늦기 전에 "아니요"라고 말하라. 그러면 관계에 무능한 사람과 자신이 함께 있다는 사실을 발견할 수 있다.

자신과 관련해서 볼 때, 섹스를 삼가는 것은 자신이 한 개인으로서 얼마나 성숙했는지를 진단하는 좋은 방법이다. 대개의 경우 자신이 지나치게 성적으로 행동한다면 치유되지 않은 갈망과 상처가 영혼 깊숙이 남아 있기 때문이다. 색욕을 일으키는 욕구가 일어날 때 더 이상 그것을 허용해서는 안 된다.

샐리가 그랬다. 그녀는 섹스 중독 증세가 재발해서 상담을 하러 왔다. 그녀는 자신의 영적 가치관에 충실하고 싶었다. 그러나 남자 친구와의 깊은 관계를 혼자 힘으로는 끝낼 수가 없었다.

나는 그 문제를 다루기 시작하면서, 그녀가 '비상시'에 요청할 수 있는 지원 시스템을 두겠다는 약속과 더불어 섹스를 삼가겠다는 약속을 받았다. 그래야 그녀가 왜 이 위험스런 행동을 지속하는지 알 수 있기 때문이었다.

그녀는 데이트할 때, 남자가 자기에게 반해서 관심을 집중하면 자기가 몹시 들뜬다는 사실을 알았다. 남자들이 자기를 따라다닐 때면 너무 좋았다. 자기를 원한다는 느낌이 들었기 때문이었다. 그녀와 나는 이 문제를 다루면서 그녀의 성적인 관심 뒤에 있는 감정과 충동을 분석하기 시작했다. 그리하여 그녀는 자기 마음 속 깊은 곳에 사람들이 자기를 원하지 않는다는 의식이 잠재되어 있고, 자신은 이것을 보상받으려고 애쓴다는 것을 알기 시작했다.

샐리의 아버지는 그녀가 어릴 때 집을 나가버렸다. 그래서 그녀는 남자의 관심과 애정을 별로 못 받고 자랐다. 남자가 다가와서 그녀를 따라다니면, 그녀는 상대가 자기를 원한다는 느낌이 들어서 아버지 때문에 겪은 내적인 외로움과 친밀감의 부족을 일시적으로나마 걷어낼 수 있었다.

데이트 관계가 좀더 지속되면 "아니요"라고 말하기가 훨씬 더 어려웠다. 샐리는 자기에게 마음을 맞추는 남자가 없이는 살 수 없을 것 같았다.

이것이 사람을 '색욕'에 빠지게 하는 욕구의 예다. 이와 관련해 에베소서는 '끊임없는 색욕(continual lust for more : NIV, 한글 개역 성경은 '욕심'으로 표현하고 있다)'이 있다고 말한다(엡 4:19). 색욕, 즉 결혼 생활 밖에서 갖는 섹스는 그것을 갈망하게 만드는 원인을 치료하지 못한다. 샐리는 아버지로부터 사랑을 받지 못했기 때문에 남자의 건전한 사랑이 필요했다. 그녀는 좋은 지원 모임과 카운슬링 덕택에 자신의 섹스 중독증이 사라져가고 있음을 발견했다. 좀더 온전해지고 사랑받으며 자제할 수 있다는 자신감이 생겼다. 또한 좋은 데이트 상대를 고를 수 있는 능력도 생겼다. 섹스 중독증 때문에 남자를 선택하는 일은 더 이상 없었다.

나의 내담자 중에는 남자를 결정하는 데 여러 해가 걸렸다고 고백한 여자가 있었다. 그녀는 잠재된 자신의 욕구를 해결한 뒤에야 자기 가치관에 기초를 두고 결정할 수 있었다.

색욕을 일으키는 욕구를 나열하면 다음과 같다.

- 친밀함과 결합에 대한 욕구
- 힘에 대한 욕구
- 상대가 자기에게 감탄하고 자기를 원한다고 느끼고 싶은 욕구
- 부모의 통제로부터 벗어나 자유롭고 싶은 욕구
- 고통과 상실을 해결하기보다는 피하고 싶은 욕구
- 자신에 대한 수치와 나쁜 느낌을 극복하고 싶은 욕구

자신이 색욕에 빠졌거나 색욕에 빠진 사람과 사귀고 있다면 이 문제는 해결되지 않을 가능성이 높다. 색욕은 자기 영혼을 통합하지 못하게 한다. 마약 중독자가 마약을 사용하는 한 성장하지 못하는 것처럼, 색욕에 빠지면 우리의 영혼은 성장하지 못한다.

이것이 바로 색욕이 일으키는 작용이다. 색욕은 우리가 바라는 우리의 참 마음, 정신, 가치관, 인생을 분열시킨다. 색욕은 순간의 쾌락을 얻는 대신에 영원한 것을 대가로 치른다. 색욕이 당신의 삶과 선택을 지배하게 내버려둔다면 당신은 영혼이 원하는 것을 결코 성취하지 못한다. 그리고 상대의 색욕에 굴복하면 우리가 원하는 것을 결코 발견하지 못한다. 섹스 중독자(비록 그렇게 보이지 않을지라도)에게 굴복하는 것은 자신의 인격적 결점을 도외시하고 성장에도 관심이 없는 사람에게 자신을 내어주는 것과 다름없다.

우리는 결혼한 여성들의 이야기를 많이 듣는데, 그 중에는 참고 기다릴 줄 모르는 남자에게 자신을 내어준 뒤 나중에 결혼하고 나서야 그 사람이 실제 관계에 무능하다는 사실을 발견한 경우가 많다. 그들의 경험을 교훈 삼으라.

상대를 해침

또 바울은 결혼 관계 밖에서 섹스를 하면 항상 상대가 해를 입는다고 가르친다. 데살로니가전서 4장 6절의 말씀을 다시 떠올려보라. "이 일에 분수를 넘어서 형제를 해하지 말라." 남편이나 아내가 아닌 사람과 동침하면 그 사람에게 상처를 준다.

왜 그런가? 앞에서 우리가 말한 모든 이유 때문이다. 결혼 관계 밖에서 동침했을 때 다음과 같은 일들이 일어난다.

- 영혼과 육체가 분열된다. 나중에 관계를 잘 회복하지 못하는 사람 안에서 실제로 분열이 일어난다. 육체는 100% 주었지만 영혼은 그보다 적게 전달되고 적게 결합되었을 뿐이다. 이 때문에 그 사람 안에서는 분열이 일어난다.
- 자신과 상대로부터 매우 귀중하고 존귀한 면을 앗아가고 가치 없게 만든다. 귀중하고 존귀한 것이 무관심하고 가치가 덜한 것으로 전락하고, 진심으로 아꼈던 사람을 덜 귀하게 여긴다. 어떤 의미에서는 평생을 약속할 만큼 중요한 사람을 일시적이고 소홀히 여겨도 되는 사람으로 만드는 것이다.

- 영성과 관계가 성숙하지 못한다. 얕은 관계에서 벗어나지 못하며 관계에 전적으로 헌신할 수도 없다.
- 상대와 하나님, 자신과 하나님 사이를 방해한다. 하나님께서는 모든 사람에게 섹스를 자신에게 맡기라고 요구하신다. 그래야 하나님께서 그것을 발전시키고 결혼 생활로 안내하실 수 있기 때문이다. 배우자가 아닌 사람과 동침하는 것은 하나님을 거역하는 원인이 되고 자신과 하나님 사이에 장벽을 만든다.
- 상처와 고통을 피하게 만들어, 섹스에 중독되게 하고 이것은 다시 문제를 일으키는 악순환을 이룬다.
- 상대를 쾌락과 정욕의 대상으로 이용하는데, 이것은 사랑과 거리가 먼 방식이다.
- 쾌락의 대상으로 이용하면서 참으로 자신을 귀하게 여길 사람을 찾지 못하게 한다.
- 귀중한 것을 빼앗았기 때문에 헤어지면서 상대에게 마음의 상처와 아픈 자국을 남긴다.

자신은 사랑 많은 사람이라고 말하려면 사랑하는 사람에게 해를 끼치지 말아야 한다. 기다려야 한다. 상대를 존중해서 위와 같은 방식으로 상대를 이용하거나 강요하지 말아야 한다. 거꾸로 아무도 자신을 해하지 못하게 하라. 사랑은 기다리지만 색욕은 그러지 못한다.

하나님을 받아들임

끝으로, 섹스에 대한 권위 있는 문서인 데살로니가전서에서 바울은 이렇게 가르친다. 섹스는 결국 우리에게 속한 것이 아니다. 하나님께 속했다. 어떤 의미에서 우리 몸은 우리가 아니라 그분의 소유다. 따라서 어떤 사람과 동침하고 안 하는 문제는 더 큰 의미를 가진다. 바로 순종이냐 불순종이냐의 의미다.

섹스를 어떻게 사용하느냐 하는 것은 하나님께 굴복하는 삶을 사느냐 그렇지 않으냐를 재는 좋은 척도다. 섹스는 이토록 강하고 의미 있는 욕망이어서, 그것을 포기하고 하나님께 순종하는 것은 참된 예배의 신호다. "내 뜻대로 마옵시고 아버지 뜻대로 하옵소서"라고 말하는 것은 참된 신호다. 그리고 나중엔 심각한 이유로 중요해진다.

우리는 자신은 하나님이 아니라는 것을 알고 항상 하나님께 복종할 줄 아는 사람과 지내고 싶어한다. 예를 들어, 배우자가 화를 내면서 우리에게 벌을 주거나 복수한다면 어떻게 할 텐가? 색욕이나 중독에 유혹을 받는다면 어떻게 할 텐가? 모든 책임을 벗어 던지고 무책임한 십대의 삶으로 돌아가기를 원하면 어떻게 할 텐가? 탈세의 유혹을 받으면? 그 사람이 자기 자신의 영혼을 주장하려 한다면, 무엇이 그를 멈추게 할 것인가?

유혹과 육체의 욕망이 무엇이든, 상대가 "내 뜻대로 마옵시고 아버지 뜻대로 하옵소서"라고 말하는 사람이라면 우리는 안전한 사람과 있다. 그 사람이 유혹이나 육체의 욕망을 하나님의 방식대로 처리한다고 신뢰할 수 있으면, 우리는 항상 유익을 얻는 사람이 될 것이다.

그러나 그 사람이 자기 욕망이 방해받지 않을 때만 하나님의 뜻대로 처리하는 사람이라면, 우리는 자신의 뜻대로 자신을 다스리는 사람과 함께 있는 것이며, 우리는 항상 잃는 사람이 될 것이다. 어떤 사람이 하나님을 기쁘게 하지 않고 자신을 기쁘게 하는 삶을 살면, 그 주변 사람은 그가 그렇게 사는 만큼 결국 손해를 입는다. 그 사람의 의지가 절대 권력을 휘두를 것이기 때문이다.

그래서 우리는 이 단락에서 어떤 사람의 삶을 누가 다스리는지, 즉 자기 자신인지 아니면 하나님인지를 리트머스 시험지로 확인하듯 판단하려고 한다. 상대가 자기는 신앙에 따른다고 말하면서도 신앙이 욕망과 갈등을 일으킬 때 그의 욕망이 승리한다면, 그 사람은 하나님을 '자기가 만든' 범주에 가두어두는 사람이다. 이런 사람은 실제의 하나님을 섬기기보다는 자기가 원하는 하나님을 섬기고 있다. 그 사람은 자기 형상대로 하나님을 재창조해버렸다. 하나님께 맞추려고 하지 않고 하나님을 자신에게 맞추려고 한다. 이 모든 것은 "나는 하나님께 동의하는 한에서 그분께 순종하겠다"는 식의 사람임을 나타낸다. 게다가 그것은 전혀 순종이 아니다.

그러므로 이 단락에서 말하는 것처럼 어떤 사람이 이 가르침을 거부하고 그것을 자기 욕망에 맞추려고 한다면, 그 사람은 하나님을 거부하는 자다. 하나님께서는 있는 모습 그대로 다스리는 분으로 받아들여지기를 원하신다. 그분은 사람들이 자신의 말씀을 믿기를 원하신다. 어떤 사람이 하나님의 가치관을 자기에게 맞게 고친다면 그 사람은 실제의 하나님을 인정하지 않는 셈이다.

"아니요"라고 말해야 할 이유를 상기시켜주는 것들

섹스는 하나님께서 창조하신 좋은 것이다. 그러나 자신의 섹스와 관련해서는 자제와 정결함과 존중하는 마음을 가지고, 정욕이 아닌 사랑으로, 상대를 '해하지' 않고 자기를 희생하며, 하나님께 순종함으로 행동하라. 데이트 관계에서는 성적인 부분에서 좋은 바운더리와 건전한 습관을 지니라. 그러면 어느 정도가 지나친 행동인지 알 수 있다. 이런 지침을 가지고 있으면 자신에게나 상대에게 부적절하게 행동할 수 없다.

그리고 결혼 관계 밖의 섹스에 대해 "아니요"라고 말하면, 데이트에서 대단히 중요한 것들을 몇 가지 발견할 수 있다.

1. 상대가 당신을 원하는 것은 당신을 위해서인가 아니면 단지 섹스하기 위해서인가?
2. 상대는 관계의 다른 면들도 잘 다루어 친밀해질 수 있는가 아니면 단지 섹스를 함으로써 그런 능력을 발전시킬 의무를 회피하는가?
3. 상대의 내면엔 치유되지 않은 부분들이 많은가?
4. 상대는 우리가 앞에서 언급한 것처럼 만족을 미룰 수 있는가?
5. 가장 중요한 사항으로, 하나님께 순종하는 능력이 상대에게 있는가?

상대를 마음 속에 받아들이기 전에 이것들을 먼저 알아보라. 우리는 자신을 사랑하지 않고 영적 차원에서 얘기할 수 없으며, 치유되지 않은 문제 투성이고 만족을 미루지 못하며 하나님을 무시하는 사람이 우리 마음 속에서 오랫동안 머무는 것을 원치 않는다. 그리고 몸을 침해한 사람을 마음에서 쫓아내기는 어렵다. 색욕에 따라 사는 것이나 색욕의 대상으로 자기를 내어주는 것은 많은 면에서 잘못되었다는 신호다. 그것들을 올바로 잡으라. 그러면 데이트는 좋은 상태로 올라설 수 있다.

용서의 바운더리

스물네 살인 앤지는 섹스에 환멸을 느꼈다. 생각하기도 싫을 만큼 많은 남자와 잠을 잤기 때문에, '무슨 소용이냐'는 느낌이 들었다. 그녀는 열다섯 살 때부터 남자와 동침했다고 말하며 이렇게 설명했다. "한번 실수를 하고 나니까 이미 버린 몸이라는 생각이 들었어요. 그래서 내 삶을 주고 싶은 사람이라고 생각하면 '무슨 차이가 있어? 이미 버린 몸인데' 하고 계속 섹스를 했지요."

이것은 우리의 실수를 하나님께서 어떻게 보시는지를 그녀가 이해하기 전의 일이었다. 하나님께서는 우리를 한번 깨지면 영원히 깨진 상태일 수밖에 없는 도자기로 보시지 않는다. 그분은 우리를 깨졌으되 다시 새롭게 만들 수 있는 사람으로 보신다. 그분의 용서를 받아 우리는 모든 것을 새로 시작할 수 있으며 처음처럼 깨끗해질 수 있다.

시편 저자가 "동이 서에서 먼 것같이 우리 죄과를 우리에게서 멀리 옮기셨으며"(시 103:12)라고 말한 것처럼 말이다. 또 히브리서 저자는 "저희 죄와 저희 불법을 내가 다시 기억지 아니할 것이며"(히 10:17), 나아가 "우리가 마음에 뿌림을 받아 양심의 악을 깨닫고 몸을 맑은 물로 씻었으니 참마음과 온전한 믿음으로 하나님께 나아가자"(히 10:22)고 적었다.

예수님의 이름으로 하나님께 용서를 간구한다면, 하나님께서는 우리를 완전히 새로운 사람으로 보신다. 우리는 깨끗해졌으며 맑은 물로 씻었고 무슨 일을 했든 그것은 동이 서에서 먼 것같이 멀리 사라져 잊혀질 것이다. 바울이 말한 것처럼, 예수님이 주시는 용서를 구하는 사람에게는 결코 정죄함이 없다(롬 8:1). 따라서 앤지처럼 과거 실수 때문에 자신을 성적 타락에 더욱 내맡길 필요가 없다. 과거에 타락했다고 해서 자신이 파괴됐고 다시 출발하지 못하는 것은 아니다. 다시 깨끗해질 수 있다. 다시 정결해질 수 있다. 그렇게 되면 정결한 상태를 유지할 수 있고 그 상태의 유익을 즐거워할 수 있다.

우리는 내적 생활과 사랑하는 능력을 발전시킬 수 있다. 상대가 우리를 진정으로 사랑하는지 알 수 있다. 만족을 미루는 법과 상대에게 자신을 내어주는 법을 배울 수 있다. 만족할 수 없는 관계가 되지 않기 위해 잠재된 분열, 욕구, 상처, 욕망 등을 치료할 수 있다. 끝으로 하나님 노릇하기를 포기하고, 자신을 위해 하나님을 하나님으로 모실 수 있다.

자신이 용서받았음을 안다면 그 깨끗한 상태가 강력한 바운더리가 되어 우리는 견고한 터 위에 설 수 있다. 과거의 더러움을 느끼거나 "이제 무슨 소용 있어" 하는 감정 때문에 염려할 필요가 없다. 우리에게는 새로이 지킬 깨끗함이 생겼으며 데이트 관계는 하룻밤 경험보다 더 중요한 것을 이루는 장소가 될 수 있다. 다시 말해 데이트 관계는 파괴가 아니라 성장의 장소가 된다. 그러므로 지금 하나님께 용서를 구하라. 아직 예수님을 모른다면 그분이 주님이 되시길 요청하라. 믿음으로 그분에게 돌아서면 그분이 깨끗케 해주신다. 그때 죄에서 자유로운 상태가 되어 걸으라. 그것은 실로 강한 상태다. 그리고 우리는 참된 것을 기다릴 줄 아는 사람이 된다.

요약

- 결혼 관계 밖에서의 섹스를 거부하는 바운더리가 필요하다. 이 바운더리는 하나님께서 우리에게 주신 것으로 여러 면에서 우리를 보호해준다.

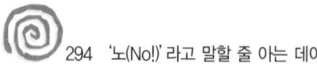

- 섹스에는 대단히 높은 목적과 훌륭한 가치, 존엄성이 담겨 있으며 그만큼 존중해야 한다. 섹스를 가볍게 다루어서 그 가치를 잃지 말라.
- 섹스는 로맨틱한 사랑을 표현하는 최고의 방법이다. 그러므로 우리가 소유하게 될 최고의 로맨틱한 사랑, 즉 배우자와의 사랑을 위해 그것을 잘 지켜야 한다.
- 섹스에 설정한 바운더리를 고수하면 자제심, 만족을 미룸, 희생적으로 사랑하는 능력, 기꺼이 하나님께 순종하는 능력이 상대에게 있는지 알 수 있다.
- 색욕을 좇지 말라. 색욕은 사랑, 통합되고 조화로운 삶, 치료를 방해한다. 그리고 반드시 관계에 문제를 일으킨다.
- 바운더리를 존중해야 할 때 상대가 어떻게 하는지 알아낼 수 있는 유일한 방법은 데이트 상대가 뭐라고 말하든 섹스에 "아니요"라고 말하는 것이다.
- 무슨 일을 저질렀든 하나님의 용서는 누구에게나 유효하다. 그 용서로 말미암아 깨끗해져서 섹스에 대한 바른 바운더리를 가지고 새 출발할 수 있다.

저지선을 두라

나는 음악을 좋아한다. 하지만 싫어하는 노래도 있다. 자신을 올바로 대우하지 않는 사람을 향한 사랑의 노래다. 사랑 노래 자체가 싫다는 말이 아니라 부당한 대우를 받는 사람이 상대에게 대응하는 방식과 그가 관계에서 차지하는 위치가 그렇다는 것이다. 올바른 대우를 받지 못하는 사람은 소극적으로 불평하고 푸념하며 다음과 같은 말로 자신을 위로하면서 상황이 나아지길 기대한다.

- (당신이 더 나은 사람을 찾을 때까지는) 영원히 기다릴 테야.
- (지난 몇 년 간 내게 장래 약속을 전혀 하지 않았지만) 시간이 흐르면 해결될 거야.
- (부탁하는데) 제발 돌아와줘요.
- (그래도 되지만) 왜 나를 그렇게 대하나요?
- (당신은 자기밖에 아무도 사랑할 줄 모르는 사람이지만) 나를 사랑하

게 만들 거야.

이 노래들은 사랑, 고통, 항의를 표현한다. 그리고 누군가를 좋아하지만 그로부터 상처만을 경험할 뿐이라는 갈등을 얘기한다. 그러나 이런 종류의 노래들이 제시하는 해결책들은 그 고통을 전혀 해결하지 못한다. 사실 거의 불가능한 방법들이다.

이 장의 주제는 사랑, 존중, 책임, 장래 약속 등의 문제를 해결하는 데 있다. 우리에겐 다른 사람을 교정할 권한은 없지만 문제가 발생했을 때 건전한 방식으로 반응할 권한은 있다. 이런 유형의 건전한 반응들로는 바운더리를 조심스럽고 주의 깊게 사용하는 것이 포함되는데, 이것을 통해 더 나은 관계로 한층 발전할 수 있다.

이 장에서는 데이트 관계에서 바운더리가 침해받았을 때 그것을 해결하는 원칙을 다룰 것이다. 한 사람은 자유와 사랑을 잃어버리고 있고, 상대방은 '대가를 치르지 않으면서 즐기기만 한다'고 하자. 우리가 말하려고 하는 사람은 바운더리를 침해하는 사람이 아니고 자유와 사랑을 잃어버리는 사람, 즉 '바운더리를 침해당한 사람'이다. 데이트중에 일어나는 문제 때문에 고통을 느끼고 수고를 기울이는 사람은 상대가 저질러놓은 것을 감당하는 사람이기 때문이다.

정상적인 갈등

데이트 관계에서 문제를 만났을 때 포기하거나 현실을 피하지 말라. 갈등이 반드시 관계의 끝을 의미하는 건 아니다. 바운더리 갈등을 포함해서 관계에 문제가 있는 것은 정상적인 모습이다. 관계에서 두 사람은 사랑하고 위로하며 즐기고 성장하지만 갈등도 겪는다. "서로 갈등을 가진 두 사람을 뭐라고 부르는가? 관계!"라는 속담은 이것을 반영한다. 성경이 '서로 사랑하고 진실을 말하고 용서하라' (엡 4:25-32)고 가르치는 것도 바로 이런 이유 때문이다. 하나님께서는 관계 안에 갈등과 문제의 요인을 실재하게 하셨으며 그것을 어떻게 다루어야 할지도 우리에게 말씀하셨다. 그 방법은 자유인이자 자신만의 생각을 가졌으면서 한편 죄인이기도 한 상대와 결합하는 것이다.

너무나 많은 사람들이 순진하게도 자신은 결코 언쟁도 하지 않을 사람과 만날 거라고 생각한다. 기껏해야 서로 호의적인 마음으로 쉽게 해결할 수 있는 의견의 차이만 있을 거라고 생각한다. 그러나 책임, 통제, 자유 등에 대해 오랫동안 갈등을 겪고 나면 크게 상심해서 아예 희망조차 잃어버린다. 하지만 서로 사랑하는 사람들도 시간, 돈, 직업, 의견의 차이, 존중 등에 대해 논쟁한다. 이것은 문제를 가장 좋은 방식으로 다루지 못한다는 신호는 될 수 있어도 자신이 나쁜 데이트 관계를 맺고 있다는 신호는 아니다. 그러므로 자신에게 중요한 사람인 상대와 데이트 관계에 희망을 포기하지 말라. 우선 둘 사이의 관계에 갈등이 없기를 바라는 마음을 포기하고 갈등을 극복한 뒤 다음 단계로 나아가라.

관계 안에 바운더리를 설정하라

다음으로 애정 전선에 엄청난 문제와 위기가 올 때까지 바운더리를 설정하지 않는 문제, 즉 이 책 앞에서 언급한 문제를 해결하라. 바운더리는 화재 경보기처럼 비상시에만 유리를 깨고 버튼을 누르는 장치가 아니다. 마음에 들지 않는 것을 말하기 위해 최후까지 기다릴 필요는 없다. 실로 천을 짜듯, 바운더리는 관계와 삶을 짜내는 실이 되어야 한다. 어쨌든 바운더리를 설정한다는 것은 무엇을 허용하고 허용하지 않을지를 정직하게 말하는 것이다. 정직하고 진실을 말하며, 문제를 회피하지 않는 사람이 돼라.

나아가 바운더리가 데이트 관계의 일부임을 확실히 해두라. 데이트 상대가 당신을 대하는 방식에 대해 당신이 어떤 느낌을 갖고 있는지 상대는 아는가? 당신은 자기 감정을 거의 나타내지 않으면서 상대를 용납만 하는가? 또는 침묵으로 상대를 대하면서 상대가 그 의미를 알아주기를 바라고만 있는가? 이런 자세들은 정직한 접근이 아니다. 자신과 상대를 모두 속이고 오해를 불러일으킨다. 그리고 나중에 중요한 바운더리 갈등을 겪게 만드는 이유가 되기도 한다. 관계 초기부터 허용할 것과 허용하지 않을 것을 분명히 밝히지 않았기 때문이다.

따라서 오늘 둘 사이의 관계에 큰 문제가 생길지라도 전체적인 시각을 가지고 보라. 위기 자체를 문제로 인식하지 말라. 문제는 오히려 두 사람 가운데 어느 한쪽이나 또는 양쪽 모두가 부인하고 주의를 기울이지 않았으며 무시했던 인격적인 부분에 있을지 모른다. 오늘부터 관계의 모든 영역에서 정직하고 책임질 줄 알며 존중하고 자유를 향유하라. 관계의 모든 영역이란, 즉 사회적이고 정서적이며, 성적이고 영적인, 그리고 기타 모든 면을 일컫는다.

바운더리는 관계를 끝장내기보다 지켜준다

    바운더리 설정을 두려워하지 말라. 많은 사람들은 "아니요"라고 말하면서 바운더리를 설정하고 대가를 치르게 하면, 관계가 끝나는 신호라고 여기고 두려워한다. 사실 바운더리는 데이트 상대의 인격과 관계의 성격을 진단해준다. 의견을 달리한다고 해서 관계가 끝난다면 그 관계는 건전한 것이 아니다. 어떤 사람은 그런 데이트를 유지하기 위해 거짓된 삶을 산다. 미래를 생각하라. 아내의 진실을 들으려 하지 않는 사람이 어떻게 그리스도가 교회를 위해 하신 것처럼(엡 5:25) 진심으로 아내를 위해 자신을 포기할 수 있겠는가? 데이트 상대가 "아니요"라는 말을 들으려 하지 않는다면 문제는 바운더리가 아니라 상대의 인격이다.
    사실 바운더리는 무책임, 지배, 통제 등의 문제를 치료한다. 통제적인 사람이 함부로 통제할 수 없는 사람을 만나면 자신의 결점과 그 결과를 실제로 직면하게 된다. 그가 이런 바운더리를 좋아하진 않겠지만 품성이 좋은 사람이라면 그 바운더리에 따르고 성장하기 시작할 것이다. 그러므로 바운더리는 작별을 고하는 장치라는 고정 관념을 버리라. 오히려 우리가 상대와 이루고 싶은 사랑을 보호하고 수리하는 법을 알려준다.
    마크와 수잔은 일 년 이상 데이트했는데 심각한 문제에 빠졌다. 수잔은 사람들을 기쁘게 하는 성향의 소유자여서 마크를 만날 때 그의 옷차림 등 자세가 흐트러지면 기분이 언짢았지만, 그것을 마크에게 말하는 것을 두려워했다. 유순한 사람들이 그러듯, 그녀는 자기가 말하면 마크가 상처를 받거나 화내고 가버릴지도 모른다고 생각했다. 마침내 그 사실을 말했을 때, 놀랍게도 마크는 그녀의 말을 고맙게 받아들이면서 매무새를 더욱 단정히 하기 시작했다. 그는 좋은 사람이어서 자기 습관 때문에 그녀가 괴로

위하는 걸 원하지 않았다. 수잔은 바운더리가 자신들의 관계를 끝내기는 커녕 오히려 깊어지게 한다는 것을 배웠다. 그들은 지금 결혼해서 행복하게 살고 있으며 마크는 집에서도 단정한 차림을 하려고 늘 애쓴다.

바운더리 문제와 인격의 문제

데이트 관계엔 많은 바운더리 문제가 있다. 있을 수 있는 몇 가지 예를 제시하면 이렇다.

- 여자 친구의 감정을 존중하지 않는다.
- 문제가 생길 때마다 남자 친구를 비난한다.
- 계획한 행사에 어느 한쪽이 늘 늦는다.
- 여자 친구에게 돈을 빌리고 싶어한다.
- 직장 상사에게 낼 화를 남자 친구에게 낸다.
- 여자답게 처신하라고 강요한다.
- 남자 친구 몰래 데이트를 한다.
- 여자 친구에게 굳게 약속을 하면서도 행동이 따르지 않는다.
- 자기 가족에 지나치게 얽매여서 남자 친구와의 관계에 시간이나 마음을 투자하지 못한다.
- 화를 내거나 폭력으로 위협한다.
- 여자 친구에게 마약이나 알콜 문제가 있다.

문제가 무엇이든 그 본질은 아마도 문제라는 씨앗을 뿌린 사람(바운더리 침해자)이 그 대가를 치르지 않는다는 것과 자기가 뿌리지 않은 것을 거두는 사람(바운더리를 침해당한 사람)이 있다는 데 있다(갈 6:7). 이것이 관계에서 생기는 바운더리 문제의 본성이다. 해결책은 뿌린 사람이 거두도록 관계를 다시 구성하는 것이다.

그러나 바운더리를 거스르는 사람의 인격이라는 더 큰 문제가 있다. 오염된 물이 나오는 우물처럼, 존중, 책임, 자유의 원칙을 끊임없이 거역하는 사람은 바운더리를 계속해서 거스를 것이다. 현재의 위기를 해결했다고 해서 그 문제가 끝났다고 생각하지 말라. 인격 문제가 해결되지 않은 사람은 계속해서 문제를 일으킬 뿐이다. 통제적이거나 무책임한 사람은 하나님께서 주관하시는 성장 과정에 자기 인격을 맡기지 않으면 그 태도가 바뀌지 않는다. 그러므로 데이트 상대가 바운더리를 위반하는 문제와 인격이라는 문제를 동시에 살펴볼 필요가 있다. 바운더리 문제가 해결됐다고 해서 인격 문제가 해결되는 것은 아니기 때문이다.

인격엔 다른 측면이 있는데, 그것은 그 사람의 마음이다. 어떤 바운더리 침해자들은 좋은 자제심과 균형감과 책임감을 가져본 적이 없기 때문에 바운더리를 위반한다. 길들이지 않은 래브라도 리트리버 사냥개처럼, 우연히 거실에 있는 도자기를 깨뜨리지만 심성이 착하고 사려가 깊은 사람일 수 있다. 비열하지도, 통제적이지도, 무책임하지도 않고 단지 균형감이 부족했을 뿐이다. 이런 유형의 사람은 돈, 시간, 행동 등의 문제와 관련해서 상대의 감정이 어떤지를 기꺼이 듣는다. 그리고 자기 행동이 상대에게 상처를 준 데 대해 미안해하며 진심으로 변하기 시작한다. 그 사람은 미래를 걸어도 좋을 사람이다.

두번째 유형의 바운더리 침해자들은 바운더리에 더욱 거세게 저항한다. 이런 사람은 몇 가지 이유에서 그 같은 방식으로 살 수 있었기 때문에 다른 사람으로부터 "아니요"라는 말을 들어본 적이 없다. 이런 사람에겐 다음과 같은 특징들이 있다.

- 상대에게 상처를 준다는 사실을 인정하지 않음
- 문제를 상대 탓으로 돌림
- 변화를 약속하지만 결코 변하지 않음
- 문제를 속임
- 불편하기 때문에 변화를 원하지 않음
- 자신의 만족을 미루지 못함
- 자기 중심적이어서 상대 의견은 알려고 하지 않음

이런 특성들이 변하지 않고 그대로 있다면 문제는 점점 해결하기 어려워진다. 이런 사람은 성장하고픈 갈망이나 상대를 향한 사랑 때문이 아니라 대가로 치르는 고통에 의해서만 변할 수 있는 사람임을 명심하라. 그러나 우리는 모두 이런 류의 자기 중심성, 상대보다 자신을 소중히 여기는 마음, 자신이 하나님이기를 바라는 마음을 가지고 있다. 바운더리를 설정한 후 인내심을 갖고 하나님께서 하시는 일을 지켜보라.

사랑, 존중, 우애

문제가 있는 데이트 상대에게 접근하려고 할 때는 사랑, 존중, 우애의 자세를 취하라. 벌하거나 과거의 상처에 복수하지 않겠다는 뜻을 상대에게 알리라. 자신의 동기는 사랑과 화해며 상대가 안고 있는 문제가 사랑의 성장을 방해하기 때문에 해결하고 싶다는 뜻을 알리라. 데이트 단계에서는 관계를 갑자기 끝낼 수 있으며, 그렇다고 그것이 비열하거나 해를 끼치는 처사도 아니다. 그리고 문제를 대하는 것은 괴로운 일임에도 불구하고 자신이 문제를 제기하는 것은 관계에 애착이 있기 때문임을 상대에게 알리라.

상대의 선택과 감정도 존중하라. 상대가 문제에 책임이 있을지라도, 그에게도 과거와 고통과 자신의 짐이 있다는 사실을 기억하라. 통제에 대한 해결책을 찾다가 반대로 상대를 심판하고 통제하는 함정에 빠지지 말라. 지나치게 통제하는 남자와 교제중인 여자 친구가 있다. 남자의 태도를 참다 못한 그녀가 "이번에는 내 식대로 할 거예요"라고 상대에게 말했다. 하지만 똑같이 상대를 통제하려는 태도는 결코 해결책이 못 된다. "이번에는 우리 식으로 해요"가 정답이다.

또한 호의적인 자세로 상대에게 다가가라. 우리는 상대의 부모도, 하나님도, 죄나 약점이 없는 사람도 아니다. "십자가 앞에서는 모두가 똑같다." 조금이라도 문제에 책임이 있으면 그것을 고백하고 인정하며 자기 인격을 변화시키는 과정에 들어서라. 이렇게 하면 상대는 일방적으로 비난받을 위치에서 벗어날 수 있으며 우리도 상대를 비난하는 위험한 자리에서 벗어날 수 있다. 빈번히 바운더리를 침해당하는 사람도 다음과 같은 행동을 함으로써 그것에 기여했기 때문에, 바운더리를 침해하는 사람에게 사과할 필요가 있다.

- 이의를 제기해야 할 때 제기하지 않음
- 상대의 행동을 참거나 문제시하지 않거나 합리화함
- 자신의 불만을 상대에게 말하지 않고 다른 사람들에게 말함

- 항의의 표시로 거리를 두거나 소극적 태도를 취함
- 문제를 해결하지는 않고 잔소리를 하거나 몹시 꾸짖음
- 대가를 치르게 하겠다고 위협을 하고서는 실행에 옮기지 않음

이같은 이유들로 인해 바운더리를 침해하는 행동이 정당화될 수는 없지만 바운더리를 침해당한 사람도 책임을 일부 져야 한다.

경계선 긋기

가장 좋은 접근 방식은 데이트 상대에게 바운더리 문제를 아주 명확하게 드러내는 것이다. 특별한 일을 계획해 함께하면서 자신의 감정이 어떤지, 문제가 무엇인지, 자신이 바라는 것은 무엇인지 등을 명확히 밝히라. 데이트 상대가 성장하는 사람이라면 우리가 밝힌 사실로부터 유익을 얻고 나아가 더 많은 사실을 알고 싶을 것이다. 그리하여 다시는 우리에게 상처를 주지 않을 것이다. 데이트 상대가 사실을 부인하려는 사람이라 할지라도 그 특별한 일을 통해 문제가 실제로 드러났기 때문에 자신을 합리화하거나 비난 또는 부인할 여지가 거의 없다.

바운더리 침해가 어디에서 일어나는지, 즉 어디에서 그 경계선이 침해당하는지 명확하게 밝히는 것은 중요하다. 바운더리 침해자 가운데 많은 사람이 자신이 언제 존중이라는 선을 넘어서는지 알지 못한다. 그들에게 그것을 알려줄 필요가 있다. 상대가 어떤 식으로 바운더리를 침해하는지 알려주지도 않은 채 관계를 끝낸다면 그것은 친절하지도 공정하지도 않다. 입장을 바꿔놓고 생각해보라. 아무런 이유도 말하지 않은 채 사랑하는

사람이 일방적으로 관계를 끝내버려 자신이 상처를 입는다면 어떤 느낌일지. 그러니 관계를 끝내기 전에 긍휼을 베풀라(약 2:12-13).

예를 들어, 이렇게 말할 수 있다. "짐, 당신의 유머 감각이 난 좋아요. 그것 때문에 내가 당신을 더 좋아하게 되었는지도 몰라요. 하지만 좀 지나치다 싶은 때가 있어요. 전에도 한번 얘기한 적이 있죠? 왜 가끔씩 제 외모를 가지고 농담할 때 말이에요. 어제도 여러 사람들 앞에서 내 몸무게가 어떻니 하면서 웃음거리로 삼을 땐 좀 심하다 싶었어요. 나를 농담의 일부로 삼는 것까지는 괜찮지만, 내가 민감해하는 부분까지 놀려댈 때는 정말로 마음이 상해요. 앞으로는 그런 쪽에서 조심해주었으면 좋겠어요. 그리고 행여 이런 일이 다시 있을 때는 그냥 넘어가지 않을 거예요."

짐은 바운더리에 대한 경고를 받았다. 그는 사람을 웃길 수 있고 심지어 여자 친구가 민감해하지 않는 면에서는 그녀를 농담거리로 삼을 수도 있다. 그러나 몸무게를 농담거리로 삼은 것은 도가 지나쳤다. 이제 짐은 자기가 언제 선을 넘었는지 안다.

선을 긋는 것은 생각처럼 쉬운 일이 아닐지 모른다. 그러려면 우리가 무엇을 허용하고 무엇을 허용하지 않을지를 명확히 요구해야 한다. 대부분의 사람들은 상대에게 모호하고 포괄적인 요구를 한 나머지 정확히 무엇인지 이해할 수 없는 책임을 상대에게 지운다. 그들은 "짐, 행동을 자제하면 좋겠어요"라고 말한다. 그러면 짐은 당연히 이렇게 생각한다. '뭘 어떻게 하라는 거지?'

경계선을 긋는 것은 바운더리 침해에 깔려 있는 인격 문제를 다루는 문제와도 관련이 깊다. 유머 감각은 있지만 사람을 노골적으로 괴롭히는 사람과 결혼하고 싶지 않을 것이다. 상대가 바운더리를 침해할 때 발견한 문제를 말하라. 상대는 이것을 알고 있는가? 아니면 처음으로 듣는가? 예를 들어 이렇게 지적할 수 있다. "나를 놀림감으로 만드는 당신의 농담 뒤에는 분노가 도사리고 있는 것 같아서, 때로는 아주 적대적이고 상처를 줘요. 당신은 못마땅한 점을 내게 직접 말하지 않아서, 나는 아무 것도 듣지 못한 채 사람들 앞에서 농담으로 기습 공격을 받지요. 내가 당신에게 거리를 두는 이유도 당신의 이런 성격 때문이라는 것을 알았으면 좋겠어요." 짐의 카운슬러는 아니지만 그를 사랑하는 사람이 우리라고 치자. 우리는 하나님을 대신해서 그의 성장과 성숙을 돕는 중요한 존재다. 이러한 위치를 자신과 상대 모두를 위해 잘 활용해야 한다.

바운더리에는 적절한 결과가 따라야 한다

우리가 할 일이 데이트 상대에게 바운더리를 제시하는 것뿐이라면 얼마나 좋겠는가? "아야, 아프니까 그거 하지마"라고 말하면, "네, 미안해요"라고 상대가 말한다. 피해야 할 나쁜 것이 무엇이고 해야 할 좋은 것이 무엇인지 상대도 우리도 안다. 사랑을 키우고 넓히는 일은 계속 이어질 것이다. 그러나 슬프게도 이 타락한 세상에서는 그렇지 않다. 대부분의 바운더리 침해 문제에서 단순히 바운더리를 알리는 것만으로는 부족하다.

아이를 키워본 부모라면 바운더리를 정하는 일은 첫번째 조치일 뿐임을 이해할 것이다. 아이는 부모가 정한 규칙에 여전히 도전하고 위반하며 깨뜨릴 자유가 있다. 이 자유는 우리가 상대를 통제하지 않기 위해, 또 상대가 바운더리를 넘었을 때 우리가 정한 적절한 결과를 경험하고 유익을 얻도록 하기 위해 필요하다. 진정한 성장이 이루어지고 뿌린 대로 거두기 시작하는 때가 바로 이때다. 아이를 양육할 때 엄마는 아들에게 숙제를 하라고 말하고 그렇지 않으면 적절한 결과를 치르게 한다. 아들은 숙제를 소홀히 할 자유가 있어서 그것을 안 한다. 그러면 엄마는 그 주간의 야구 연습을 취소한다. 아들은 자기가 뿌린 대로 거둔다.

바운더리를 말하는 것만으로는 충분하지 않다. 적절한 결과도 정하여 그것을 고수해야 한다. 상대에게 참지 않겠다고 말했다고 해서 그 일이 다시 일어나지 않을 거라고 생각하는 실수를 저지르지 말라. 우리는 자기 마음에 있는 약간의 진실을 말했을 뿐이다. 어떤 데이트 상대에게는 그것으로도 충분하다. 그러나 많은 경우, 그것은 단지 잔소리일 뿐이며 쉽게 무시된다.

결과가 필요한 것도 바로 이런 이유에서다. 결과란 바운더리를 다시 위반했을 때 상대가 치르는 대가이다. 데이트 상대에게 일종의 고통을 가하는 것으로, 그 결과 상대는 상실을 경험하게 되고, 자제력, 존중심, 타인과의 공감 등을 개발할 수 있다. 결과는 하나님께서 징계하시고 연단시키는 학교다. "무릇 징계가 당시에는 즐거워 보이지 않고 슬퍼 보이나 후에 그로 말미암아 연달한 자에게는 의의 평강한 열매를 맺나니"(히 12:11).

데이트 상대와 겪는 바운더리 문제가 일회적으로 끝나지 않는다면, 아마도 틀로 굳어진 인격 문제가 있다. 데이트 상대가 이런 경우라면, 상대는 다른 사람이나 다른 상황에서도 습관적으로 바운더리 문제를 일으킬 것이다. 예를 들어, 여자 친구가 당신에게 불장난을 건다면 그녀는 아마도 이전의 남자 친구들에게도 그렇게 했을 것이다. 십중팔구 그녀는 불장난 하는 것이 몸에 배어 있다. 그러므로 여자 친구에게 요구, 항의, 경고만으로도 충분할 거라고 생각하지 말라.

한 여자와 사랑에 빠진 남자가 있었다. 여자는 이전의 남자 친구들과 계속 친밀한 관계를 갖고 싶었다. 남자는 여자의 그런 욕구가 합당한 동기에서 나온 것이기를 원했지만 그녀는 미련을 못 버리고 있었다. 그래서 그는 자신과 그녀의 관계가 특별하지 않다고 느꼈다. 물론 그녀는 특별한 관계라고 말했지만 남자는 그렇게 생각할 수가 없었다. 마침내 남자는 한동안 그녀를 만나지 않았다. 그렇게 함으로써 그녀 옆에서 자기가 떠났고 그녀에겐 실속 없는 남자 친구들만 남았다는 생각이 들게 하기 위해서였다. 이처럼 그녀가 변하는 데는 결과가 필요했다. 경고는 그것을 뒷받침하는 결과가 없으면 좀처럼 먹혀들지 않는다.

적절한 결과는 무엇인가?

계속해서 일어나는 위반 행위엔 어떤 결과가 적절할지 결정해야 한다. 벌은 죄와 맞아떨어져야 하는데, 상황은 각기 다르다. 적절한 결과를 찾아내는 방법을 얻는 몇 가지 원칙을 제시한다.

복수가 아니라 사랑과 진실이 동기가 되어야 한다

결과는 자신을 보호하고 상대에게 변화의 기회를 주는 것이라고 생각하라. 상대를 변하게 만들려는 것도 아니고 상대가 상처를 주었을 때 자신의 느낌이 어땠는지를 보여주려는 것도 아니다. 복수는 그럴 권리가 있는 오직 한 분 하나님께 맡겨두라(롬 12:19). 그리고 사랑과 진실이 동기가 된 결과는 두 사람을 부모—자녀 식의 역학 관계에서 벗어날 수 있게 해준다.

최후의 결과는 피하라

우리는 최후의 결과, 즉 관계를 끝내겠다는 결과를 계속 제시하기 쉽다. 데이트 상대와 관계를 끝내는 것은 이혼과 다르다. 그것은 분명히 가능한 선택이다. 그러나 끊임없이 떠나겠다고 위협하고 그것이 유일한 결과일 경우 그 위협은 힘을 잃는다. 상대는 쉽게 이렇게 생각할 수 있다. '내가 무슨 잘못을 해도 당신은 나를 떠날 거고, 그렇다면 나는 포기할 테야.' 이것은 율법 뒤에 놓인 생각과 같다. 하나를 불순종하든 모든 것을 불순종하든 저주를 받을 테고, 그래서 상심과 분노를 느낀다(롬 4:15).

헤어지는 것이 필요할 때도 있지만 그것은 참된 결과가 아니다. 이것은 관계를 치료하기보다는 끝내는 쪽에 가깝기 때문이다. 헤어지겠다는 위협은 심각한 문제, 즉 기만, 부정, 폭력, 종교적 갈등, 섹스, 법적 문제 등에만 사용하라.

공감하는 자세를 지니라

상대 입장에서 생각하라. 자신이라면 어떻게 느낄지 생각해보라. 공정하게 느껴지도록 엄격함과 너그러움을 조화시키라. 우리는 다른 사람의 잘못을 심판하기 쉽다. 그러나 자신도 잘못을 저지르고야 만다.

사실을 우리의 안내인으로 이용하라

가능한 한 자연스런 결과가 되게 하라. 데이트 상대가 문제가 아니라 그가 사실을 대하는 방식이 문제임을 분명히 알게 하라. 덜 심각한 문제엔 덜 심각한 결과를 제시해야 한다. 현명한 친구들의 충고를 받아 기도하는 마음으로 결과를 정해야 한다. 몇 가지 안을 다음에 제시한다.

- 마음을 멀리하기 : 마음이 다치는 것을 피하기 위해 어느 정도 거리를 둠
- 몸이 접촉할 기회를 피하기 : 그 문제가 다시 발생하면 방 등에서 나옴. 어디에 갈 때에도 각자 차를 타고 감
- 시간 : 문제가 해결될 때까지 함께 지내는 시간을 제한함
- 제3자 : 친구, 목사, 카운슬러 같은 사람에게 도움을 요청함
- 약속의 조정 : 약속의 수위를 낮추거나 약속을 하지 않음
- 특별한 관계임을 포기 : 문제가 해결될 때까지 다른 사람들을 만남

결과의 기능을 항상 명심하라. 그것은 자신을 보호하고 데이트 상대가 사실, 즉 그의 파괴적인 행동 양식을 깨닫도록 돕는 데 있다.

바운더리 설정에서 명심해야 할 점

데이트 상대를 염려하는 사람이라면 바운더리를 설정할 때 착잡한 마음을 갖기 쉽다. 본질적으로 그것은 자신에게 중요한 사람에게 고통을 가하는 일이다. 물론 자신도 고통을 겪어야 하는데, 그것은 친밀해지고 싶은 마음과 올바른 자세를 취해야 하는 것 사이에서 겪는 갈등이다. 바운더리를 설정할 때 우리가 소유하고 있는지 확인해야 할 사항은 다음과 같다.

관계를 유지하라

진실을 말하는 것은 본질적으로 사람들을 나누고 분리한다. 진실을 말하면 사람들은 거리를 두고 화를 낸다. 그러면 옳은 일을 하는 건지 또는

바운더리를 고수하는 고통을 견딜 수 있는지 의심할 수도 있다. 이것은 충분히 예견할 수 있는 사항이며 자기 혼자서는 바운더리를 설정할 수 없다는 것을 보여준다. 자기를 염려해주는 사람들로부터 사랑, 지원, 격려, 의견 등의 도움을 받지 않고 혼자만의 힘으로 사랑하는 이와 갈등하고 그를 멀리할 수 있는 사람은 없다. 갈등이 일어났을 때 자신을 도와줄 선한 사람들이 주위에 있는지 확인하라.

비난하는 친구들은 피하라

지원을 위해서는 경험이 많고 영적으로 성숙한 사람을 선택하라. 당신을 결백한 희생자로 이상화하면서 당신의 데이트 상대를 상종 못할 인간으로 여기는 사람은 피하라. 이런 사람들은 당신의 자부심은 높여주지만 당신이 객관성과 중립성을 유지하는 데는 아무런 도움을 주지 못한다. 나아가 이런 사람들은 관계를 갈라놓고 다른 사람 안에 오만함을 불러일으켜서 유익한 관계를 맺지 못하게 하는 경우도 흔하다. 동시에 당신이 데이트하는 사람과의 관계를 속속들이 끄집어내며 비난하는 사람도 피하라. 두 사람 모두를 '위하고' 양쪽의 문제를 다 볼 수 있는 사람을 찾으라. 「나는 안전한 사람인가?」는 그런 사람들을 찾는 데 도움을 준다

반응이 부정적일 거라고 예상하라

데이트 상대가 인격적으로 문제가 있어서 바운더리를 거부하는 사람이라면 자신을 문제로 여기기보다는 당신을 문제로 여길 수 있다. 이런 태도는 당신의 정직한 태도에 감사하기보다는 오히려 화를 내거나 그 이상일 수 있다는 것을 의미한다. 상대가 화내거나 방어적인 자세를 보인다고 놀라지 말라. 당신의 데이트 상대는 이제까지 자기가 이기적이고 통제적이

며 무책임하다는 사실을 모른 채 살았을지도 모른다고 생각하면 도움이 된다. 이제 당신이 그런 사람 앞에 진실의 거울을 내밀라. 상대는 이 진실을 알리는 사람을 총으로 쏠 듯이 화낼지도 모른다. 이것은 상대가 경험해 보지 못한 언짢은 기분일 수 있다. 상대는 마침내 자기가 어떤 사람이며 어떤 행동을 했는지에 관한 진실에 직면하여 하나님께 참회할지 거역할지 선택해야 한다. 상대가 터뜨리는 위험한 분노로부터 자신을 보호하라. 상대가 당신에게 화를 내더라도 동시에 존중하는 태도를 잃지 말아달라고 요구하라. 독설이 가득하고 전혀 존중하지 않는 태도로 분노를 나타낸다면 거기에는 참지 말라.

갈등에 공감하라

성숙하지 않은 사람을 사랑하거나 연민을 품는 것은 죄가 아니다. 마치 어린아이에게 하듯이, 당신의 요구가 어렵다고 말하면서 상대에게 공감을 표시하라. 그러나 요구를 철회하라는 뜻은 아니다. 이렇게 말하라. "마가렛, 우리 당분간 만나지 말기로 해. 그게 힘들다는 건 알아. 나도 보고 싶을 거야. 하지만 자기가 이 문제 즉, 불같이 화내서 내게 상처주는 문제를 해결하기 위해 애쓴다는 소식을 기다릴게. 결심이 서면 전화해줘."

인내하라

하나님께서 연단하시는 과정엔 시간이 걸린다. 단번에 깨달음을 얻는 사람은 거의 없다. 보통 몇 번의 실수와 약간의 고통 그리고 어느 정도의 지원이 필요하다. 처음에 거부하고 실패하고 부인한다고 해서 포기하지 말라. 한편 그 과정에 임하는 상대의 태도가 대단히 중요한데, 명백한 진실에 굴복하는 모습이 없거나 책임을 인정하지 않거나 또는 변화하려는 시도가 없으면 두 사람의 관계는 존립하기 힘들며 더 이상 인내할 필요가 없다. 인내엔 끝이 있다. 합당한 이유 없이 영원히 기다릴 순 없다.

상대의 동기를 확인하라

상대가 당신의 바운더리에 반응하면 그것은 좋은 일이다. 그러나 상대가 왜 그것에 반응하는지 확인하라. 하나님과의 관계 때문에, 옳은 일이기 때문에, 당신에게 상처를 주고 싶지 않기 때문에 변하는지가 중요하다. 당신을 붙잡기 위해서라면, 그가 변하는 것은 중요하지 않다. 참으로 마음의 변화 없이 아내를 붙잡기 위해 교묘하게 변화를 위장하는 남편들이 있는데, 이들을 다시 용납하여 학대받는 아내들이 너무도 많다.

평범한 관계로 돌아가는 길을 제공하라

바운더리를 침해한 결과를 치르려 하지 않거나 결과에도 잘 반응하지 않으면 평범한 관계로 돌아가겠다는 다짐을 데이트 상대에게 알리라. 친밀해지고 마음속 깊이 접근할 수 있으며 지속적인 관계가 되기 위해서는 무슨 일이 일어나야 하는지 상대에게 정확하게 알리라. 상대가 변화를 보여주면 그 과정에서 그가 얻은 신뢰와 사랑을 가지고 상대를 진심으로 받아들이라. 그러나 부모 역은 그만두고 동등한 역할을 하라.

성장 과정을 요구해야 하는가?

이것은 중요한 문제다. 바운더리 갈등이 있으면 그 문제를 해결하기 위해 결과를 정하는 것이 이치에 맞다. 그러나 그 이상으로 데이트 상대가 어떤 영적, 정서적 성장의 과정에 참여하기를 요구해야 하는가? 아니면 이것은 너무 지나쳐서 도덕적 경찰 노릇을 하는 일인가?

브렌트와 티나의 예를 들어보자. 두 사람은 1년 넘게 데이트를 했고 사랑에 빠졌다. 인격적으로나 영적으로 가치관이 비슷했으며 기본적으로 인생에서 똑같은 것을 원했다. 그들은 오래 함께 있기를 좋아했다. 그들이 둘만의 관계를 오랫동안 유지한 결과, 티나는 브렌트와 결혼에 대해 의논하고 싶었다. 그러나 브렌트는 달랐다. 그는 방어적이고 걱정스러워했으며 그 얘기를 피했다. 그는 가끔 티나에게 "우리는 지금 너무 완벽해. 왜 이 상태로 지내면 안 되는 거지?"라고 말했다. 그녀는 무슨 의미인지 몰랐다. 그러나 몇 주가 지난 후 그녀가 다시금 그 얘기를 꺼냈을 때 브렌트는 결혼할 의사가 없다고 했다. 티나는 덫에 걸린 기분이었다. 그들은 잘 어울리는 한 쌍이었다. 그러나 그녀의 바람은 영원히 데이트만 하는 게 아니었다.

많은 기도와 상담 후에 티나는 브렌트에게 몇 개의 바운더리를 제시했다. 그녀는 브렌트에게 결혼할 희망을 전혀 가질 수 없다면 관계를 제한하고 다른 사람들을 만나겠다고 말했다. 브렌트는 처음에 기분이 몹시 나빴으나 얼마 후에는 티나가 좋은 견해를 가졌다고 생각했다. 시간이 좀더 지난 뒤, 브렌트도 마침내 그녀와의 결혼을 진지하게 모색해보기로 했다.

우리의 논의는 바로 여기서 시작된다. 티나는 바운더리 덕분에 자유로워져서 진실해질 수 있었다. 그리고 브렌트도 영향을 받아 결혼을 향해 움직이기 시작했다. 그녀는 이 결과에 만족해야 하는가, 아니면 그에게 영적 성장의 과정에 참여하기를 요구해야 하는가?

티나는 몇 가지 긍정적인 이유에서 브렌트에게 영적 성장을 마땅히 요구해야 한다고 우리는 생각한다.

 316 '노(No!)'라고 말할 줄 아는 데이트

영적 성장은 선택 사항이 아니다

첫째, 모든 사람은 영적 성장 과정에 참여할 필요가 있다고 우리는 믿는다. 이것은 갈등과 약점과 결점을 하나님과 믿을 만한 사람들에게 내어놓는 과정에 참여한다는 의미다. 이것은 지원 그룹, 성경 공부, 카운슬러, 목사 등과 지속적으로 관계를 형성하는 걸 의미한다. 죄와 실패를 고백할 때 사람은 용서와 위로와 진리를 얻으며 하나님께서는 그를 자라게 하신다(엡 4:16). 다시 말해서 바운더리를 침해하는 상대에게 그 과정에 참여하라고 요구해야 할지를 의심하는 것은 문제가 있는 태도다. 우리는 모두 요구해야 한다. 앞으로 함께 살 사람이 자신의 영혼이나 하나님으로부터 분리되어 있어도 괜찮은가? 상대가 다른 어떤 것보다도 하나님, 성장, 변화에 굶주리고 목말라하지 않는다면 우리는 숱한 고통과 공허감을 각오해야 한다.

인격 성장은 문제를 치료한다

둘째, 데이트 상대가 바운더리를 어기는 경우가 일회적이지 않고 빈번한 행동 방식이라면 그것은 인격 문제와 결부된 것이기 쉽다. 상대는 신뢰, 애정, 정직, 진실성, 완벽함 같은 면에서 몸부림치고 있는지 모른다. 그것이 무엇이든 바운더리 문제는 아마도 더 깊은 문제의 한 증상일 수도 있음을 예상하라. 상대가 단지 나쁜 일을 그만두거나 좋은 일을 시작했다고 해서 만족하지 말아야 한다. 문제가 하는 기능은 어떤 것을 알리고 치료할 필요가 있다는 신호를 내는 정도다. 그 신호를 무시하면 다른 고통스런 신호들이 나타날 수 있다.

알콜 중독자에게 금주에 대해서 물어보라. 그들은 아무런 성장 과정에도 참여하지 않은 채 한때 술을 끊었던 사람들이다. 그러나 그들은 여전히 술을 마신다. 그래서 그들은 인생을 술주정뱅이의 시각으로 본다. 그들의 인격적 결점은 손대지도 고쳐볼 생각도 안 했다. 하나님께서 주관하시는 참된 성장의 과정에 참여하여 영적으로도 성장할 것을 요구하라.

관계를 시험해보기 위해 바운더리를 이용하라

끝으로, 진짜로 함께 지내도 좋을지를 시험하기 위해, 티나 같은 사람들이 바운더리를 어기는 브렌트들에게 영적 성장의 과정에 참여하라고 주장해야 한다. 데이트는 결혼과 달리 이혼할 때의 결과나 피해 없이 관계를 정리할 수 있다. 브렌트가 영적 성장을 원하지 않으면, 그와 티나는 법적, 재정적, 정신적으로 타격을 받지 않고도 각자의 길로 갈 수 있다. 그러나 일단 결혼했다면, 티나는 브렌트에게 하나님을 찾으라고 요구하느라 힘든 시간을 보내야 한다. 그녀는 브렌트에게 매여 있다. 헤어지는 것은 하나님께서 원하는 방식이 아니기 때문이다. 따라서 결혼 때까지 한시적으로 형성되는 데이트라는 독특한 상황을 이용해서 바운더리를 정하고 그 결과를 분석하는 것이 좋다.

개인으로든 커플로든 두 사람의 영적 건강과 성장은 관계에 너무나 중요하기 때문에, 또 하나님께서 우리가 영적으로 성장하기를 요구하시기 때문에 우리는 이 면에서 바운더리가 절대적으로 필요하다고 믿는다. 하나님을 사랑하고 함께 성장할 수 있는 사람을 찾으라. 그런 뒤 인생이라는 여행을 함께 즐기라!

데이트 상대에게 다가서는 법과 바운더리 문제에 접근하는 법을 당신이 알았으면 하는 것이 우리의 참된 소망이다. 하나님께서는 당신 두 사람을 참으로 사랑하시고 당신이 직면하는 문제가 무엇이든 그 해결책을 가지고 계신다는 사실을 명심하라.

 318 '노(No!)'라고 말할 줄 아는 데이트

요약

- 바운더리를 침해하는 사람과 사귀고 있다면, 오늘 그 문제 해결에 들어가라.
- (특이한 몇 가지 위험이 없다면) 관계를 끝내는 데 바운더리를 사용하지 말고 관계를 구하는 데 사용하라.
- 바운더리를 침해하는 사람이 단지 모르고 그러는 것인지 아니면 책임을 지거나 "아니요"라는 말을 수긍하지 못하는 인격 장애자인지 진단하라.
- 자신이 직면한 문제가 사실이고 중대한 사안인지 확인하기 위해 믿을 만한 사람들에게 의견을 구하라.
- 무엇이 자신에게 상처를 주고 괴롭히는지 명확히 밝히고 상대에게 구체적인 변화를 요구하라.
- 문제 가운데 자기가 관련된 부분을 인정하라.
- 상대가 바운더리를 무시했을 때 그 결과를 말하고 그대로 시행하라.
- 도덕적으로 균형을 유지하라. 그리하여 성인과 죄인으로 가르는 우를 범하지 말라. 당신도 착한 사람인 동시에 나쁜 사람이기도 하다는 사실을 명심하라.
- 영적 성장의 과정에 함께 참여하자고 주장하라.
- 바운더리를 정한 뒤에 어떤 일이 일어나는지 보라. 데이트 상대는 겸손히 참회하는가 아니면 화내고 비난하는가?

맺는말

이 책을 쓰면서 내가 겪은 지난 날의 데이트와 여러 관계들을 회상해보았다. 그 시절을 생각하면 몹시 고맙다. 그 중에는 내 인생을 풍요롭게 하고, 하나님께 더욱 가까이 갈 수 있게 해주며, 인격의 성숙을 도와준 관계가 있다. 일부는 지금도 친구로 지내고 있다. 그들은 내가 좋은 남편이 될 수 있도록 준비시켜주었다.

데이트에서 좋은 바운더리를 가지려면 수고스럽고 시간도 많이 걸리는 과정을 거쳐야 한다. 그러나 이 과정은 우리 삶에 여러 모로 유익을 준다. 두 사람이 사랑, 자유, 책임감을 발전시키려면 데이트 생활을 더 잘 영위하는 법을 이해해야 하는데, 아마도 그 과정이 도움이 될 것이다.

그리고 이 책에서 당신이 얻었으면 하는 것도 바로 그 점이다. 데이트의 바운더리는 진실을 말하면서도 보살필 줄 알고, 책임을 지면서도 자유하며, 데이트하는 상대의 성장도 격려하는 사람이 되는 것과 관련이 있다. 데이트할 때 항상 살펴보아야 하는 것이 몇 가지 있는데, 그렇게 하는 이유는 하나님께서 계획하신 좋은 일들이 그 과정에서 실제로 일어나고 있는지 확인하기 위해서다. 지금 하고 있는 데이트가 얼마나 유익한지 평가할 수 있는 여섯 항목을 여기에 적어보았다.

데이트가 나를 성장시키는가?

데이트는 우리를 변화시킬 수 있어야 한다. 우리가 누군가와 사귀는 동안 안전하게 자신을 공개하는 법과 위험을 감수하는 법, 상대를 결정하는 법을 배운다. 우리는 자신이 안고 있는 문제가 상대에게 어떤 영향을 미치는지, 그 문제에 어떤 조치를 취해야 하는지 배워야 한다. 이렇게 하면 자기 성장에 도움이 된다.

예를 들어, 내 친구 다이안은 자유와 자기 통제권을 상대에게 넘긴 채 순응하고 갈등을 피한다. 이런 경향은 그녀의 생활 전 분야에서 나타났는데, 특히 데이트할 땐 더욱 심했다. 그녀는 상대방의 문제가 자신의 문제로 돌려지는 것을 쉽게 받아들였다. 마침내 그녀가 교제했던 두 명의 남자친구가 그 문제를 지적했다. 한 친구가 이렇게 말했다. "너는 나를 너무 쉽게 이기적이게 만들어. 내가 하는 행동이 싫어도 너는 싫다는 말을 한번도 안 하잖아." 다이안은 이 말에 충격을 받고 자기가 원하지 않는 것은 좀더 솔직하게 말하려고 했다. 얼마 후 그녀는 진실을 말하는 데 성숙해졌고 데이트 생활도 더 만족스러워졌다.

데이트가 나를 하나님께 더 가까이하게 해주는가?

우리가 하는 데이트에는 우리의 모든 부분이 관련된다. 하나님께서는 데이트에 육체와 감정적인 면뿐만 아니라 마음, 정신, 영혼 등 영적인 부분도 관련되도록 의도하셨다. 그러므로 하나님께서 두 사람의 관계 밖으로 밀려나시면 안 된다. 자신이 누구와 데이트하고 어떻게 데이트하는지에 따라 자신의 영적 삶이 어떻게 변하는지 주시하라. 예를 들어, 자신이 영적으로 완전히 주도권을 쥐고 있다면 뭔가 잘못되어 있다. 근본적인 신앙에 공통점이 없다면 역시 뭔가 잘못되었다. 반면에 데이트 상대가 도전하고 격려하며 하나님과 동행함으로써 당신을 하나님께 더 가까이 이끌어 간다면 좋은 데이트가 이루어지고 있다고 판단할 수 있다.

좋은 관계들을 영위할 수 있는가?

자신이 사람들과 어느 정도나 깊이 관계를 맺는지 평가해보라. 데이트가 잘 이루어지면 그 속에서 관계를 맺는 기술을 습득할 수 있다. 그 결과 데이트 상대 이외의 많은 사람들과도 더 좋은 관계를 영위할 수 있다. 이 같은 일은 관계를 맺는 몇 가지 능력이 발전하면서 일어난다. 그 능력들은 다음과 같다.

- 다른 사람과 건전하게 친밀해질 수 있는 능력
- 자기의 필요를 채우기 위해 다른 사람을 신뢰하고 의존하는 능력
- 데이트 관계에서나 그밖의 관계에서 사랑하고 진실을 말하는 능력

- 데이트를 즐기며 그 안에서 바라는 것을 성취하는 능력
- 상대가 성숙하도록 격려하는 능력
- 가장 친절하고 정직한 방법으로 관계를 시작하고 끝내는 능력

데이트 생활이 자신을 퇴보하게 만들고 낙심시키며 나쁜 사람을 선택하게 만든다면 자세히 살펴보라. 변화와 개선이 필요할 것이다.

시간이 지나면서 더 나은 데이트 상대를 선택하는가?

데이트에서 좋은 바운더리가 주는 이점 가운데 하나는 앞으로 만날 사람들의 유형을 우리가 잘 조절할 수 있다는 점이다. 이전 관계에서 조금 더 성숙해졌다면, 현재의 우리와 앞으로 되고 싶은 우리에게 어울리는 사람을 더욱 세심한 방법으로 찾아야 한다. 나아가 더욱 성숙한 인격을 가진 사람을 찾아야 한다.

마음이 흔들려 그 반대가 되면 안 된다. 어떤 사람은 '부모' 처럼 상대를 통제하려 든다. 이것은 진보가 아니라 퇴보다.

나는 더 나은 배우자감인가?

데이트의 전 과정은 '결혼 가능성' 에 초점을 맞춰야 한다. 우리의 데이트 상대와 데이트 방법은 우리를 괜찮은 사람으로 만들어가는 데 도움을 준다. 결혼했을 때 당신의 배우자는 복권에 당첨된 듯한 기분이어야 한다.

자신은 괜찮은 사람이고 '바로 그 사람'을 찾기만 하면 된다는 생각을 버리라. 자신이 배우자를 비참하게 할 수 있다는 사실을 인정하고 그렇게 되지 않도록 필요한 정보를 데이트 생활에서 얻으라. 나는 이기적인가? 무책임한가? 가까이 하기 어려운 사람인가? 이렇게 질문하면서 자기 안에서 배우자를 깊이 사랑할 수 없게 만드는 요소들을 해결하려고 애쓰라. 자신의 성장을 위해 노력할 때 '바로 그 사람'이 나타나는 경우가 많다. 아마도 하나님께서는 당신이 상대를 파괴하지 않을 수준에 이를 때까지 그 사람을 당신의 미숙함으로부터 보호해두실 것이다.

나는 데이트라는 여행을 즐기고 있는가?

데이트는 중요하다. 그러나 재미있어야 한다. 데이트에서 좋은 바운더리를 가지면 좋은 사람과 좋은 시간을 보낼 수 있다. 좋은 시간보다 나쁜 시간이 더 많으면 물러나서 돌아가는 상황을 따져보라. 당신이나 상대가 무언가 바꿔야 한다는 사실을 발견할 수 있다. 즐거움이 없다는 것은 두 사람이 서로 어울리지 않는다는 의미일 수 있다. 이 사실을 결혼한 뒤에 발견하기보다 지금 발견하는 편이 낫다. 지금의 데이트를 잘하면, 결혼한 뒤에 만족스런 삶을 살 수 있는지 확인할 수 있다.

당신의 데이트에 하나님께서 함께하시기를 기도한다. 당신의 바운더리와 데이트에 축복이 있기를….

헨리 클라우드 · 존 타운센드
2000년 캘리포니아 뉴포트 비치에서

■ 좋은씨앗은 하나님의 말씀입니다. 이 말씀이 좋은 마음밭에 떨어져 하나님의 나라가 땅끝까지 확장되고, 예수 그리스도를 본받아 그 향기를 품은 성령의 사람들이 세상에 넘쳐나길 기대합니다. 그래서 백 배, 육십 배, 삼십 배의 결실을 맺길 소망합니다(마 13:18). 천국은 좋은 씨를 제 밭에 뿌린 사람과 같기 때문입니다. 〈좋은씨앗〉은 이와 같은 소망과 기대를 품고 하나님께 출판 사역으로 쓰임 받기를 기도합니다.